U0844954

藏密瑜伽的奥秘与传奇

赵朴初题签

王春华 著

西藏人民出版社

图书在版编目(CIP)数据

藏密瑜伽的奥秘与传奇/王春华著. —3版. —拉萨:西藏人民出版社,2014.12(2024.10重印)
ISBN 978-7-223-01290-4

Ⅰ. ①藏… Ⅱ. ①王… Ⅲ. ①密宗-瑜伽派-研究-西藏 Ⅳ. ①B946.6

中国版本图书馆CIP数据核字(2014)第240659号

藏密瑜伽的奥秘与传奇

作　　者	王春华
责任编辑	李海平　多杰卓玛
封面设计	洛桑群培
电脑排版	周正权
责任印制	扎西桑珠
出版发行	西藏人民出版社(拉萨市林廓北路20号)
印　　刷	拉萨市明鑫印刷有限公司
开　　本	850×1168　1/32
印　　张	7.875
字　　数	160千
版　　次	2014年12月第3版
印　　次	2024年10月第2次印刷
印　　数	3,001-5,000
书　　号	ISBN 978-7-223-01290-4
定　　价	30.00元

版权所有　翻印必究

(如有印装质量问题,请与出版社发行部联系调换)

发行部联系电话(传真):0891-6826115

前 言

在距今1200年以前的唐朝,几乎与“开元三大士”从印度来华弘传佛教密法同一时间,在现今中国青藏高原的吐蕃古国也发生了一件重大的历史事件,那就是赞普(藏王)赤松德赞迎请古印度北方那烂陀寺的莲花生大师入藏降魔建寺、弘传佛教密法。从此,一种独特的、将大乘佛教理论充分发展的、理论与实践相结合的佛家修持方法——藏密瑜伽,在世界屋脊生根、发芽、开花、结果。到了公元13世纪,由于统一的、多民族的中华大国元、明、清的相继建立和延续,使这一藏传佛教文化成为整个中华民族共有的文化。这种各民族文化大融合的历史,不但反映了公元3世纪起源于古印度的佛教密宗金刚乘在中华大地的广泛传播和流行,而且反映了汉、藏、蒙、满等各民族的文化出现了一个共同的焦点,它历经700多年的历史沧桑,对中华文明产生了巨大的影响,其独具风采的文化艺术亦为世界所瞩目,成为全人类具有代表意义的文化遗产和研究热点。

藏密瑜伽特指藏传佛教密宗独特的自我身心修炼方法。“瑜伽”梵语之意为相合、相应,为人类控制自我精神和肉体机能的方法。藏密瑜伽就是一种身心相应、心气相合的瑜伽。早在释迦牟尼创立佛教之前,瑜伽作为一种古老的哲学体系,就在古印度源远流长了,它对释迦牟尼悟道、传法产生了积极的影响。虽然藏密瑜伽是一种纯粹的佛教修行方法,但其中也包含了哲学思维方法、文学艺术、养生益智、美学等方面的内容,以及很为现代人所推崇的瑜伽禅定、禅宗禅案等人类自我认识的手段。甚至于其中还包含了近似于现代科学,如心理学、生理学、物理学、天文学、历法学等方面的因素,引起了中外自然和人文科学家们的关注。现代科学技术日新月异的发展,不仅为人类更进一步地了解宇宙自然和了解人类自己本身创造了日益完善的条件,而且为藏密瑜伽这一流传1000多年的东方文明所出现的一些派生物,如特异功能、拙火定、虹化等现代人难以理解的现象,找到了一些近似的答案和解释。从另一方面讲,随着现代科学技术日益发展,又反过来越来越能够证明藏密瑜伽是一种行之有效的健身术、健心术。

藏密瑜伽又是西藏神秘之源,其发祥地青藏高原地处中亚、南亚、东亚、西亚的交汇地带,产生了灿烂的西藏文明,随着世界性文化交流的广泛和旅游热点的出现,西藏已经成为很多中外人士向往一游的地方。特别是近二三十年来,西方欧美各国出现了一股学习、研究和修持藏密瑜伽的热潮。如法国人石泰安的《西藏的文明》、英国人布洛菲尔德的《法与力,密宗奥义修持指南》、英国人伊文思的《西藏瑜伽》(藏密七要)等等,都受到了西方读者的普遍欢迎。西方的研究著述者们除保存了大量的藏密原始资料以外,也得出了许多精辟的见解和论断,有一定的借鉴意义。但由于东西文化的差异,这些作者只能用西方人所能理解的观点和某些基督教的观念来解释这一古老的东方文明,所以对于藏密瑜伽的一些最核心、最重要的问题还缺乏一些比较圆满的解释。尽管如此,较之西方学者对东方文化的研究,我们对于这一文化现象的研究几乎是凤毛麟角,这不啻于是一件非常遗憾的事情。

在前几年的气功热潮中曾出现了各种各样关于“藏密气功”的书籍和教功者,众说纷纭、不一而足。实际上,就“气功”一词而言,它并不能概括意念、观想、意识、潜意识等各种复杂的心理活动。在科学发达的今天,我们已经意识到心理与生理的不可分性。

那么,用"气功"一词就很难概括各种心物相结合的活动了。因此,有人提议应该把气功正名为"中国瑜伽"。在气功热潮中,有人抛开生理活动来认识佛家修行方法,认为道家练功是性(指心理、精神因素)命(指生理因素)同修,而佛家经典中本没有"气功"二字,佛家以禅修为主,即以"炼心为主",将身体的修炼置之度外。这种观点则过于片面。佛教显宗的修行方法虽然无"气功"二字,但亦讲究调身、调息、调心,如各种"止观"都要求身心处于最佳状态之中。至于藏传佛教密宗的无上瑜伽的各种经典本续,不但有"气功"二字,而且把气功作为修行的重要辅助方法,在心理修炼的同时亦注意生理修炼。所以,佛教修行方法既是一种纯宗教性的修行,又是一种自我健心、健身术,是锻炼自我身心相合的瑜伽。就佛教修行方法本身而论,显教的参禅打坐是从心理方面入手。现代科学已经证明心理活动同样也会产生生理活动,所以参禅打坐也可以达到松脉、开脉结、调身的生理作用。藏密瑜伽较之显宗的修行方法更注重从生理方面入手,由密到禅、禅密结合,"以禅为体,以密为用"。因此藏密的米拉热巴祖师与东来传法的达摩祖师相会,就会得出二者断证相同的结论。藏密瑜伽的古德大师们也曾印证过汉地的禅宗就是"大密宗"。所以,显密本来为圆融的一体。

我们在本书中所叙述的一切既是一个久远的历史,也是一个曾经活生生存在过的现实。特别是对于一些修行藏密瑜伽有成就者所出现的神通、拙火、虹化等奇异现象,是我们现代人很难想象和理解的。但这些现象确实存在和出现过,有许多古代和近代的历史记载,我们只能从藏密瑜伽的角度来加以解释说明。当然,现代社会中仍有为数不少的中外科学家正在以各种现代科学的方式、方法来探讨这一古老的东方文明的奥秘,我们也在本书中概述了这些探讨的研究成果,作为读者进一步了解藏密瑜伽的一个重要途径。为了更好地了解藏密瑜伽,特别是能对它有一种感性认识,我们在本书中还汇集了藏密瑜伽的前人、古德、大师们的传奇。因为西藏是神话传说的故乡,所以这些传奇类似于汉地的神话传说、神话故事,有许多虚构和想象的成分。但这些传奇活灵活现地显示了主人公的某种形象、品格和经历,是对藏密瑜伽的一种艺术再现和升华。

藏密瑜伽本源于印度,由于历史的原因,它在印度未能传承下来,而在西藏得到了保存和发展,体现了藏民族的智慧和对中华文明及世界文明的巨大贡献。作为千百年来东方文明产生和发展的一个缩影,藏密瑜伽无疑是立志成正等正觉的人们智慧和实修的结晶。这些结晶像天上的繁星一样闪耀人间,显示着人类生存的奥秘和思维的邃密,为人类文明的进步和发展留下一份珍贵的历史遗产!

衷心感谢中国人民政治协商会议副主席、中国佛教协会会长赵朴初先生为本书题写书名。

衷心感谢本书特约顾问:中国佛教文化研究所吴立民所长、西藏自治区社会科学院宗教研究所索朗顿珠所长、四川大学宗教研究所陈兵研究员、中央民族大学藏学系土登彭措副教授对本书编写所给予的热情指导和帮助。

最后,作者感谢所有为本书的出版做出贡献的人士,并以藏族人民传统的方式祈愿所有见闻此书者:

扎西德勒　吉祥如意!

王春华

1999 年 5 月 29 日定稿于

加拿大多伦多

目 录

传 奇 篇

奥　秘　篇

这个世界上最不可理解的事情就是：世界是可以理解的。

——阿尔伯特·爱因斯坦

第一章　神秘的藏密瑜伽

第一节　西藏的诱惑

西藏是一个中外人士普遍认为比月球还神秘的地方，月球已经在美国阿波罗号宇宙飞船登月之后逐步被人类所认识；而西藏所存在的文明却包含着许多千古之谜，至今仍是一个未知数。在这个地球的第三极、离太阳最近的地方，西藏的宗教、文化、艺术、文学、医药等方面的发展历史，产生了巨大的吸引力，它不但吸引了中国学者的注意力，而且为世界所瞩目，成为世界旅游的热点、观光的圣地。那么，西藏的神秘究竟在什么地方呢？下面就让我们追根溯源，去探寻一条神秘的长河吧！

神话传说的故乡　西藏有许许多多神话传说，其包括的范围非常广泛，有关于藏族起源及其祖先的传说，也有山川湖泽的传说，有人有神，有怪有魔，绘声绘色，生动传神，奏响了西藏神秘交响乐的第一乐章。

人们最熟悉的关于藏族起源的传说，是一只森林猕猴和岩罗刹女结合成第一对先祖夫妇。另外还有卵生祖先的传说：在作为五行之精华的一个卵生之后，从外壳中诞生了白色岩石（阳性），内部液汁形成了白色的湖（阴性），所有的生物都是从中间粘液部分诞生的。卵的软体部分共变成了十八个卵，其中中间那个是一个海螺卵。这是一个无形的人,既无四肢又无感官,但却具有思想。根据他的心愿,感觉器官生出来了,他变成了一个漂亮的青年,这就是吐蕃的赞普。这个神话传说虽然富有原始宗教的观点,但也充满了生物进化的意味。

现代地质学家在对西藏地区进行地质考察时,发现了大量远古时代的海洋生物化石,从而推测青藏高原地区在远古时期曾经是一个巨大的海。与此相吻合的是西藏人民对山川湖海有着一种非常特殊的感情,仿佛这些山川湖海是活生生的生灵,在用不同的方式向人们说话,或者把一些奇妙的思想灌进人们的头脑,或者将幻影显示于人们眼前,或者把神奇的声音吹进人们的耳中。于是一些湖海山川由此而著名,被人们尊为灵验的圣湖、圣山,并由此产生了一系列神奇的传说。

最为著名的圣湖是那些为寻找转世活佛而显示征兆的湖泊。例如,每逢要确定一位新的达赖喇嘛的出生地时,都需要去位于一个山顶上的一个湖边请这个湖赐教,据说这个湖里有达赖喇嘛的保护神。当然,这是一件极为保密的事情。关于湖泊存在的历史,西藏更有着使地质学家惊讶的传说和记载:当印度圣人帕当巴桑结(即汉地禅宗的印度祖师达摩)第一次来藏地时,所有的地区还可能充满积水;但他第二次来时,水位可能下降了。西藏最早的湖——绿松石湖,过去是连成一片的。西藏还存在着地下暗湖,《玛尼宝训集》中传说松赞干布所建的寺院——拉萨大昭寺,就可能是建立在一个湖泊表面。因为在寺中发现一块通过一个地洞与地下湖泊连接的石头,如果把耳朵贴在那里,还可以听到好像水生动物的响动。

与圣湖的传说一样相得益彰的是圣山的传说,西藏人认为这些山“与天际相接”,有时也将之比作一架梯子或一根绳子,这是藏族人第一代先祖赞普下凡入住人间时所使用的。圣山又是“当地的神仙”或“当地的主人”。人们有时把它看得犹如“倚天柱”一般,有时也看得如同“地钉”一样。圣山也是战神的象征。人们还把圣山看成是无所不知的“世界之长”,因为圣山是创世以来就存在的冰川中的老山。在这些山的山口,旅行家们常常会遇见大堆大堆的石块,这就是山顶玛尼堆,每当行人穿越山口的时候,便在那不成形状的石堆上添一块石头。玛尼堆代表着山上的战神,所以人们尽最大可能将之建在山顶上。玛尼堆的另一个传说是:在世界创始的时代,在白色冰川带修造了一个石堆——创世的玛尼堆。

西藏的传说浩如烟海,仿佛一草一木、一山一水、一石一土都有着神奇的传说。这说明远在佛教传入之前,古代西藏人的想象很丰富而信仰则很简单,他们没有能力征服大自然,只好任凭其摆布,他们认为大自然就是神灵,高山、湖泊、岩石、泉水、树木等就是神的栖身之所,所以就连不起眼的石块也成了受崇拜的物体。后来,当佛教传入西藏后,这种没有寺庙、没有教主,也没有中心教义的藏民族共同的信仰被佛教所同化,形成了藏传佛教所特有的神话传说。例如,西藏人民对越过喜马拉雅山来藏地弘法的莲花生大师的法力深信不疑,便根据他一路所经过的山的形状,附会出许多神话传说:如一山峰顶部好像帽子的模样,藏族人就传说大师度化至此,顺手将帽子往山峰上一放,山峰上就有了帽子的轮廓。又见一山石上有凹痕如一脚印,即断定此石必为莲花生大师所踏过。要是一个地方原本缺水,后又清泉冒出,则传说此乃大师以杖敲地流出生命之泉。神话传说虽然是想象的、虚构的,但它也显示了传说中的主人公的经验、形象和品格。莲花生大师曾追述过他在西藏所做的善行,这些善行倒是与其传说有些相似之处:“在昂木雪的沙原中，已经出现了草地和森林。一直到札、多达拉和普索等地，在所有过去没有水的地方现在都有了水了。我把那些砾石之地变作耕田以养活吐蕃（西藏的古称）人。”在西藏有关莲花生大师以不可思议的力量来改造物质世界的传说不胜枚举。

先民洞穴　本世纪初，西藏拉萨的察克波里寺有几位格鲁派喇嘛向深山里进发，作了一次探险旅行。他们经过艰难的跋涉，到达一个奇异山洞（这个山洞被发现的时间已经很久远了，大约为19世纪，由一个喇嘛以特异神通发现，具体地点一直保密）。这个山洞中并不黑暗，因为在洞顶吊着几个球状物，从中放射光芒。据说，山洞的大厅里摆满了各种从未见过的先进机器，当这些喇嘛入洞后，这些古老的机器开始在几千年以后慢慢地运转起来，同时有光线射进来，在大厅中央形成一个球状光团。喇嘛们从中看到了活动的事物景象，告诉他们，在几千年前世界上曾存在过一个高度发达的人类，那时的人即可以坐上类似宇宙飞船的某种机器，在天空中飞翔，他们还发明了可以把一个人的思想印在其他人心上的机器，这些思想可以用画面显示出来。他们也有原子核分裂反应的知识。最后，和平变成了战争，一颗核弹爆炸毁灭了世界，使大陆沉到海底，而海底升起为大陆。一群有思想的人在这种灾难到来之前，就设计修造了这个洞穴，在里面他们为后代储存了各种机器，并把他们这些先民的历史记忆储存到机器里面，以便未来的人了解过去的成就和愚昧。洞顶悬吊的发光球体为惰性放射物质，其所放之光不但不会伤害生物，而且几乎几百万年也不会熄灭。先民们的记忆储存还告诉喇嘛们，在埃及的沙漠中、南美的金字塔下，以及西伯利亚某处都有类似的石室，每一处都以时间的象征——人面兽身像做标记，这种象征性的标记在远古那个年代像佛像、十字架那样普遍。

以上关于“先民洞穴”的故事,让人看起来真像是天方夜谭。但是,无独有偶,1938 年中国考古学家纪蒲泰深入青海省南部的巴颜喀拉山中考察,也意外地发现许多神奇的洞穴,并发掘出 700 块形状奇特的花岗石碟状物。这种石盘每块厚 2 厘米,中间有孔,从孔中向四周辐射出水纹状线条,很像现代的唱片,上面还刻有令人不解的图案、符号和文字。这一前所未有的发现立刻引起国际学术界的重视。为了进一步认识这些石盘,石盘的碎块被送到莫斯科分析。其检测的结果使学者们惊得目瞪口呆:石盘含有大量的钴和另一种未知的金属,它们的振荡频率也是罕见的,仿佛石盘曾经带过电或是电路中的一部分。1962 年中国学者徐鸿儒同他的合作者经数年的艰苦努力,终于破解了石盘上图案、符号、文字的含意。其译文是:“特罗巴人来自云端,他们乘坐的是古老的滑动船。当地的男女老少躲在洞里不敢出来,直到东方升起太阳。这样的事一共发生了十次。可是,最后一次他们终于明白,特罗巴人来此不怀恶意。”

特罗巴人到底是什么样的人呢?据当地藏族牧人世代流传的神奇故事,特罗巴人是从天而降的黄脸瘦人,他们硕大的脑袋似乎使那瘦小的身躯难以承受。考古学家后来在巴颜喀拉山的洞穴中,找到了一些 12000 年前的墓穴和遗骸。遗骸有着硕大的头颅和不发达的四肢,它证实了藏族神话传说中的描述。当时中国考古学家称之为“业已消失的猿”。可是,有哪一种猿能制造那样精巧的石盘和构筑墓穴呢?何况在一些洞穴的内壁上还发现不少壁画,有旭日东升,有月亮和星辰之间布满黑点的巨幅画。这些画的含义十分令人费解,但也决不会是猿所为的。

由先民洞穴之谜引出石盘之谜,又从石盘之谜引出特罗巴人之谜,使人联想到神话传说也有其真实的成分。由此也想到被当代人盛传的、几千年以前曾存在的、文明极为发达的大西国——亚特兰蒂斯。大西国的故事最早见于柏拉图的两本著作《齐麦亚》和《克里齐》中。公元前 9600 年左右，大西洋中曾有一个岛国叫大西国，面积比北非和小亚细亚加起来还大。神秘的大西国人通晓天文、数学、水利灌溉和冶金。大西国毁灭的原因有多种说法，一种认为是地震和海啸，使整个岛国沉入海底；另一种认为是一颗彗星撞到了地球上，彗星上的水使地球陆地和海洋的比例恰恰颠倒了过来，大西国也变成了海，当时的人类等生物灭绝了；也有可能是毁灭于核爆炸。经多方考证和探察在大西洋巴哈马群岛的安德罗岛附近确实发现了水下遗址，有寺庙遗址和石头大平台，这可能就是消逝在万顷波涛之中的、神话传说中的具有高度文明的大西国。令人费解的是在中华浩如烟海的史籍中，只有西藏的史书上记载了大西国沉没的时间和地点。在地球的另一端、文明不发达的西藏是如何知晓这一事件的？这也许是西藏喇嘛们真能推测过去久远的历史，也许是西藏的喇嘛们早已从先民的洞穴中知道了这件事发生的经过。

香格里拉之谜　“香格里拉”(Shangrula)本意为乌托邦、空想的世外桃源。一般来讲，这种空想的宁静、悠然的世外桃源意境、诗境，仅仅出现在一些文艺作品中。但《桃花源记》中的世外桃源究竟存在不存在，仍是一个谜。因为即使有这样的地方，也一定是非常保密的、秘密的，若不如此，那“香格里拉”就会失去往日的宁静和悠然，也就名不副其实了。所以，第二次世界大战时美军轰炸日本本土的秘密航空基地也以“香格里拉”为代号，以示其保密性。不过，在詹姆斯·希尔顿的小说《失去的地平线》中则明确指出：这个空想的世外桃源就在中国西藏的群山之中，那里与世隔绝，人们过着宁静和平的生活，而且青春常在。可是一旦离开这块乐土，一切痛苦和烦恼就会相继而来。

在西藏的神话传说中也有类似香格里拉的地方——香巴拉(Shambala)。其所处的地理位置最早也许是清楚的，但后来就变成虚构的、模糊不清的了。有的传说认为“香巴拉”在喜马拉雅山北麓的雪原之中。有的传说则仅称之为“北方的香格里拉”，并说那里雪山环抱，伟大的藏密无上瑜伽就起源于此。香巴拉国的第一位时轮法王月贤王就是在香巴拉直接接受了释迦牟尼的教诲，时轮教法由他传出。《西藏王臣记》则记载：月贤王将藏密新派的哲学体系“时轮”的经典《吉祥初佛时轮金刚根本续》奉迎回归香巴拉，该本续有一万二千颂。密宗的经典《吉祥时轮续释》也源于香巴拉。在西藏的观世音刹土的神话传说中，是这样描绘香巴拉的位置的：以拉萨的布达拉宫为中心，西方的刹土为邬仗那(今巴基斯坦)，东方的刹土为山西五台山，南方的刹土为南海普陀山，北方的刹土即为香巴拉。现代科学家曾预测：在中国的西北有一个时空隧道，任何物体进入该隧道，就可一瞬间到达另一个世界。蒙古史书上记载：忽必烈远征欧洲时，曾从欧洲某国抢来一座巨大的钟，该钟用了上万的骆驼、民夫和士兵来搬运，但到了中国西北部某地时，就连钟带人畜消失得无影无踪。也许他们就是进入了一个时空隧道，通过此隧道可能就到达了香巴拉国。这样可能会为找不到香巴拉确切位置的原因做一个假设。但同时也为香巴拉蒙上了一层更为神秘的面纱。

据《大藏经·俱舍论》记载：从印度往北过九座山，有大雪山，雪山下有四大江水之源。梵语的“底斯”就是“雪山”之意。所以，西藏人认为佛经中所说的“大雪山”就是冈底斯山。传说阿底峡尊者在此山前路过，时值正午时分，依稀听到钟声，于是阿底峡向随从说：罗汉敲午钟了，我们也该吃午饭了。且不管冈底斯雪山上到底有没有罗汉，但作为藏密本尊胜乐金刚的道场圣地，冈底斯雪山确实是以胜乐为本尊的藏密噶举派历代修行的地方。至今，围绕着这座雪山还有许多修法洞的遗址。其中有米拉热巴大师的，有莲花生大师的。据说十世噶玛噶举派大宝法王曾来此朝圣，而他又到过神秘的香巴拉地区的都城噶拉巴学习绘画图案模式。如果这两件事是同时发生的，那么就可以知道香巴拉的确切位置。据近代人记载，在喜马拉雅山北麓的山洞之中，仍有数百位藏密噶举派的后代闭关修行。也许“香格里拉”之谜就在这些雪山岩洞之中，就在这些修行者当中。他们绝尘离世，追求心理上和环境上的宁静和超然，通过静修冥想来享受快乐、摆脱困苦，以求达到某种理想的境界。当然，我们是无法到雪域深处去探寻这样的世外桃源的。但我们可以通过他们的见解、哲理和修行方法，来了解他们的思想和生活，从而体会到一些“香格里拉”的意境，看到一些“香格里拉”的萍踪侠影。

西藏文明的奥秘　在中国汉地的神话小说《西游记》中，唐僧取经所去的“西天”，即指佛教的发祥地——印度，也喻指佛、菩萨居住的地方。所以，“西天”在佛教中指的就是佛教圣地或道场。佛教传入西藏的历史虽比不上汉地长，但佛教对西藏的影响可追溯到很久远的年代，佛教的传入使西藏出现了众多的巍峨壮丽的佛教寺院，出现了许多佛教大师、尊者和修行有成就的人，留下了众多的佛教古迹。因此，西藏自古就被人们戴上了“小西天”的桂冠，成为古今中外佛教信士们朝拜和进香的圣域。

西藏文明的产生和发展同西藏的佛教密切相关、不可分离。西藏文字的创始和最初的使用，主要是为翻译和传播佛经的需要；西藏的特有的木刻印刷技术，也是为印刷经书服务的；西藏独特的艺术瑰宝，如壁画、唐卡、酥油花、雕刻、雕塑的艺术主题大都是关于佛本生的故事、经变故事等弘扬佛法的内容;西藏的建筑最宏伟、壮丽、豪华的就是寺院,其中重梁叠画的结构、精美的佛像雕塑和壁画,成为世界著名的佛教艺术殿堂。至于西藏人民的日常生活也是同佛教朝夕相处,人们手拿佛珠,屋顶飘着经幡,到处可以看到佛教的各种象征物,如“卐”字、玛尼堆、转经轮、六字真言……;民间流传的民歌、故事、格言、寓言,以及各种文艺作品,如诗歌、戏剧等都充满了浓重的佛教色彩。至于西藏的人文科学和自然科学的产生和发展,也同佛教的传入有关,佛教的传入给西藏带来了印度和中国汉地的科学技术,并使得佛教的大五明①和小五明②融会了藏民族本身的智慧和经验,从而得到发扬光大。

首先,西藏浩如烟海的梵文译经的译师们一般都是多题材的学者和作者,他们不但翻译经文,而且编辑、集合论藏、伏藏,使之成为全集著作。他们的学问如同百科全书一样,对有关哲学、宗教的佛学经文进行注疏,并又很快地创作出一大批新颖的哲学著作和新仪轨。他们研究、著述、创作的范围几乎包括了各学科和领域。特别是西藏的诗歌、戏剧、文学传记、史诗、故事集等世俗的文学作品也都是由宗教人士所创作,充满了佛教气氛和色彩。

在一些佛教学者著作中有一些科普性质的小论(如有关烟草的危害)和格言。许多有学问的大德高僧始终把自己的一部分精力用于创作文学作品。如宁玛派大圆满的第二代祖师龙钦巴(无垢光尊者,1308－1363年)就写了一个教化人的故事《智慧雄兔的故事》。格鲁派才仁旺杰用古典语言讲述《无比青年的故事》。

---

① 大五明:即声明、工巧明、医方明、因明、内明。此五明相当于现代的声韵学和语言文字学、工艺技术学、医学、历算学、逻辑学、佛学。

② 小五明:即修辞学、辞藻学、韵律学、戏剧学、星象学。

萨迦·班智达(1182－1251年)用诗写了一篇伦理格言集《萨迦格言》,这是古代谚语智慧的大合集本。但最著名的故事集是噶当巴的,其特点是把故事的教诲作用与“心的清净”联系起来,以增长自身的菩提心。噶当派创始人阿底峡(982－1054年)曾鼓励传播印度的文学作品,这些故事的主要角色是印度的龙树菩萨。但随着时间的推移,印度的传说故事逐渐为西藏的传说故事所取代,从而出现了与民间传统更为接近的噶举派、宁玛派作家和诗人。

最著名的诗人首推米拉热巴,他的诗歌之所以出名,就在于他融合和改编了与本地民族歌谣不同的外来模式,使佛教思想通俗化、大众化,这也是藏族诗歌的特点。许多藏密瑜伽的大师利用藏民族所特有的象征性解释,把佛教教义融入那些人民大众可以接受的文学作品中。他们也可以使形容比喻的言词与藏密瑜伽的诗偈中的秘密语言相同化或相结合。例如,在宁玛派的一首歌谣中,以野兔来形容瑜伽行者,它的两只长耳朵就成了智慧与方便结合的象征。

藏密噶举派和宁玛派的瑜伽行者不同于其他那些有学问的作家。他们不肯因循守旧,并且过着云游四方的生活。他们以不同于常人的异行而自称“疯狂者”,喜欢狂笑和诙谐,大有汉地济公和尚的风格。他们以其诙谐、玩世不恭的性格,在诗歌、舞蹈、戏剧等方面有着不可否认的才能和灵感,创作出许多讽刺、挖苦、批判各种社会弊端的文学作品。他们不但与民众生活在一起,而且还赞同民众的一些观点,利用口语化、风格活泼、接近生活等民间文学的特点,使自己成了西藏文学的最大创造者。所以,他们在西藏得到了理解和受到了爱戴;他们那些奇怪的和超出常规的异行可以毫不费力地与民间传说结合起来,成为民间传奇的活材料,从而又产生了受到西藏人民喜爱的《米拉热巴传记》、《玛尔巴传记》等文学作品。

西藏佛教对艺术的渗透比对文学的渗透更为广泛、深入，艺术品几乎完全是对佛法、佛理的宣扬。这主要表现在艺术品的构思和色彩的选择并不由画家或雕塑家来决定，一切均按藏密仪轨所要求的严格掌握。各尊佛菩萨像的色彩、姿态和附属物，以及各本尊的曼荼罗图像，都不能偏离藏密仪轨所规定的形象和色彩。这种对艺术品的特殊要求，使得许多藏密瑜伽行者不仅是大学问家、作家、文学家、诗人，而且也是艺术家，他们留下了许多传世的绘画和雕刻作品。传说十世噶玛噶举派大宝法王确映多杰（1604－1674年）早在八岁时就是一位优秀的画家和雕刻家。他在达拉冈波寺绘制了一幅巨大的关于十六罗汉和他们弟子的金色壁画。萨迦·班智达贡噶坚赞画在白缎子上的佛像和画在桑耶寺佛殿墙壁上的文殊菩萨像，惟妙惟肖，令其他画师无法模仿出来。许多绘画、雕塑的创作构思是能通过藏密瑜伽的修习来进行的。画家在作画之前首先要根据藏密仪轨进行静坐观想，以观想到的形态为依据来开始绘制工作。也有根据梦境所见来进行创作的，如"发现宝库者"——大伏藏师米贝多吉就是如此。所以，尽管有非常严格的仪轨规定，但凭个人想象而产生的创造力仍然反映在藏传佛教艺术作品中，产生了不同艺术风格的佛像作品。这就是同一尊佛像在不同的寺庙有着多种不同变种形式的原因，这也是西藏佛教艺术美的所在。正是由于具有这种独特的宗教内容、美学价值和创作方法，使西藏的佛教艺术为世人所瞩目。

藏传佛教对于西藏自然科学的产生和发展也具有深远的影响。在西藏，寺院不但是进行佛教活动的场所，而且也是藏族文化的中心。每一座寺院仿佛一座藏书馆，保存着丰富的历史典籍和文献。光在拉萨的藏文典籍编一次目录，就需要六七十年的时间。

寺院也是培养人才的教育机构。诸如数学、天文学、历法、医学等学科的学习和研究、继承和发展都是在寺庙的学院中进行的。早在宁玛派的伏藏《五部遗教》中就谈到各种天象，以及四季、昼夜的区分。现在西藏所流行的藏历“绕迥”推算法的开始传播，就是克什米尔的班智达达瓦贡布入藏与著名译师卓希绕扎共同翻译《时轮根本经释》的那一年(此年为公元 1027 年，即宋仁宗天圣五年，西藏称为“时轮金刚续降临之年”，亦称为第一绕迥年。)，当时以时轮历法为基础，采用印度的“绕迥”推算法，取代了西藏原有的“迥日”推算法。新的藏历与汉地的农历也很相似，以每六十年为一绕迥年，相似于汉地每六十年为一甲子的纪年法，另外，《时轮摄略经》也是从印度传入的密宗重要的历算经典，《吉祥时轮金刚》也详细记载了日月星辰的运转、日食月蚀等星象学的知识。还有许多藏密学者写了有关时轮经的释证，从而成为著名的天文历算学家。16 世纪格鲁派大学者第司·桑结嘉措参照了汉地和印度的历算，结合藏地实际，编著了对西藏天文历算发展具有决定性影响的《白琉璃》一书。近代西藏各大寺院设有专门培养天文历算人才的时轮扎仓(即学院)。1915 年十三世达赖喇嘛土登嘉措(1876 - 1933 年)在拉萨建立了医药历算院。1939 年北京雍和宫数学殿的格鲁派拉森乌力吉喇嘛，根据藏密流传下来的天文理论和自己多年经验，预测到 1940 年 10 月 1 日(农历九月初一)将发生日全食。其结果比当时天文台公布的时间还精确。他本人也由于在天文历算科学方面的卓越才能而由普通僧人升任雍和宫主持喇嘛。在雍和宫中还有一座象征全宇宙的青铜制须弥山，有数百颗星宿有规律地分布于其上，星宿之间有线相连接，形成了各个星座。据现代天文学家说，这件明朝万历年间制造的星座图，其分布和标位大体上符合今天的天文观测和研究成果，整个须弥山简直就像一座宇宙模型,体现了佛学这一古老东方文明的科学性。

西藏特有的藏医学同藏传佛教密宗更是密不可分、相互关联。汉地的气功同中医一样要了解人体的经络,藏密瑜伽的生理上的修炼——修气,也是研究和了解人体的气脉。因此,藏医有关气脉的论述最早是见于一些藏密经典之中的。如《时轮》续部、《甚深内义》等,都详细描述和论述了人体脉轮和气的种类、位置、走向。宁玛派伏藏《五部遗教》之一的《罗班噶唐》中记载了胚胎发育的整个过程:“首先要经历鱼期,其次要经历龟期和猪期。”论述了胚胎由小至大、由简单至复杂的发育过程。在科学研究手段不发达的当时,得出如此科学的结论是很令人吃惊的。而且这一研究要早于西方学者。藏地的一些佛教译师在翻译梵文佛经的同时,也翻译了汉地和印度的医药典籍,如《医法月王论》、《月光》等,为藏族本有的口耳相传的传统医学增添了新的内容,形成了西藏独特的、有文字记载的医药理论系统。很多藏密瑜伽行者不仅是大成就者、学者、艺术家、诗人,而且是著名的医生。例如宁玛派著名人物都有“拉杰钦波”的名衔,意为大医师,其传承者也多保持了以医为业的传统。像前文曾提到的《萨迦格言》的作者萨迦·班智达(萨迦派四祖)贡噶坚赞就是一位高明的医生,他懂得和熟悉各种医疗技术,医治好许多人的疑难病症,他的全集中有医学论著部分。达布噶举派的创始人达布拉杰·索纳仁钦(1099－1153年)①也是一位著名的医生。“拉杰”意为“神医”,“达布”是地名,“达布拉杰”实际上是人们对他的赞誉。格鲁派的五世达赖喇嘛阿旺洛桑嘉措(1617－1682年)深谙藏密,对藏医学的发展更是作出了卓越的贡献,他在布达拉宫的红宫建立了降卧囊索医学校

① 即刚波巴大师

(后称门然巴医学院),在后藏日喀则也建立了藏医学校。他还授命第司·桑结嘉措(1653－1705年)在拉萨药王山上建立了藏医学院,招收各地喇嘛入校学习。第司·桑结嘉措本人也研读了《医法月王论》等大量医学书籍,对《四部医典》进行了校对和修订,并撰写了对这部医学精典进行详尽注释的《蓝琉璃》一书。他还编写了《藏医史》,广泛搜集各地药物标本,召集名画家绘成了79幅彩色医药挂图。这些对藏医学的建立和后世的发展都产生了巨大的影响。

综上所述,我们已经揭开了西藏文明奥秘的一角,那就是藏传佛教密宗对西藏文明的巨大影响。无论是在哲学、文学、艺术,还是天文、历算、医药等领域,藏传佛教密宗都起着指导和决定性的作用。而藏密瑜伽的行者大都是这些领域的专家和学者。正像印度佛教传入中国汉地,产生了中国佛教所特有的禅宗、华严宗一样;西藏原有的独特传统文化土壤,使得来自于印度的佛教密宗在藏地生根开花,产生了中国佛教特有的藏传密宗。这种藏传佛教文化自13世纪以来不但对中国汉地曾产生过广泛的影响,而且成为世界瞩目的人类文化研究的宝库。

第二节　藏密瑜伽溯源

藏密起源的传说　传说在无量劫以前,因众生心地淳厚,佛法不分宗派。自第一尊原始佛阿达尔玛佛(普贤王如来)将佛法传于毗卢遮那佛(大日如来),毗卢遮那佛再传于五方佛中其他四佛,均以求自心明白——“如实知自心”为法,并无其他法门。后来五方佛中之西方阿弥陀佛传净土法于千手千眼观世音菩萨。观音菩萨因观众生根基不一，乃开方便法门，分显密，以随机应化，普度众生。因此，自阿达尔玛佛起，经五方佛、观音菩萨，四传至释迦牟尼佛。释迦佛在娑婆世界（就是这个世界）首传密法。

公元前7世纪释迦牟尼诞生的时候，其诞生地古印度北部正是印度的瑜伽教派兴盛的时期。据佛教有关释迦牟尼生平的记叙：释迦牟尼出家之初，就跟随瑜伽行者修炼瑜伽、学习禅定，以此为达到解脱的途径。他学修“无所有处定”、“非想非非想处定”，都获得了成就。但他发现这两种定都不是究竟之道，因为能修的是“我”，“我”是谁？仍未得到答案。便弃习瑜伽而苦行六年，又觉苦行亦非正道，便放弃苦行，而在菩提伽耶（今名）的一棵菩提树下静坐冥想。他以般若智慧观照宇宙人生的缘起本心，经过一段时间以后，某一天东方闪出晶亮的启明星，黑暗渐渐退去，光明涌现面前，释迦牟尼终于进入了大觉悟的状态——成为了正等正觉的佛陀。从佛陀成道的经历可见，释迦牟尼是在古印度传统的瑜伽禅思基础上，创立了佛教思想，佛教采用瑜伽始于释迦牟尼。但是释迦牟尼不以瑜伽为达到解脱的唯一方法，他认为须配合戒和慧，要有正见，光有瑜伽修行是不彻底的。尽管如此，从佛教在印度创立之初开始直到衰落的历史来看，其禅定学说和教法始终是在印度各派瑜伽学的相互影响中发展的。由于佛教经论中关于瑜伽的理论、方法的阐述比著名的有关瑜伽学的系统著作《瑜伽经》要早得多，佛教定学又加入了空性智慧的成分。所以，佛教定学已经成为印度瑜伽诸派系中最系统、最精深的一大家。

从释迦牟尼证道成佛、宣说佛法、建立佛教僧团组织的历史过程看，释迦牟尼传法中已有瑜伽修行的成分，《法句经》即为释迦佛写给弟子的各个不同的习定修行的偈颂。虽然释迦牟尼在创立佛教之时，对于婆罗门教密咒、仪轨是采取抵制和排斥的态度的，但由于佛教本身即诞生于婆罗门教基础上,又有许多婆罗门教徒改信佛教、加入佛教僧团。为了度化折服婆罗门教徒而采用他们熟悉的一些传统方式和仪轨。所以,《二观察续》云:"如来先说有部、经部、唯识、中观之法门,此后宣说密宗金刚乘。"释迦牟尼在其传法的晚期有可能传了密法的外密三部。据说,在释迦牟尼即将圆寂的时候,他的一个弟子问他为什么不传密法?释迦牟尼回答说:现在还没有一个具备传播密法条件的人。释迦牟尼当时并没有否定有解脱的捷径,但他认为那是一条充满危险的道路。他希望在时机成熟时,一个已经真正解脱出来的人将会告诉人们如何才能加快解脱的步伐。1000 多年以后,莲花生大师将加快解脱的密法传到了西藏。这里所指的密法主要指的不是外密,而是内密,即无上瑜伽密,在这最深秘的观想、念诵、禅定中包含了降魔法、双身法。释迦牟尼当时未传这些法的原因大约是认为时机不当,因为释迦牟尼传法的时代主要以声闻罗汉乘(小乘)为主。

尽管有些研究者认为,释迦牟尼并没有传密法。但释迦牟尼传密法的传说在密宗经典里随处可见。《时轮金刚后续》云:"具德米积塔之前,法界力大尊者,宣说诸佛之密续。"指的就是释迦佛在印度南方大佛塔亲口宣讲《文殊真实名经》和《时轮金刚续》。莲花生大师云:"往昔庄严劫有现生王佛出世,曾授密法;现在贤劫①释迦佛出世,及未来——俱胝劫后,华严劫中,文殊王佛出世,均得闻密法,除此三劫之外,余均无有密法。"佛教密宗一般认为:在贤劫千佛之中唯有释迦牟尼佛及未来之狮子吼佛传授密法于人类。除此之外,密法仅由报身佛传授已证无生法忍的八地以上菩萨。藏密认为小乘、大乘是释迦牟尼以化身佛的地位来说的,而密

① 佛教时间概念,贤劫即现在的住劫,佛经以宇宙天地的成坏住灭为一劫。

乘则是释迦牟尼以报身佛的地位来说的。所以,藏密有关释迦牟尼传无上瑜伽密法的传说均见于胜乐金刚等报身佛的本续。据《胜乐金刚根本经》记载:释迦牟尼因看到某位印度王爷有密宗根基,而现胜乐金刚本尊身及胜乐金刚坛城,向他传授"胜乐金刚法"。也有的传说认为,只有法身佛普贤王如来以及金刚萨埵、金刚手、莲花生等诸尊报身佛才传密法。唐密有关密法传授的传说则认为:在释迦牟尼涅槃后约400年,印度佛教的大成就者龙树菩萨(新译称"龙猛",唐密称其为马鸣菩萨的再传弟子),打开了南印度的一座铁塔,这座塔据说是释迦佛留下的,里面藏有金刚萨埵结集的密宗经典《大日经》、《金刚顶经》。由此,龙树将这些密宗经典传给了龙智(又称提婆菩萨),龙智将之传给了唐密的传人善无畏和金刚智,从此密法流传到中国的汉地。历史学家认为在佛涅槃后的印度佛教后期,由于在辩证或比试法力时不能折服外道,经常发生道场被毁,信徒改信的情形,为了与重修持的印度教瑜伽师一较长短,非得拿出佛教实修取证的法门,这就使佛教密宗勃然兴起。后来全盘传到西藏。所以许多译成藏文的佛典仅保存于藏文大藏经《甘珠尔》和《丹珠尔》。其中很多经典汉文《大藏经》则没有翻译。

藏密瑜伽宁玛派认为该派的传承在龙树以上为七代,为般若乘传播系统:释迦佛传给迦叶,迦叶交付阿难陀。40年后,阿难陀传付于草衣,草衣传于近藏,近藏传付圣达德迦,后又传于圣黑,圣黑传于圣善现,圣善现传于龙树。释迦佛所授记的预言说:甚深见续(即中观论)为萨拉哈的弟子龙树所造,广大行续(即唯识论)为弥勒菩萨的弟子无著所弘扬广布。从这点上看,密宗起源于大乘佛教,大乘佛教思想为其理论基础。另外,密宗教法史《作明除暗》将密法的传承分为内外两部分,外部传授是释迦牟尼传出的三续:事部、行部、瑜伽部。内部传授的方便续也分三类:麻哈瑜伽、阿努瑜伽、阿底瑜伽。这是在释迦牟尼灭寂120年以后传布于邬仗那等地。近代汉地史学家范文澜先生在《中国通史》中则考证了密宗祖师金刚萨埵确有其人,只不过在他的身上综合了很多人的事迹,并加以神化罢了。并认为龙树菩萨"无仪溢行",证明现代藏密诸法的传源是确实存在的,而且对藏密初祖莲花生也作了"确有其人"的肯定回答。现在留传下来的藏文《大藏经》(德格版)仅经、续部就有一百零三函,其中二十多函是密宗续部。有些密续是莲花生大师等密宗上师迎请到西藏的。当年阿底峡尊者来到藏地的桑耶寺时,由衷地感叹寺里藏有丰富的密宗典籍,远远超过印度的密典,密法的殊胜也超过印度。

显密的圆融　佛教自从释迦牟尼创立以来已经经历了2500多年的历史了。由于漫长的发展过程和不同的传播地域,使一切用语言所说的佛法产生了差异,出现了南传佛教(上座部小乘佛教)、北传佛教(大众部大乘佛教)、东密(包括唐密、台密)、西密(即藏密)等各种宗派。各宗各派虽各有其见解,但实际上只是教相上的分别,其根本教理是无二无别的。也就是说大小二乘、显密两宗虽在传法、修法的方法上有所不同,但在基本见道、哲理上是相同的,这是因为"无密不显,无显不密",特别是在最后的"了义"上更是万法归宗、无区别可言。藏密始祖莲花生曾对佛教的显与密做了一个恰当的比喻:"显与密"犹如陶土制成的各种用器一样,其形状不同而质地用料是相同的。唐密则认为印度的龙树入龙宫请《华严经》,开铁塔传密藏,而为中国大乘佛教显密八宗的共同祖师。藏文大藏经《甘珠尔》中有六十二部大乘经典,其中一半是金刚乘的经典。

在西藏无论是宁玛派、噶举派,还是萨迦派、格鲁派犹如雪山顶的雪水溶化一般,分为四流,皆遵循小乘、大乘、密乘的教理循序渐进;皆认为密宗是建筑在显宗小乘、大乘基础上的,显宗是修习密宗的基础。例如,在西藏显宗教法的作法辩论和密宗教法的作法口头传授是并行的。许多修行方法,如“观”、“行”、禅定都是显密共有的。即使是藏密在印度的祖师和莲花生、阿底峡等藏地祖师也都异口同声地认为显宗是密宗的基础。所以,应该说藏传佛教是显密并举的。不过,阿底峡尊者在《菩提道炬论》的最后指出,密宗比显宗的地位要高,并将密宗经典按等次分为四部。宗喀巴大师也认为,成佛之道只有两大乘,一是波罗蜜多乘(显教),一是金刚乘(密教)。二者以金刚乘较为超胜,因为金刚乘是显密二种悉地(成就)的宝藏,“较佛出世更为难得”。中国近代律宗大德弘一大师也曾说过:“大乘各宗中,此宗之教法最为高深,修持最为深切。常人未尝穷研,辄轻肆毁谤,至堪痛叹!余于十数年前,唯阅密宗仪轨,也尝轻致疑义,以后阅《大日经疏》,乃知密宗教义之高深,因痛自忏悔”。

公元4世纪的古代北印度是佛教密宗昌盛的地方。密宗的传播者认为:人通过适当严格的修炼(这种修炼不在权威老师的监督下易出危险)可以产生特异的能力,这种外修所产生的能力可以加快内证的步伐,即加快彻悟解脱的步伐。所以,密宗的修炼并不在于发展这种个人的超自然的能力,这种功能仅是成就佛果的一个副产品或派生物。这种密宗的修行方法在西藏受到欢迎并予以接受。其之所以引起共鸣的原因,就在于它的一些方法与藏地固有的苯教在实施方法上(不是教义)是极为近似的。所以,印度佛教密宗在传入西藏后,就与西藏传统的固有的宗教信仰发生了结合,这就赋予了藏传佛教一种特殊的传法、修法形式。这是佛教发展史上的变异。这种变异应该是可以理解的。因为佛教传入汉地亦受汉文化的影响，产生了中国佛教所特有的禅宗、华严宗、净土宗、天台宗，中国土生土长的儒教、道教也受到了佛教的影响。因此，对密宗，特别是对藏传佛教密宗有疑问的人，实际上没有完整地了解整个佛教传入中国的历史。如同基督教在欧洲传播的情况一样（西方学者认为：如果佛教在中世纪传播于欧洲的话，那就会出现酷似基督圣人的菩萨和罗汉），佛教这一外来文化与中国不同民族地区固有的信仰和文化重叠、并存，它们之间既有相互联系，但更多还是佛教对其他文化的融合。这就产生了中国佛教的十大宗，产生了显宗与密宗，产生了非常独特的藏密无上瑜伽。

当然，也不能否认印度佛教密宗在传入藏地时所出现的显密问题。首先，许多人认为找到了一条解脱的捷径，从而放弃了显宗的基础。但并不是所有的人都适合于这条捷径，因为密法只宜传于经过考验挑选的人，这就好比不是任何一个普通人都可以乘坐宇宙飞船一样。第二是著名的汉蕃僧诤，即著名的“顿渐争辩”会。公元8世纪末赞普赤松德赞为了显密的取舍、顿渐（即顿悟、渐悟）之争而抉择不下，因为显宗特别是禅宗已经在藏地弘扬多年了。赞普特别邀请了汉地禅僧摩诃衍那与密宗大师莲花戒举行公开辩论，辩论共持续了三年，最后莲花戒获胜，密宗为西藏所独尊。这两件事说明了一个辩证的问题：密宗密法既是捷径，又是一个循序渐进的过程。密宗渐法的获胜也同藏民族的传统信仰和民族性格有关系。但藏密并没有否定禅宗，禅宗的影响依然存在。千条江河归大海，藏密古德也曾以密法印证过禅的境界，称禅为“大密宗”。所以释迦佛的拈花示众、以心传心、教外别传的禅宗，不但发展了显宗大乘系统，而且也发展了密宗系统。这个问题后文还要详述。

“密宗”一词源自 tantra，本义为“续”，藏族人称经典为“续”。

正式应称为“金刚乘(Vajrayana)”或“咒乘(Mantrayana)”。密宗的一个最大特点就是讲究上师的口传心授和历代祖师的传承系统。密宗的“密”既指上师所传之法要保密,又指所传之法的周密、致密。其原因在于密宗认为一切密法的修、观、念咒都是不可思议的,是无法讨论的,只有信得过、照着做,自然水到渠成。有人又将密宗的“密”比喻为一壶待沸的水,不宜老是揭盖,揭盖则热气白白跑掉,而水就不容易开,需要更长的煮沸时间。密宗的“密”又有珍贵之意,珍宝就不能像地上的土一样任人践踏、扬弃,而应收藏、封闭于秘处。如有能尊重密法、奉为至宝者,才秘密付于或传给。密宗之“密”又指须防范各种修行的障碍,俗语说:“道高一尺,魔高一丈。”能守秘密就可以防止不必要的魔障出现。所以,藏密古德莫不称赞能守秘密的修行者就容易得成就。藏密最初都是由莲花生大师传下来的。只是上师传承略有不同而分为几个系统派别。但各派在教法上实无多大差别,大同小异。例如,噶举派藏地二祖米拉热巴在未遇玛尔巴以前,曾经广学宁玛派(又称旧教)之法,从师十位。米拉热巴遇见玛尔巴也是由宁玛派上师推荐和授记的。所以,噶举派与宁玛派渊源很长,二派在见行上的相似之处也很多,近代以来噶举派、宁玛派几乎合流。不过,藏密瑜伽各派在见、修、行、果上又各有千秋,后人对此做了总结:“宁玛派的见,噶举派的修,格鲁派的戒。”

伏藏的发现者宁玛派 佛教传入西藏的准确年代已不可考,但根据传说,2000 多年前已有佛教传入西藏,公元 7 世纪中叶,西藏从印度延请大法师入藏传教,开始奠定西藏佛教文明的基础。然而,佛教最初传到西藏,似乎无法在当地生根,当时藏地处于较原始状态,生存环境恶劣,在有限的自然条件下,藏族人只能赤手空拳、努力劳作才能得到食物与衣物。人们大多未受教育。① 佛教之所以能在西藏传播盛行，主要原因在于佛法教授的正确和上师正确的引导。所以藏密的第一代祖师莲花生的入藏才真正在西藏确立了佛教的地位。莲花生大师入藏的时间据英国学者伊文思博士考证为公元 747 年。据说莲花生大师入藏以后不但降伏了当地苯教巫术的恶行，消除了一些自然灾害。而且弘扬了显教大乘佛法和密法，并将藏地传统的神祇及仪式部分地纳入了佛教的范围，建立了独特的藏传佛教，俗称喇嘛教。“喇嘛”并不是指所有僧侣，而仅仅是指上师而言的，上师喇嘛在藏传佛教中起了突出的作用。所以“喇嘛教”的称谓强调了藏传佛教“尊师”的一大特点。

“宁玛”有古、旧的意思。宁玛派认为他们的教法是莲花生传下来的，他们传承的是朗达玛灭佛以前，西藏佛教前弘期所译的密教典籍，即以旧密咒为主。据说，莲花生大师入藏传法时，见藏地草莽初开，文明尚未普及，藏族人迷信巫术，若要强说佛的清净，恐无法深入人心。于是，莲花生在传法时大量包容各种神秘的降魔之法，以及禳祓、祈祷、煨桑等仪式。无形之中使藏族人转而信佛。所以，莲花生只传授了密宗的修持方法，未来得及广示教理。由此，前弘期的密法都是秘密传授的。经过朗达玛灭佛之后，宁玛派的经典主要由两个途径保存下来：一类是一直在民间由师徒或父子兄弟相传承下来；另一类是掘藏所得的“伏藏”。但其他藏传佛教教派一直不承认宁玛派依据的经典的真实性。后来萨迦派法王贡噶坚赞在香曲河谷塞兴地方古寺中发现了宁玛派相传由莲花生所传《金刚橛》的梵文原本，这才使宁玛派的“伏藏”得到了承认。

---

① 详见噶玛噶举《堪布噶塔仁波切开示录》。

“伏藏”即指莲花生及其弟子藏之于山中岩洞或埋藏于地下的密法要典和法器。等待有缘之人来发掘，伏藏上甚至早已写明发掘的时间及发掘人的姓名、相貌，时机一到，就开藏取出弘扬，这叫做“藏法”，又称“岩传”、“岩库”。许多宁玛派岩传为藏文大藏经《甘珠尔》所无。著名的伏藏典籍有《玛尼宝训》、《柱下遗教》、《五部遗教》、《莲花生遗教》。这些“伏藏”不仅包括了藏密瑜伽的内容，而且是文学、历史、哲学的集大成，保存了一些比较可信的古史料和传说。这些伏藏的发现者——宁玛巴被看作是“发现宝藏者”、“大启库者”。当然，对这些“伏藏”进行整理时，宁玛派又按照当时当地的风格给这些古写本增加了一些神话的色彩。另外，由于苯教①为保留自己的经典而借佛教经典的名义把苯教的经典宝藏藏起来，而宁玛派又将一切非佛教的东西都归于佛教门下，这就使“伏藏”掺杂了苯教的东西，使许多人产生了宁玛派就是苯教的误解。

宁玛派不同于藏密其他教派的另一方面，就是它没有一个中心寺院、没有一个延续不断的传承下去的教派首领。直到 17 世纪，由于格鲁派的五世达赖喇嘛极其推崇宁玛派教义，才建立了不少宁玛派的属寺。宁玛派教义的核心又有一个不同于其他教派的特点，其中心思想与汉地禅宗的“明心见性”、“直认本真”很相似，这就是宁玛派藏地第二代祖师龙钦绕降巴（无垢光）特别提出的“大圆满法”。一般人受武侠小说影响认为宁玛派僧人专会吞刀吐火等神通，实际上宁玛教派最重视内证，认为内证比外修更为重要。所以，宁玛派的“大圆满见”历来被藏密其他派别所推崇，认

① 苯教，又称苯波教、黑教，为西藏土生土长的原始宗教，后有一部分归入藏传佛教。

为宁玛派的见地最高。“宁玛派的见”就是指大圆满见，下面有专门章节介绍。

力行实修的噶举派 西藏佛教后弘期即公元1038年(宋仁宗宝元元年)，印度阿底峡尊者入藏，开始中兴藏地佛教的艰辛工作。他看到了由于对密法教义的误解所引起的背道而驰的现象，但他又不向那些建议取消密法的人屈服。他以渊博的知识和哲学才华把密法教义升华到一个较高的水平，传播一种介于显教经典与密教经典之间的教义，即显密并举。他的著作《菩提道炬论》就反映了这种教义。在这部著作中涉及到了声闻罗汉乘和密乘，并说明了这两种教义在人类不同发展阶段所起的作用。阿底峡认为只有经过伦理教育(声闻罗汉乘)和哲学反省(大乘)的人才有可能真正遵循密乘教义，并认为密法的实施是纯粹精神方面的，不允许有自我促进的自私的目标，以避免走向极端。阿底峡的一个追随者玛尔巴继承了他的修习须有次第的主张。但他感到阿底峡过于轻视密乘的潜力了，有必要彻底解决由于密乘教义而不断引起的争论。于是，他多次赴印度、尼泊尔等地留学，在许多大师的指导下学习。特别是从师那若巴，学得大手印回归藏地，从而成为噶举派第四祖、藏地开山祖。

依噶举派的传说，印度10世纪中叶的著名高僧谛洛巴是一个早已成就者，他于定中接受金刚总持①的教导，得大手印及六成就法。谛洛巴的弟子就是那若巴。那若巴又传于玛尔巴。他们都经过了长期刻苦的学习和修持而获得了噶举派的密法传承。也有一种传说认为噶举巴的教法最早始于印度的龙树。龙树是释迦牟尼

① 五方佛均称金刚持，五金刚持合成金刚总持，变称第六金刚持，为噶举派始祖。

涅槃400 多年后弘扬显密二教，特别是弘扬大乘哲学的大思想家、大成就者。龙树一脉口授相传将密法传给了谛洛巴。这种说法使藏密同从印度东传汉地的唐密又有了相同的归源。

噶举派特别着重于密法的实地修习，修行经验也最丰富，修行成就者也最多。噶举派密法的修习又全靠上师的口传心授，特别是师徒口耳相传的那些密诀。这就是为什么这一派被称为噶举派的原因，“噶举”意译为“口传”。噶举派的密法以“修身”为基础，修身指在气、脉、明点等方面的修持。这种修法讲求修气、脉、明点的生理感受和佛教心理训练所得到的某种境界相结合。类似汉地的气功，实际上可以说是纯粹的佛家气功。噶举派的这种修法是比较讲次序步骤的，有前行、加行、正行和最后的亲证大手印境界。

噶举派在传法上也有其特点，即每位上师都要用自己特别的方法来确认他的弟子的价值，从中选出水平最高的人传以密诀。例如，玛巴尔虽然是一个高明的师长，但他尽量装成一副非圣贤的样子。他常常爱发脾气，有时甚至违背最基本的佛教教法，但他从未真正做过坏事，这只是对他的弟子们的一种考验，只有那些对他有着坚定不移的信仰的弟子，才能与他朝夕相处，并得到他的真传。这样的弟子玛尔巴只有一个，那就是西藏人民世代传颂的圣人、诗人米拉热巴。噶举派除了从其印度祖师那里继承下来对其祖师绝对服从和顺从的特点外，另一个特点就是请师求法都需要付酬重金，并且早在噶举派产生之前就是如此了。相传著名的古格王朝的国王天喇嘛益希沃就因为携带重金去北印度请阿底峡，而遭到袭击被俘了，袭击者要求益希沃的侄子拿出与其伯父体重相同的金子才能把他赎回。但益希沃要求他的侄子以赎他用的这批黄金再次聘请阿底峡尊者入藏。又如，玛尔巴几次到印度求法拜师都携带大量金子和财物，在印度获得许多密法后，黄金用完，又重新回藏地积累钱财。这种索要重金酬谢的求法方法其原因大约是密法仪轨设立曼荼罗修法坛城的需要。一般来讲藏密瑜伽行者是不能保留自己的财富的,他们只是一位收受钱财的过路财神,他们要收受财富主要是为了考验其弟子的诚心。而他们又会向自己的上师奉献大量财物。也有例外的不以金银财宝求法的例子,那就是米拉热巴向玛尔巴求法。米拉热巴当时一贫如洗,只好以劳动来换取在其祖师家中的食宿。玛尔巴曾多次阻止他参加传授密法的仪式,因为他无法进献财宝。以至米拉热巴绝望地企图自杀。但他最终以最大的供养——身、口、意,而不是金银财宝,经受了玛尔巴的考验,获得了玛尔巴的真传。由于噶举派的祖师玛尔巴、米拉热巴等人在修法时都穿着白棉布修衣。因此有人又称噶举派为"白教","白教的修"就是指其比较完善的实修方法,如六成就法和大手印。下面将有专门章节介绍。

改革者格鲁派 元朝末年是藏地萨迦教派世系统治的衰败时期,也是藏密的衰败时期,教法零落不堪,百弊丛生。一些僧侣受元明两代朝廷供奉,生活奢侈,戒律废弃。以密法来满足自己的私欲和追求魔力。由于这种情况的出现,已经使密法的修行者偏离了修行的目标,藏传佛教随之受到影响。这就极需要一种改革的力量,以严格的宗教戒律和完整的理论系统来重整藏传佛教。这种力量就来自出生于安多地区的格鲁派的创始人宗喀巴。

宗喀巴早年就从师于阿底峡创立的噶当派名师学习显密教法。他既在显教方面立宗答辩而获声誉,又在密教方面择地专修,寻师访友。他吸取了阿底峡等噶当派的教法、教义的中观思想,加上自己对显密经论的造诣,写下了两篇名著《菩提道次第广论》、《密宗道次第广论》,形成了一个以实践和修证为基础,按部就班,次第井然的藏传佛教显密教法系统。宗喀巴与阿底峡一样精通密教教义,并且也完全领悟其价值。在争论和解释密教教义的过程中他是佼佼者,他的许多论著去伪存真地重申了显密不同体系的基本教义。或许他十分清楚密教教义给佛教戒律所带来的危险。所以,宗喀巴认为密教的传授只能在单一的师父和单一的弟子之间进行。师父只有在确信他的弟子经过艰难的自我训戒和严格的苦行生活之后,即各方面条件都具备的情况下才给予口头传授,这种没有文字记载的最高教义一直是师徒单传下去,既不会为大众所知,也不会被滥用。受过密传的人不但不可以在没有得到师父允许下把所学到的密法传授给他人,而且也不可以显示他所学到的东西。

宗喀巴作为藏传佛教的改革者,他更为注重的是密教的研究而不是实施,即注重对几种大部密典的注释解说。这是因为修密法必须要求一种与寺院生活不同的生活方式,即与世完全隔绝的闭关静修。宗喀巴认为如果修密法者不这样做,仍然可以与周围的人相比较,就会产生危险。而且密教的实施最后要求否认自我,这只能在首先取消对外部世界感知的情况下才能获得。而只有与世隔绝才能达到这种可望而不可及的解脱境界。宗喀巴正是意识到了显密两条道路之间的这种矛盾,而并非是谁优于谁的问题。所以,他建立了一种折衷的学习教程,非佛教的哲学体系的知识与各种不同的佛教派别的知识都列入了课程。而对密教教义的学习并不是为了实施,而只是为了正确的理解。因此,宗喀巴认为双身佛像的意义只是特别显示了智慧与方便结合的象征,使智慧或力量得以正确的运用。而不像其他教派那样,允许把其作为促进修行进程的实践。但他也坚决主张格鲁教派的所有僧人都应过一段闭关隐居的生活,以利用冥想使他们的精神目标得到巩固,进一步发展显教的成就。他提出了 253 条戒律,僧人从一级晋升到另一级必须遵守更多的戒律，每向上一级都要求更高水平的克制。这些严格的戒律使格鲁巴①的修行者们把更大的注意力集中在遵循美德道路上，在逐渐、安全、可靠、扎实的气氛中走向彻悟。

宗喀巴对藏传佛教的宗教改革不但使金刚乘思想更加组织化、系统化、理论化，而且也发展了印度佛教密宗，使这一外来文明更加西藏地方化了。比较古旧的宁玛派、噶举派、萨迦派也都或多或少地受到了这一后来者的影响，改变了他们一些原有的传统作风。宗喀巴的宗教改革又产生了在藏、蒙、汉、满等民族历史上都具有重要影响的格鲁教派。在宗喀巴之前，所有藏传佛教的僧人都是戴红帽子的，这已成为习惯。宗喀巴大师在求学时看到戒律松弛、不受重视。许多僧人甚至连坐具、钵、三衣等最基本的用品都不知道。为了重新振兴戒律，宗喀巴大师在受过比丘大戒后，依照前辈戒律传承大师持戒律的密意，改戴黄色僧帽。意即“戴了黄帽就会想到戒律”，也借此作为重兴戒法的象征。另一种说法认为黄色是释迦牟尼所穿袈裟的颜色，在西藏，黄色是象征高尚、纯洁和发展的颜色，宗喀巴倡戴黄色僧帽表示了一种格鲁派所要遵循的道路，即道德的完善、戒律的严格。因此，格鲁派又称“黄教”，“黄教的戒”就是指其所建立的严明的戒律为藏传佛教所标榜。不过，格鲁派也修气脉明点。格鲁派认为必须念诵、观想有证量后，方可进修气脉明点，这样可以少出偏差。

密宗在汉地的流传　佛教传入中国的时间据各种史料传说的记载大约在公元1世纪前后。而在公元3世纪形成的印度佛教密宗，则是在公元8世纪唐开元年间（713－741年）由善无畏、金刚智、不空三藏先后传入汉地的，所以这三人被称为“开元三大士”。

① 格鲁巴意指“遵循美德道路的人”。

他们所传的密宗经典属于外密三部，即下三部瑜伽。由于这三个印度来华僧人和他们的弟子努力弘传的结果，密宗与其他佛教显宗教派并存并立、独树一帜、盛极一时，成为佛教史上有名的“唐密”。其中善无畏将以胎藏界为主的密法传于一行、义林等人，义林传顺晓，顺晓再传日本国求法僧最澄，最澄回国后创立了“台密”。金刚智将以金刚界为主的密法传于不空三藏①，后不空三藏又去印度带百余部密宗经典、仪轨返回中国，将胎藏界、金刚界合一炉而圆成，并传于惠果（长安青龙寺）、含光（五台山金阁寺）、慧超（新罗国人）等人，惠果将密法传于日本留学僧空海，空海回国后宏扬密宗，号弘法大师，为“东密”之始祖。因此，日本的东密、台密皆源于中国的唐密。

唐密同藏密的渊源应该说是一致的，皆来自于印度。开元三大士入汉地传法的时间同莲花生大师入藏地传法的时间也非常接近。但从所传密法内容上讲，既有相同之处，又有不同之处。唐密仅传了下三部的瑜伽密，而藏密所传不仅包括了下三部瑜伽，还包括了无上部瑜伽。由于唐末唐武宗年间的会昌灭法和五代变乱，密宗法脉在中原北方几近断绝，惟南方四川等地还有流传。近代以来，许多藏汉民族交汇的地区则受藏传佛教，特别是宁玛派和噶举派的影响比较大。抗战时期，西康省并入了四川省，云南的丽江（金沙江上游）与省会昆明的交通也方便多了，由于交通的发达和藏汉人民的混居，宁玛派和噶举派的一些密法在川滇一带流传。

唐密虽然在汉地已无整个金刚界、胎藏界的传承系统，但其并未在汉地失传，只不过已汇入显教大乘修习内容之中。密宗的咒、

① 不空三藏原籍古印度北天竺，曾在中国五台山金阁寺传播密宗，一生译出密教经典 143 部，同鸠摩罗什、真谛、玄奘一起被誉为中国佛经四大译师。

陀罗尼总持在各寺院的早晚念诵、《禅门日诵》中比比皆是，而单传的密法——准提法、焰口瑜伽施食、大悲观音法等均见于各寺庙的各种法会。为了印证、取信汉地密法，本世纪初20年代有许多僧人、学者东渡日本学法。如1928年顾净缘居士东渡日本，在东密祖师弘法大师嗣传醍醐流三宝法院受传授大阿阇黎（即金刚上师）大僧正亮禅传法灌顶，得全部传法印信，并参学台密。这些佛教文化的国际交流活动，使得唐密全貌重又回归故土。

藏密进入汉地的时间，可以追溯到公元13世纪建立的元朝。元世祖忽必烈封以家族世系传承为主的萨迦派五祖八思巴为国师，并请受其金刚灌顶。但元代藏密并不是流行于民间的，而是深藏于皇宫之中的。现存的几种汉文《道果记》①即是当时萨迦派在宫廷内部传法、灌顶时所用的汉文官本，这也是藏密开始成为“宫廷藏密”的佐证。明代以后，明太祖朱元璋虽然在民间禁断藏密的流传，但朝廷特别重视藏密噶举派，这同噶举派当时在中国西北部地区的影响较大有关，也同明朝建都北京的明成祖永乐皇帝信奉藏传佛教密宗有关。他曾特意请噶玛噶举教主第五世噶玛巴进宫传法十几天，并接受他的灌顶，封他为“万行具足十方最胜圆觉妙智慧善普应佑国演教如来大宝法王西天大善自在佛”的称号，为他制作黑色金刚宝冠和雕龙金印。清朝建立以后，顺治皇帝曾敦请格鲁派五世达赖赴京会晤，1653年正式册封其为“西天大善自在佛所领天下释教普通瓦赤喇怛喇达赖喇嘛”。1713年，康熙皇帝封格鲁巴班禅五世罗桑益西为“班禅额尔德尼”，确认其在格鲁巴中的地位，并赐金册、金印。清雍正皇帝笃信藏密，曾亲自翻

---

① 萨迦派主寺萨迦寺的拔日译师仁钦扎（1040－1111年）翻译了多部密宗的成就法，后收入藏文《大藏经》的“丹珠尔”部。“道果”法为其主要密法传承。

译无上部瑜伽《大威德怖畏金刚仪轨全经》,并御制自己参禅打坐、蒙章嘉呼图克图印证的实录。乾隆皇帝登基后,于公元1744年将“雍亲王府”改建为皇家御用的雍和宫喇嘛庙,并拜格鲁派章嘉呼图克图①为国师,接受其灌顶传法。1779年六世班禅启程东行,为乾隆皇帝祝寿。乾隆特别在承德修建规模宏大的须弥福寿之庙,以迎接班禅。1780年夏,二人相会于承德离宫,六世班禅主持多项开光佛事活动。乾隆为专门接待六世班禅到京而修建了大型藏式庭院“宗镜大昭之庙”。在清代雍和宫的总堪布(即寺庙住持)地位仅次于达赖喇嘛、班禅大师、章嘉活佛、哲布尊丹巴这四大活佛。雍和宫作为北京市最大的藏传佛教寺院,集中体现了汉地藏传佛教艺术的精华。1994年7月,在雍和宫建庙250周年之际,汉族僧人胡雪峰喇嘛正式升任雍和宫副住持。

辛亥革命后,藏密瑜伽方在民间流传。最早应首推格鲁派的诺门罕多杰觉拔格西,他传了不少生起次第的密法,后来将百余种法本译成汉文,以《乘法海》之名而问世。特别是本世纪30年代以来,汉藏文化沟通交流频繁,藏密各派的上师都先后东来,在汉地各大城市进行民间传法活动。如宁玛派第32代祖师诺那呼图克图从西康只身来汉地,未带本结(即法本),以口传大意笔录而成。后来噶举派第40代(也有说是第39代)祖师贡噶呼图克图满载藏密无上本续来到汉地,前后传法12年,并在重庆、上海、南京、昆明等处传了宁玛派“大圆满”和噶举派“大手印”,1947年被册封为“辅教广觉禅师”。其弟子贡噶老人本世纪五六十年代来到台湾,成立贡噶精舍,是最早把藏密介绍到台湾的传人。另外,

① 呼图克图:蒙古语,意为转世化身,长寿不老之意,原为蒙古族地区对藏传佛教转世仁波切的称呼,后清中央政府以此称号授予藏、蒙地区大活佛。

噶举派圣露呼图克图、萨迦派根桑喇嘛和色喀喇嘛、格鲁派班禅大师和章嘉呼图克图等都曾在汉地传法。此时出现了许多汉人译师将大量的藏密典籍译成汉文,如《大乘要道密集》、《七宝藏论》、《大圆满龙钦心髓前行引导》等。藏密在汉地的流传反映了中华各民族文化交流、融合的历史状况,同时也反映了汉地佛学界和知识界的一些人士开始了探讨和研修藏密瑜伽的路程。

汉地法师雪域求法　1920 年到 1949 年,中国汉僧入藏求法,翻译藏文佛经蔚然成风。其中最有突出成就者,当数来自山西五台山的法尊法师,汉尊法师被现代中国佛教界尊奉为当代西行求法的玄奘,是中国近现代史上最享有盛名的高僧、卓越的翻译家,他不畏艰辛到西藏求法,为沟通汉藏文化的交流,在汉地弘扬西藏文化与佛教,尤其是宗喀巴大师的思想方面,做出了很大贡献。

1920 年法尊法师在山西五台山朝拜时,遇见大勇法师讲经说法,初次听闻佛法后,便立志出家为僧,后来在北京法源寺拜太虚法师,受具足戒;受戒之后便去南京,在南京宝华山学习律学,最后转到武昌佛学院学习汉传佛学理论。从五台山出家至武昌佛学院毕业,前后共四年时间,在这段时间里,法尊法师奠定了很好的汉地佛学基础。之后,法尊法师返回到北京进入大勇法师主办的“藏文学院”学习,这是法尊法师学习藏文,涉足藏传佛教的开始。

1929 年法尊法师深入康藏,特别在西藏拉萨的哲蚌寺,拜很多名师苦学多年,精通西藏佛教显密教法,他在藏传佛教寺院里所学到的知识,几乎深入到佛学的各个方面,如戒律、般若、中观、唯识、因明、历史、语言、菩提道次第、密宗道次第等。可以说,法尊法师是首次将藏传佛教的显密理论,系统性地介绍到汉地的第一人。一年之后,法尊法师加入由大勇法师组织的赴藏学法团,开始了在西藏九年学法的生活。法尊法师先后在康藏地区依止嘎拖珠古、安多格西、甘丹赤巴等藏地高僧大德学习藏传佛教的各种经论。法尊法师在《入藏的经过》中写道:“我在武昌听讲三论、唯识的时候,便深慕鸠摩罗什、法显、唐玄奘、义净等诸先觉的情尘,继闻大勇法师入藏的函召,当然是雀跃三丈,唯恐不得其门而入”。法尊法师在《入藏的经过》一书中还这样回忆自己入藏求法的感受:“在康藏留学这几年中间,要算我这一生中最饶兴趣、最为满意的一幅图画了”。

1933年,以法尊法师为首的赴藏学法团,随大勇法师穿越曲折险阻的道路,备尝艰辛困苦,最后抵达西藏首府——拉萨,进入哲蚌寺后,法尊法师继续师从东本格西,学习宗喀巴大师的《菩提道次第广论》、《密宗道次第广论》、《密宗道建立》、《五次第论》、《入中论》等藏传佛教格鲁派修法哲学理论。尤其是法尊法师所翻译的宗喀巴大师的《菩提道次第广论》与《密宗道次第广论》等影响广泛而深刻,在中国近代佛教界、知识界掀起一个学习西藏佛教哲学理论的高潮。时至今日,仍然被世界各地区华人学佛人士所推崇,而风靡华人世界的研习宗喀巴大师佛教理论的“广论班”,依然采用法尊法师的译本。法尊法师后受太虚法师重托,主持“汉藏教理院”,从事繁重的教学工作,向汉地僧人传教藏文与藏传佛教的教义与经典。

法尊法师自从五台山出家到1949年,曾两次入藏,遍访藏传佛教各教派的名师,广学经论,邀请西藏高僧大德到内地传法讲经。在拜师学习藏传佛教经典过程中,法师随学随译,奠定了牢固的藏文佛教经典翻译的基础。法尊法师翻译了《菩萨戒品释》、《菩提道次第广论》、《密宗道次第论》、《辨了不了义善说藏论》、《辨了不了义论释难》、《菩提道次第略论止观章》、《修菩提心七义论》一册,以及《辨法法性论》、《七十空性论》、《精研经释》、《缘起赞释》等。除此之外,法尊法师的著作还有《现代西藏》、《我去过的西藏》、《西藏民族政教史》、《藏文读本初稿》等。法尊法师还有民国时期的佛教杂志《海潮音》等各种杂志上发表了不少译文和论文,在中国内地广泛介绍西藏佛教与文化,在一定意义上,对汉传佛教界全面、正确地了解西藏佛教起到了非常重要的作用。

新中国初期,法尊法师除了参与筹建中国佛教学院之外,还参加北京菩提协会翻译组。中国佛学院成立之后,法尊法师亲自担任中国佛学院第一副院长(院长由西藏高僧喜热嘉措格西担任),并担任中国佛教协会常务理事。法尊法师在汉藏佛教交流与西藏佛教东传中功绩昭然,成为中国历史上继玄奘等古代大德之后的又一位伟大佛经翻译家。

另外一位著名的促进汉藏佛教交流的代表人物就是能海法师。能海法师早年毕业于四川陆军学校,后赴云南讲武学堂任教官。之后,升任团长兼白清乡司令。此间,对佛教产生浓厚的兴趣。1915 年左右,恰逢机缘东渡日本考察政治、实业,对日本佛教的盛行产生颇多的感触,回国后潜行研读佛法,如获至宝,于是渐渐萌生出家之念,决心献身佛法。在重庆佛学院期间,能海法师经常听人讲道:“西藏佛法极为丰富”,还从报纸上读到大勇法师称日本密法远不如西藏殊胜,于是决定赴西藏学习藏传佛教。1926 年,能海法师赴藏求法,开始在甘孜跑马山师从格西强巴学习藏文,接受比丘戒、菩萨戒,以及金刚密乘戒。学习宗喀巴大师的《菩提道次第广论》、《俱舍论》等藏传佛典。除此之外,还接受藏传佛教密法的仪轨,领受度母菩萨的灌顶。1927 年,到理塘的那谟寺,依止藏传佛教宁玛派的上师将扬秦培仁波切,学习《六加行》等藏传佛教密法的实修法门。

1928 年 6 月,能海法师与永光、永轮、永严等四位法师,启程赴藏。一路备尝艰辛。同年九月安然抵达西藏拉萨。在拉萨他们先朝拜大昭寺,随后赴拉萨近效的哲蚌寺,并得以亲近康萨仁波切,努力在短期之内突破文字关。能海法师跟随康萨仁波切学修五年,深得显密要法。在显宗方面,以学习《现观庄严论》为主,而达密宗方面,则修习以《文殊大威德仪轨》为主的四部密法及灌顶传承,获得宗喀巴大师清净法流的全部宝藏。学成返回四川,从事法本翻译,并经常迎请西藏喇嘛到中国内地宏法宣佛。西藏喇嘛讲法期间,能海法师总是亲自担任侍者,每日侍候左右。能海法师从康萨仁波切与其他西藏喇嘛处,得到藏传佛教法门的正传。在之后三十多年时间里,不辞劳苦,曾在四川、山西五台山、上海等地,亲自建立显密修行道场六处,迎请西藏高僧大德传扬佛法。为藏传佛教在汉地的弘扬与传播,起到无人能比的作用,后期佛教界尊之为"藏传格鲁巴在汉地初祖",实不为过。

近代以来,许多佛教法师和学者毕生致力于藏传佛教在汉地的传译,矢志勿悔、兢兢业业,不胜枚举。他们都为促进汉藏佛教的交流,推进佛教在中国内地的发展,做出了不可磨灭的重要贡献。

第三节　现代人的管中窥豹

现代人所认识的客观世界并不完全与其本来面目相似。因为人们所处的世界是一个多层次的世界,这个世界存在着许多普通人感识不到的物质。例如,人的肉眼只能看见整个电磁波段里一狭窄的波段,比肉眼可见光光波长的红外线,以及比可见光光波更短的紫外线、X 射线、Y 射线等都不能为人的肉眼所视觉。同样道理,人耳的听觉能力也是很有限的,如许多动物用来预警、探路的超声波、次声波等,人的听觉是充耳不闻的。人的其他知觉、思维能力也都存在类似的局限性。人对自然客观世界的认识是有限的,对人自己本身的认识就更为有限。特别是人们常常用解剖尸体来了解和研究活人的生理和心理活动,至于人的肉眼很难看到的经络、气脉、明点等更是无从了解和研究了。所以,有人说中医即使能治好病,也不是科学,因为它不能回答为什么能治好?最新研究已经证明了这种观点的荒谬。因为,研究者发现经络是人体内良好的生理网络,是传导电和电磁波的良好通道,且非常有条理地传输物质、能量和信息。可以认为这些经络、气、脉、明点属于特殊物质存在,必须在特殊状态下才能发现。一旦进入瑜伽入定状态,就可以观察到脉络穴位,发现气、脉、明点的存在。利用现代科学的手段也可以以实验证明这些信息场、能量场的存在,用十分精密的仪器来测定、观察。所以,一些发达国家的科学家由衷地赞叹藏密瑜伽修行者能够不借助仪器而看到肉眼不易看到的微观世界的东西。他们也力图用种种科学发明和科学手段,来探讨人与自然、宏观世界与微观世界的奥秘,并以此来解释和证明佛陀所示现的真理,以及瑜伽本身所创造出的奇迹。

人体生物能量场　古代印度将人体能量场称为“善瑞那”,即万有能量场,中国古代《内经》中则称之为“气”。二者都认为世上所有有生命和无生命的物体,都是由这种能量场或“气”组成的。印度有一位医生制做了一架特殊的照相机,给某人通上电流后,便可以拍摄下该人头上的光环。健康人头上的光环圆大而明亮,体弱者头上的光环稍暗;精神病患者头上的光环不圆,为其他一种形态;刚刚断气死亡的人头上的光环则逐渐缩小变暗,以至星星点点,最终消失得无影无踪;光环突然消失者过几天便得重病病倒。由此可见,人体周围所出现的光圈就是维持生命体所必须的能量场所发出的光,是“气”或能量场的形象化的客观存在,并非臆造或幻觉现象。

世界上各种动物、生物的身体构成都脱离不了大自然的各种元素,而每一种元素的原子都带有正负电子荷。这些元素不但在生物体内不断地进行化学变化,原子核内还在进行着无休止的转换,即改变原子核里质子和中子的数目,使一种元素转变为另一种元素,即把过剩元素转换成所需元素。而这种转变必须消耗巨大的能量,这就是生物体自身所具有的功能。科学家们将之视为生物体内的核反应,认为生命的细胞质就是原子核“反应堆”,提出了生命的原子转换的理论。可见生命的奥秘就隐藏于原子核内,至今仍是一个难解的谜团。但生物体内存在核反应的各种科学实验,从另一个侧面证明了生物体内确实有一种维持生命的能量场,这种能量场就是生物体内原子核转变所需能量的来源。也正因为如此,人们可以通过特殊摄影来看到生物能量场的电磁光。而许多生物的眼睛,如蜜蜂的眼睛就可以看得见红外线、紫外线,它们能看到各种生物体所迸射出的电磁光波。至于藏密瑜伽所出现的拙火、虹化等现象,都可以从人体内的生物核反应、核聚变找到相似的解释。

藏密瑜伽通过入定内视、中医通过针灸等都证实了人体能量场的存在。中医称为脉络,藏密则视其为有明点运行其中的三脉五轮。由于藏密认为生命是地水火风空识等六大组合之体。所以,生命既是前五大组成的血肉之躯(即色身),又是识大所组成的人的精神、意识等心理因素,生命是六大无碍、色心不二、互相依存的统一体,如灯与灯光的关系一样。因此,藏密瑜伽不但将人体生物能量场看成是生命之光的能源,而且看成是生命智慧的能量来源。智能与光能的统一就是生命的精华所在,就是生物能量场的能源所在,它就是明点。有的科学家称之为控制生命的生物高能。

现代欧美各国已将明点的存在公诸于众,用精密仪器也可以见到天空中的明点。但藏密瑜伽认为这种明点是色心不分、身心内外不分的,所见的明点既是身外所见之宇宙能量,又是自己身心气脉中明点运行的反映。所以,一些入高深定力的修行者看见整个宇宙在自己的体内。这说明人体生物能量场与整个宇宙万物存在的共同规律,佛教即称之为本性、佛性、真如等等。近代物理学的量子论为现代人理解这种高穿梭的佛性作了较恰当的解释。量子论认为在物体大、运动范围广,即相当于量子数很大的极限情形下,微观运动规律应该趋近于宏观运动规律,并且两者应该有相互对应的关系。新兴的边缘科学量子控制论则进一步阐发了这一对应原理:宏观世界的无穷无尽的生态量场,以一定的频率不断的振动而辐射能量,生物个体能量场在其波动下发生状态的变化。这一实验证实了2000多年前佛教的观点:宇宙不是由实物组成的,而是由能量组成的。藏密瑜伽则一方面以入定内证,让修行者本身生物能量场处于最小激发状态而减少能量损耗、提高承受外界能量的能力;另一方面则外修气功,以期自身能量场的振动频率与宇宙生态量子场的辐射频率同步,进而无须任何仪器就可见以一定频率波动的明点,这种可见的明点为身内身外共有、宏观世界与微观世界共有的,具有辩证法的内涵。

由“人体生物能量场”的观点,可以解释藏密瑜伽出现一些功效的原因。就拿最基本的诵咒来讲,诵咒产生振动,而这种振动的频率与宇宙能量辐射场的振动频率相符合,这就可以提高个体生物能量场的能级。“生病”的原因就是振动有不调和的现象,包括心理上精神上的疾病亦是如此。以诵咒的声波振荡即可调整身心的振动频率，以声波来打通体内脉结，所以诵咒是一种自我心身的振动频率调整，亦是一种气的调整。至于藏密瑜伽所出现的神通也是身内身外心气不二、智能和光能合一的反映。神通即特异功能，现在被国际特异功能学会承认的有四种：(1)用肉眼透视内脏的视觉功能；(2)可以在楼上用肉眼看见楼下房间内的景物的遥感功能；(3)能知道面前所站之人所想的事物的传感功能；(4)在伸手不见五指的漆黑的地方可以辨别物体的触感功能。但特异功能不仅这些，有些功能现在还未得到正式的承认。如藏密喇嘛们曾试用意念使一个支撑在几乎没有磨擦力的轴承上的一个圆筒旋转起来，后又在受试者与试验圆筒之间隔了一块厚玻璃，效果一样没有变化。这就是经过瑜伽训练后个体生物能量场的加强和向外延续，也是了达"身内气脉相，即是大千世界"的结果。一般来讲神通只是佛教修行的副产品，不是其追求的最终目的，追求神通往往成为修行的障碍。不过，藏密瑜伽常常能通过神通的种种事相向人们宣扬自身本具的真如实相，体现了藏密瑜伽理事圆融的特点。

金字塔效应 西方科学家在探讨特异功能产生的原因时，十分注意有计划的瑜伽锻炼。因为印度瑜伽认为人的脊柱下端、盆骨中间有一巨大的能量储备库，这个储备库称"昆达利尼灵蛇"(Kundalini)——"生命之蛇"。瑜伽修炼使体内形成自我冲击力，从而将此灵蛇催醒达到"昆达利尼清醒状态"，这就可以产生一种超出常人的力量或能力。

藏密无上瑜伽最基本的气脉修法"拙火定"，与印度瑜伽的昆达利尼灵蛇原理极为相似。在古代印度的《奥义书》中可以找到其雏形。这也是许多人诋毁藏密瑜伽的原因之一。实际上，释迦牟尼正是在瑜伽禅定达到顶峰时才发现了瑜伽本身的不足，从而在此基础上破掉我执、法执，悟到般若空性，从而成为大觉悟的人。所以，藏密瑜伽不仅以戒定慧来除障证悟，也要以实修“拙火”瑜伽来打开全身脉结，以便更好地开发本来具有的如来智慧藏，即了达本具的般若智慧。

藏密瑜伽认为人有一股神火（英文称“Serpent Fire”）蛰藏于体内的海底密处（位置相当于左、中、右三脉交汇外、脐下四指的生法宫）。如果利用自己本身所具有的火大之性，以调息、调心的方法，把神火鼓起，沿中脉上升顶轮，就可以消除全身脉轮的障结而入拙火定，拙火定可使五大无碍，出现各种神通。这股神火又被称为猛烈火、军荼利女神或忿怒母，香巴噶举的宁古玛六法称拙火定为真大力瑜伽。“拙火定”虽然为无上瑜伽第二级灌顶的基本修行方法，但轻易是不能传教的。因为修拙火只是修行的手段，不是目的。一旦修成拙火，军荼利女神就被唤醒，则行人可以产生超出常人的力量和能力，这种力量和能力一般只有在科学仪器上才能产生。这种力量和能力既能救人，也可以害人；既能推除修行者的修行障碍，又可能由于神通的产生而对修行产生心理上的障碍。所以，修拙火必须配合空性智慧。

西方学者将拙火看成一种灵热，即心理上产生的热。实际上，心理作用同样可能产生生理作用，何况拙火的修习亦以修气为主。拙火成就者可以在气温摄氏零下二三十度的冰天雪地里赤身裸体地走上很长一段路。如果光是精神作用，而无有物质基础，是无法做到的。所以，瑜伽使人本身的潜力得到开发是毫无疑问的。现代科学虽然未证实拙火的由来和激发拙火的原因，但已注意到其心理学和物理学的意义。有同样原理的试验结果可以证实其存在和效力，这就是“金字塔”效应。但这仅仅涉及对瑜伽本身的研究，并不涉及藏密瑜伽的空性智慧。

藏密瑜伽行人在实修拙火的同时,也对拙火的产生及原理作了一些研究和解释。他们认为拙火源于脐下四指、三脉交汇的“生法宫”。“生法宫”意即诸法从此而生的地方。类似道教有还丹之妙用的下丹田。并详细描绘了其颜色为鲜红,其形状为等边三角形,好似埃及金字塔的形状。但金字塔底面为四边方形,而生法宫底面的形状为正三角形。三角形尖端的摄集能量的作用早有简单物理试验的佐证:以放大镜置于太阳光下,其太阳光就在镜下呈三角形状态,如以火柴或纸置于此三角形光的中心,即被引燃,从而证明三角形在摄集光能中的作用。这也是无上瑜伽修光明法,摄集大自然能量的原理。

金字塔的神奇的集能、保养力量早在本世纪初就为一法国科学家偶尔发现。他在参观金字塔内时,发现一些死于其中的小动物,如猫、鼠、小鸟等的尸体并不腐烂发臭,而是像风干了一样。因此,他推想金字塔内有一种神奇的力量,即依照金字塔样式及尺寸比例,制造一金属的小金字塔,将刚死去的小猫尸体置于其中,久而不腐如木乃伊一样,又以水果、牛奶等易腐食物放入,也能保存很久不坏。邓尼肯在《史前文明之奥秘》一书中记载:电子专家伊利克·麦鲁汉曾在加拿大多伦多发表谈话,宣称自己在英国伦敦和加拿大两地所作的试验说明金字塔中仍有许多未知的力量存在。他以红色塑料玻璃造一高88英寸的金字塔模型,在其中放一桌子,桌上放一份牛排、一片已经多次使用过而磨钝了的剃须刀。经过二十天后,牛排无论从气味或肉质上看都完好如初,而剃须刀片则更加神奇地恢复了其原有的锋利。麦鲁汉的同事以此方法试验了金字塔对牛排和鸡蛋的保鲜功能,亦无不灵验。近二三十年来,许多欧美科学家仍在研究金字塔的保鲜力和对人体健康的益处。新发现的、发明的金字塔原理的型式、试验层出不穷:

(1)1984年日本学者筱原荣一和濑户明用硬纸板制成金字塔模型(底边长160毫米、塔高125毫米),晚上取一小酒杯盛1/3杯水置于塔中央,次日早晨取出即饮。据称宇宙能量聚焦在此水中,所以久饮此水有防癌和其他疾病的效应。并著文加以探讨。

(2)英文《金字塔的奥秘》一书记载:在泥土、水分、光线的条件都一样的情况下,在一个与金字塔形状和质地相同的容器内的植物比在此外的植物生长得要快。利用摄影观察塔内植物显然在作着盘旋移动,似乎有不明的能量协助塔内植物生长。另外,牛奶在金字塔形的容器内能变成酸奶,则金字塔显然又有改变食物结构,使之更有利于人体吸收的功能。

(3)不久前,在华盛顿举行的一次对金字塔研究的学术会议上,来自各国的科学家和建筑工程师讨论了他们对金字塔研究的新进展。法国建筑工程师埃尔·杜勒内指出:金字塔内蕴藏着某种超自然的因素,这种超自然的因素能对人及物体产生不同的影响。并举一试验例:一位牙痛、头痛的患者在塔内坐了一个小时就有如释重负的感觉;健康的人在塔内停留一段时间,就会感觉到自己的体内好像增长了一种新的力量。杜勒内认为虽然世界上任何形式的建筑物都能够根据它的外部形状的不同来吸收不同类型的宇宙波,但金字塔以其独特的造型和建筑工程而成为了产生某种超自然能力的宝库,即金字塔与人体或自然界的共振效果最好。

藏密瑜伽的行人在比较生法宫与金字塔的效应异同时,也仿制一些金字塔模型,并在塔内静坐,取得了一些成效。如治疗感冒,不用服药,一二天便痊愈;如在塔内放枕入睡,又出现脑后白发渐渐变黑的奇迹。金字塔效应也使西方学者对藏密金刚上师所戴的尖顶喇嘛帽也发生了兴趣,认为其有同于金字塔的效应,戴上它也可能像在头上安放了上通天、下达地的雷达天线,能体会到大自然的神秘力量。中国航天大学、清华大学的一些科学家也曾根据金字塔的形状制造了独特的太阳帽,以探讨金字塔效应对人体的影响,但试验结果如何,还未公布。

心理学的解释 直到目前为止,人类还无法完全揭开大脑的秘密,人的大脑仍是一个黑箱子。所以,人们只能利用现有的科学手段——电磁波来测定或说明大脑的某种生物物理指标。现代科学判明基本上有五种脑电磁波,处在其中四种脑波下的人们会产生不安、紧张或者精力不集中、昏昏沉沉等心理状态中。只有在周波数为 8 ~ 13 赫兹的脑波的状态下,人们才能集中注意力、产生灵感、想出解决复杂问题的方法。然而,这种激发人脑潜在功能的最佳脑波状态,大都是十岁以下的儿童才具有,他们每天只要安静一下,即可以处于最佳脑波状态中,这也是为什么小孩常有丰富的想象力和惊人的记忆力的原因。人随着年龄的增大,各种学习、就业、竞争等的社会压力的增加,这种最佳脑波就较少出现了,有时仅偶尔在睡醒后的几分钟或睡觉前的几分钟出现一下。这就是由于人们的大脑平日已被各种太强或太弱的不良脑波所围困,从而阻碍了最佳脑波的显现。而保持大脑这一中枢神经系统的健康完好,又是人体生理系统正常运行的关键。所以,大脑的医疗保健越来越受到重视。佛家禅定则是一种使大脑皮层有序化(即产生最佳脑波)、恢复疲劳、消除紧张、弥合精神创伤等最为有效的手段。特别是现代工业文明所带来的精神上的综合症,更是药物所不能解决的。因此,禅定这一东方古代文明的瑰宝已成为治疗现代科学发达所造成的精神疾病的灵丹妙药。禅定成为了人类对自己本身的一大发明。

在“习禅静坐”热中,人们对密宗的三密相应的净菩提心观,即对莲台、月轮、种子字(即梵文或藏文字母)的观想,更有着突出的兴趣。因为这种静坐观想使人能够很快联想到清净、宽广、空旷、明朗、美好的意境,从而产生清心寡欲的心理状态,达到心静入定的目的,也可以出现最佳或接近于最佳的脑波状态。经常性的静坐观想可使人在心性、性格、身体状态等方面发生良好的变化,产生事事精通、样样顺利的得大自在的"泛化现象"。同时,静坐者的视觉感也得到了加强,锻炼了右脑功能,增强了大脑的记忆力。

科学研究表明,左脑具有对语言或文字的理解、分析、推理等逻辑性、语言性的功能。而右脑担任对节律、节奏、图形辨认等形象性的、非语言性刺激的感知机能。可见,左脑支配着人的理智,右脑则控制着人的喜怒哀乐及爱他人、信仰等方面的感知,即支配着人的感情。因此,左脑在进行计算、逻辑推理和有条理地考虑问题时,担任主要角色;而右脑不仅长于判断形体和画面,而且还长于感受和欣赏优美的景色和音乐,在进行直观判断和创造发明时,右脑则起着重要作用。人的左右脑巧妙地保持平衡、相互联系和协调统一,是充分发挥人的智能的必要条件。然而右脑的功能在记忆力(智能的一部分)的发挥中又有着更为明显的作用,这是因为:

(1)首先是右脑感知了刺激事物,其形象识别能力和直觉判断能力强。所以,一些天才人物的发明、创造首先以印象出现在脑中。

(2)右脑的想象力丰富,而想象力促使脑细胞兴奋,运用想象力能产生比毅力更为惊人的记忆效果。

(3)脑生理实验显示:以印象(右脑作用)所留下的记忆比以语言(左脑作用)留下的记忆多100万倍。

(4)视觉记忆同右脑功能联系更密切。实验表明:当被记忆的印象出现在左视野时,信息到达大脑右半球被记住的时间比出现在左半球所需时间要短。

由此可见,反复的静坐观想训练了右脑印象记忆的功能,加强了大脑“回忆”或“再认”的能力;激发、强化、理顺了右脑形象思维的操作能力。因此,许多藏密瑜伽的修行者都有着惊人的记忆力就不是一件怪事了,他们其中的一些人单靠自己的记忆力就将印度的无上瑜伽修法传到了西藏,称为“记忆总持”。

现在脑科专家和有关科学家们都公认:人类只运用了脑的一部分能力。人类发展的未来目标可能就是去开拓研究人脑未发挥作用的领域。现代知识及科技的进步,也不可避免地使人们猜测和探讨心的本质和识的本质。然而,用仪器测量是很难确定的,而以心找心,以心观心也是不行的。特别是一些超心理的特异功能现象的出现,更是难以研究和解释的。只有在静坐观想入定的瑜伽状态中,一些心理活动才得以显现,人才有可能找到一面探索、观察心识本质的镜子。因此,与其说是用心理学来解释研究藏密瑜伽,不如说用藏密瑜伽来解决心理学的一些问题更为恰当。近年来一些国外科学家对禅定的证悟问题很感兴趣。例如诺贝尔奖获得者 J · Josephson 实践了有关功法,认为证悟是在意识场不受干扰时,固有智能闪现的结果。著名神经学家 D · Hubel 也认为:像大脑这样复杂而灵敏的神经系统,必须存在着一个全面控制中心。这就是一个人本来具有的潜在智能中心,其物质基础即相当于藏密瑜伽心轮中间的中脉中的命气。藏密瑜伽认为命气与第八识相合所产生的不动明点为一新生命胚胎发育的中心,运行于心脑之间,控制着人的神经系统六个识觉区的一切活动,其来源与人的世代遗传有关。这从一个侧面反映了藏密中脉、明点的观点与现代科学研究的观点接近。同时也说明了从藏密瑜伽的角度也许可以找到一些解决神经生理学问题的途径。

相对论的解释 1665年一场罕见的瘟疫使英国的学校不得不关门。刚在剑桥三一学院获得学士学位的伊萨克·牛顿只好回家做他的试验。四年后,当上教授的牛顿在三一学院授课时根据上述实验提出一系列崭新的科学思想,其中之一就是否定了自古以来关于白光是单色光的看法,指出色光是白光分解的结果,并制定了光的七色分类法。科学家们用牛顿七色板来显示日光的诸色,当七色板快速旋转时,显而易见日光是白色的,但其静止时,七彩间隔分明。所以,光的颜色全由速度而定。藏密瑜伽以五色吽字分别代表五智、五大、五部。在修吽字瑜伽的空性三光时犹如牛顿的七色板,当空性圆满时,智慧完全化光,光速运动达到极致,七色光均收入极白的光之中,产生动极生静的空性之光,在外显现碧蓝的秋空之色①。蓝、白光色就是动极生静的空性之光,从科学上讲它是符合牛顿的经典物理学的。

根据光学原理,光是由种种波长的电磁波所构成,如将一束光经三棱镜折射,则各种不同波长的光现一相对应的光谱,光谱的长波端为红色、黄色光,短波端为黄绿、绿、蓝、紫等色。当白光照射物体表面时,光谱中部分光色即为白光吸收混合。科学家从物理、心理方面观察和辨别不同颜色造成的不同情绪,并出现了以不同波长的光谱来区分意识层次的"光谱心理学"。而藏密瑜伽也强调了光色对视者的心物并重的影响,既强调其视觉感受,又强调光色在人脑中显示了什么?藏密格鲁派僧人们曾制造过一个看光的

---

① 由于大气层中一部分光线不能直线前进,就会向四面八方散射。当太阳七色光受到大气分子散射时,波长较短的蓝光被散射布满天空,因秋天空气纯净,蓝色呈碧蓝,称为秋空之色。

机器,即通过一眼孔看到不同颜色的三棱镜一个一个轮流转到眼孔前。这种快速旋转有色三棱镜的办法就使人体本来很弱的光得到了强化,从而能够观察人体所发出的气的光色,并以此来观察他的心理活动。宁玛巴上师在教弟子修习妥噶看光法时,也要用三棱镜教弟子看宇宙间的光色。可见一些科学仪器也为藏密瑜伽的修行者所使用或发明。

相对论是20世纪初诞生的现代物理学的理论基础之一。由爱因斯坦等在总结实验事实的基础上建立和发展起来的。相对论即是关于物质运动与时间空间关系的理论,建立了物理学中新的时空观和高速物体的运动规律。在一般情况下,相对论效应极其微小,因此牛顿的经典物理学可以认为是相对论在低速情况下的近似。只有在高速运动时,相对论效应才显著。爱因斯坦在相对论中发表了质量与能量交变的等量公式:在广义的宇宙范围内,能量是同一事物质量的转换形式。生命是能量的体现,质量的转变可以产生能量,质量与能量是可以相互转换的。有人利用此理论来解释藏密瑜伽成就者虹化的原理:肉体的质量转化成光能而大量释放出来。所以原来的肉体消失或缩小了。

爱因斯坦的相对论使时间和空间有了相互联系的概念:空间不是独立的、绝对的,时间亦是相对的,时空都与速率有关系。按此理论,假如坐上一架速率超过光速数倍的飞机,就可以追上以前地球上所做种种事情发出的光,追溯见到中外各时代的历史人物。这种时空概念常人是很难想象的,现在有些卡通片、科幻片则反映了这种相对论的时空观。但这种时空观早见于佛教的经典中,《楞严经》云:“于一毫端,见十方刹”,《法华经》说:“三世共一时,法华一会历经五十劫,今日犹未散”。佛经中也常说:三大阿僧祇劫(无数万年)不异刹那,芥子可以纳须弥。爱因斯坦以物理实验、数学逻辑所推论出的时间和空间的相对性,与藏密瑜伽的大圆满亦发生了奇妙的相似。大圆满认为事物无绝对限制,可广可狭,可大可小,无障无碍,空间无不周遍,时间无不相续,超出时空的一切限制,又遍于时空一切领域。因此,大圆满光可伸延到宇宙任何时空领域。当大圆满成就者虹化时,其所发出的光较强,一般还伴有巨大的响声,这就会使光线弯曲,光波的振动频率减慢、波长相应增大,光谱线向红色光端偏移,这就是相对论引力红移原理的结果。① 由此可见,藏密大圆满成就者所发生的虹化现象,如红光缭绕、肉身缩小或消失等,都是时间与空间、质量与能量的高度统一,反映了整个宇宙的高度统一性。

尽管现代人力图以各种先进的科学仪器或最新科学发现来认识和解释包括藏密瑜伽在内的一系列人类古代文明、文化的奥秘和奇异现象,追寻人类自身生命的意义和奥妙。但是,现代科学对客观事物和人类自己本身的认识都是具有局限性的。仍局限于“生命的现象”而不是“生命真正的本质”的研究。所谓“科学”也只不过是一种关于数量和测量的学问,它仅与测量和定量分析描述等逻辑推理、归纳研究联系在一起。难怪有的人认为爱因斯坦的相对论是一种认识上的超前现象。爱因斯坦也在他的《相对论的意义》一书中慨叹道:“人们对四维空间中诸种关系的想象,远不如我们对于三维空间诸关系的想象那样丰富。”所以,可以认为现代科学的方式、方法对客观世界和人类本身的认识都犹如“管中窥豹——只见一斑”。然而,从小到已知的基本粒子,到大至已

---

① 这是一个比较复杂的问题。光是电磁波和引力场的弹性波的混合波,自然界的太阳光、北极光、地震光、生物光等光亮形式均是引力波的作用。光能在引力波的效应中(即振荡过程中)产生引力场波动效应,形成了光粒子在原子引力场膨胀运动时巨大的能量转化过程。

能观测到的 150 亿光年遥远银河外天体星系，人类既是这一广阔无垠的时空领域的观众，又是其主角。实际上，人类的祖先已经找到了一种超出语言和概念之外的直觉体验宇宙自然的方法，那就是——沉默不语地静观宇宙万象、体悟大自然的真谛。

第二章　藏密瑜伽纵横观

第一节　藏密瑜伽的见修行果

五道十地　佛法是释迦佛在证入空性真理后,为解决众生的生死问题而作的开示。因此,整个佛法系统处处皆包含有见、修、行、果四个阶段。这四个阶段又是步步趋入菩萨十地(十个成就阶梯)果的程序,它们集中体现在资粮道、加行道、入见道、入修道、无学道等五个进修成佛的阶次上。藏密瑜伽的资粮道就是行者发行愿两种菩提心后,向上师求得修习福慧两种资粮的口授教示,即为初地。当修资粮道的努力使行者渐次证悟诸法空性时,就进入加行道的预备阶段了。加行道就是邻近真正见道的前一个阶段,此阶段的行人能印证到苦、集、灭、道四圣谛,从而具足五根(信根、精进根、正念根、三昧根、智慧根)和五力(信力、精进力、正念力、三昧力、智慧力)。七地以上清净究竟发心,为入见道,入见道就是昔所未见之真理,今日经过思虑、推求、审详而见到的过程。藏密瑜伽的见包括当下见、空性见、光明见、圆满见。当下见来自于小乘的修行,即看到了经验和思想的差别后,行者可以将自己安住于当下,不再生活在过去的记忆和未来的希求中。空性见来自于大乘哲理,可详见本书第三章。光明见和圆满见则来自于藏密瑜伽的修习。八地以上不退转发心,为入修道,入修道就是在见道基础上的修持。藏密瑜伽,特别是藏密无上瑜伽部侧重于实际修持,这是密宗修身与修心同样重要的开示“方便”道。所以藏密无一法不注重色身的气脉明点的修习,只是或多或少糅杂了空性哲理和七大缘起,就连藏密无相瑜伽大圆满亦不能例外。因此,藏密瑜伽的有相和无相两种修行方式是相互结合的,有相瑜伽的具体修 行方式方法是以妄制妄,而无相瑜伽的无一定式的禅修内证是以无制妄,二者相辅相成殊途同归,有相瑜伽也是达到无相瑜伽的阶梯。见道与修道也是相辅相成的。小乘的人无我见修好了,就可以修好大乘的中观见,大乘的中观见又是修大手印空性的基础,而大手印禅定修好了,大圆满见才能圆满。

五道的最后一道是十地以上无学道,又称无修道、究竟道。入此道者无垢圆满胜义菩提心,已超过修道位的最后阶段,证得金刚三昧定,了知无生之自性,为有相瑜伽与无相瑜伽的总集。金刚三昧耶的特点是无有障碍、坚实不坏、稳固不动、其相一昧、真如遍满。知无生的自性就是知道因已消尽、无复再生果的原因。此道因学处已究竟、道也究竟,而称为无学道、究竟道。藏密行者多称藏密瑜伽是果位方便,即是指其修行方法可以迅速完成资粮道、加行道,缩短入见道、入修道的时间,从而速达无学究竟道。其主要原因在于行者的根基、上师的加持和瑜伽气功的修持。其中气功的修持起了非常重要的作用。密宗认为思想或心理同生理是不能截然分开的,心理要受生理限制,如果忽略了生理的作用,可能会减低修持效果,所以藏密认为修气去除了行者修心时的昏沉散乱,使心气合一,则空性的证悟立竿见影、当体显现。而空性的证悟又是无学道了却修道之垢的条件,从而修气又成为无学究竟道最后将修垢纯而化光明的重要手段。上师的加持也离不开修气的相应、相合,上师将外修气、内证悟的经验传给弟子,弟子也要通过外修与内证来学习和得到这些经验。因此,藏密所称的修行的果位方便的根本,实际上就是在修心的同时配合了修身的气功,心气相合不二是藏密瑜伽见修行果的一大特点。

佛法的主要课题在于如何降伏烦恼。“烦恼即菩提”、“妄念即法身”,是禅宗和密宗的成就大德有口皆碑的见解。这种见解属于了义的见,即是行人证悟后已明自心本来的面目,无烦恼可断可转,它代表了禅宗、密宗的果位方便,没有见上的差异。这种由外方便指示正见者,就是藏密行人的外上师,而内上师则是自己所见的内证光明。藏密修行之道讲求把全身心交付给一个有成就的上师,一切听从其安排,这样自然不必研读大量经典和掌握许多修行的理论,这是一条最简捷、最直接的道路。但困难的是成就的上师如凤毛麟角,不易寻找得到。米拉热巴曾开示了见、行、修、果方面的精要,认为显现、空寂、无别为见地的三精要,明朗、无散、无念为修行的三精要,无贪、无执、无挂碍为密行的三精要,无欲、无惧、无迷惑为三成就(即果)的精要,无谄媚、无隐、无矫作为密戒的三精要。疯颠行在藏密的道地上是一个很重要的阶段,其示现的疯狂之像,多代表了其人已现量趋入一切平等的境界,对世俗所谓的净垢善恶等已超脱无碍,说明他已证到了善恶无取的高度一味的境界。如藏地的疯僧藏宁和汉地的济公和尚颇有点类似达到了这一修证的境界。藏密的果主要是两种成就,即共同成就和不同共成就,又称世间成就和殊胜成就。世间成就即指各种神通和增益、息灾、怀爱、诛杀等法力。殊胜成就即指究竟成就,一般指内证的境界,又称菩萨地、佛果。藏密瑜伽讲求实修的噶举派认为地、道、功德应由山居闭关修行而来,纵有好的觉证暖相,也应时常居住于无人山林中。而宁玛派大圆满讲求一切法本无缚,天下本来无事,唯庸人自扰而已。所以,大圆满无见、无修、无行、无果,即见、即修、即行、即果。虽然,宁玛派是从且却见地和妥噶光明上入手,但修到最高处见地和修证都是一样的。萨迦派后来就以宁玛派的大圆满为本教的最高修持法了，而噶举派则将大圆满与大手印联合修习。

择师灌顶 前文已经谈过藏传佛教又被称为喇嘛教的原因，这就是喇嘛（即上师）的地位非常重要。《般若经》云："非依善知识，无由成佛道。"阿底峡尊者入藏后曾对弟子说："三藏尽通，以善知识口诀要紧，人与法离开不得。"这都是强调佛法虽有千种万种，若无师承，不得口诀，难期成就。因此，藏密的各教派都有其一脉相传的系统，而上师正是这种传承的传持者，又是这一传承始祖的显现、代表。所以，藏密称上师为加持的根本。藏密的上师除了要具备显教的各种理论修养外，还必须具备一定的瑜伽修持功德和观察弟子的能力；而弟子则要有菩提心和戒、定、慧的条件。所以，藏密上师收徒弟是很不易的，也不轻易收徒弟。师父收了徒弟还要观察考验三年，徒弟也要看师父三年。另外，藏密始终认为密为显之结果，显乃是密的阶梯，所以，康区（今四川省甘孜、西藏昌都、青海玉树等地、州）的藏密行者大多先修显教 12 年以上，才开始拜师学习密法。在尊师的同时，藏密认为一切对上师的供养中，心供为第一，身、口、意为最大的供养，即修一切法时不要有分别心，如水入乳无二无别，我心即佛心，过去、现在、未来皆不可得。经咒得到上师传诵与否，也只有功德大小的区别，学习任何经典都没有盗法的罪过，未经上师所传的咒可以自诵自修，若没有蒙传，一些普通咒语可以转传他人，但特别法不能传，唯恐失其真意或出危险。

藏密行人常说："密宗无师承，不可以偷学，应该先灌顶。""灌顶"一词之意最早为古印度选择国王的方法，古印度人将宝瓶系于象鼻鼻端，然后让其在大道上巡游，如果瓶中之水灌到哪一个人头顶上，哪一个人就是新国王。灌顶也是古印度国王即位时的一种仪式，常布置坛场将象征四大海的海水注于瓶中，然后灌于继位者头上。所以，藏密的灌顶也有些像选择国王，经过灌顶的人就是王储，即象征其事上虽未成佛，但理上已成候补佛。藏密上师的传授分三步骤：灌顶、讲经诵经、传法。“灌顶”是第一个步骤，“灌顶”是由具有某派历代祖师传承并修持有得的上师向弟子授法仪式。行人如果得到某灌顶，就意味着得到了某种法的承师、传承，也就是被允许修习某种法。灌顶实际上是一种被首肯、被允许的仪式，灌顶就是给被灌者一种通行证。藏密灌顶的方法很多，以类分有大灌顶、观像灌顶、结缘灌顶。除一些特别灌顶，如灌护法顶，有一定限制不能普遍参加外，一般普通灌顶无十分限制，无论何人均可参加。最普通的灌顶就是结缘灌顶，由某位有财力的施主请求上师灌顶，众人皆可以随喜参加，无须选择受灌人的条件、根器。但大灌顶（即四级灌顶）则不然，请求灌顶的密宗修行人必须具足显教止观、大乘空性、气功修持等条件，然后上师再依每个人不同的条件和进度给予相应灌顶。行者依灌顶程序依次修习。在灌顶的同时，上师也会把本法传承的源流，经由何位师父得此传法许可等，一一交待给受灌顶的弟子。

藏密之所以被称为“密”的原因，从类别上分有尊贵密、微细密、普通密、隐显密、总持密、发心密、次第密、无知密、盖藏密、慎重密等十密。从修行程序上讲，藏密分四个阶段：作密（事部）、行密（行部）、瑜伽密（瑜伽部）、无上瑜伽密（无上部）。每一阶段都有相应的灌顶作为修行的起步。其中无上瑜伽密为藏密所独有，也分四个阶段，以四级大灌顶作为四个阶段修行的起步，代表了四个不同的修行阶段。第一级为宝瓶灌顶，行者将眼、耳、鼻、舌、身、意六根加以净化（即一切声成咒语，一切意成空乐感受，一切处成本尊坛城)，并以种种方法自己修观成本尊。第二级为秘密灌顶，行者于自身体内作本尊坛城观想，并修气、脉、明点，开发五轮及手足各支轮脉。第三级为智慧灌顶，行者将所得之智慧气、明点向外运用，依事业手印修空乐双运法，随念观空，依乐出空，依空出乐，达到四喜四空的境地。第四级为名词灌顶，又名胜义灌顶，行者修大手印，由有学、有相到无学、无相，由本觉、不觉而至究竟觉，证得无云晴空、光明周遍的境界。

灌顶是上师对弟子的加持，其中包括金刚种子字的咒气的加持。所以，受灌者应有所感受和自知。如经灌顶而无觉受者只是随众人敷衍了一场。有的行者自己未受灌顶，而授灌他人，属于冒充、滥竽充数之类。有的行者与上师不相应，而得灌后难以修成。还有的行者未经上师给予有相灌顶而自得无相灌顶，这是因为他们具有自己直接去洞察事物本来面目的能力。另外，有成就的上师所公开的密法无需灌顶就可以修习。大手印之一的实住大手印(大手印四瑜伽)不修本尊，也无需灌顶，即可以修习。藏密修行人修法又有一个独特之处那就是如法修持只从一个师父所传授的方法，不将不同师父所传的方法参合混修；与此同时，他们对各部密法又要多方参访师父，其主要目的不是要一法多修，而是为了印证自己所修之法。

闭关修行 梵语“禅那”本有二义：一为理论，一为实行。它说明了真正的佛法不只在纸上，而在于勤修。因此，佛经虽然浩如烟海，成佛的法门也可罗列多种，但不外乎内证与外修两个方面，由外修而内定，由内定而证悟。藏密为了达到修行的目的，采取了心理训练与生理训练并重的修行方法，以生理上的训练有素来调伏心理上的种种烦恼、障碍，加速了修行的步伐，具有其他佛家修行方法所不能比拟的殊胜之处。

传统上有两种修习整个密法系统的方法。一种为延袭中国唐密的日本东密方式,另一种为从印度直传西藏的修行方式,又称西密。无论是东密还是西密修行的第一步就是下三部瑜伽的事部。事部就是诵咒,注重诵咒里的气,也就是咒气、持咒的气;第二步下三部瑜伽的行部在观想中持咒;第三步下三部瑜伽的瑜伽部就有了观想的定功了。下三部瑜伽虽然没有气功,但其念诵、观想中已有了运气的成分。藏密独有的无上瑜伽部的修行就加了气功的成分,修气脉成为无上瑜伽部的特殊的、重要的修行方法。这种修习方法有一定程序及系统,先修本尊身之身空,次修中脉,再修三脉七轮,由金刚诵柔和瓶气乃至刚性瓶气,然后修拙火(暖身法)、观想双运法、实修双运法,也可直修大手印瑜伽、大圆满法等。实际上小乘的数息和大乘的六妙法门、摩诃止观都要修气息,与气功也有关系,但这些修行方法不同于藏密的修气。藏密的修气是以其独特的气、脉、明点的观想为基础的,修心气无二。

由于藏密独特的修行方法,使得修行必须一步一步地进行,不能越级而升。这主要是因为前一步的修行是后一步修行的准备,必须作好心理上和生理上的充分准备才可以修下一步,否则易出偏差或发生障碍。密宗经典《解深密经》、《瑜伽师地论》都详明地阐述了瑜伽修证的次序。前人也曾总结了修行的程序为:无常钱、出离土、戒律墙、菩提种、大悲水、定力肥、智慧花、佛陀果。香巴噶举派(噶举派主要的一个分支)则以一棵大树的枝、干、叶、果来比喻其主要修法,以使行者明确各种修法的主次前后。藏密习定也是有程序的,无上部习定包括九次第(即程序步骤)定。这九次第定是通过九次第瑜伽修行来实现的,这就是本书主要介绍的内容,它们是:麻哈瑜伽、阿努瑜伽、阿底瑜伽、审底、龙底、满雅底、无上阿底瑜伽、姐底瑜伽、仰底瑜伽。其中后六种瑜伽为宁玛派所独有的“大圆满法”。修行的次第是相对的，不是绝对的，“佛无定法可说”。“大圆满”就抛弃一切次第，即见、即修、即行、即果。有次第主要是针对个人境界不同，无次第则是要了解无定法的原则。所以，有次第中有无次第，无次第中有有次第。

习定是佛教修行的主要方法。习定的动机就是行者的无常心、出离心，习定的目的就是为了证无我空性。藏密习定的方法可分为两类：一类是接受上师的指导，然后温习这些指导，分析自己，观自己的心。这个方法在西藏称“班智达意接贡”；另一类方法是行者直接体验、体会到心的本性的方法，西藏称“古萨里觉贡”，这是瑜伽行者以直感、经验来实修的方法。后一种方法就是所谓的“闭关”。

“闭关”从广义上理解就是一种“不受生死涅槃一切戏论放逸染污”的、修证体系毫无颠倒的修行生活。如果拿一个人吃三个半包子才饱来比喻，则闭关就像最后半个包子。从严格意义上来讲，闭关以后才是真正的修行。因为只有闭了关，才能真正远离尘世的染污影响，才能真正按次第顺序修行。因此，阿底峡尊者认为：“眷属受用，均不可保信，何如入雪山？或清净处与木石居，一心依止佛法，较为坚实，纵穷如乞人，死岩野间，勿生退悔心。”从狭义上讲，闭关指的是方便闭关，即未出家的居士需要照顾家人的生活，而不能出家闭关修行，这就需要因时制宜、因地制宜。习定是闭关的主要内容，习定又是闻、思、修的精华，所以不受外界影响、有一定次序的闻、思、修，都可以称之为“闭关”。密宗讲“即身成佛”，必须限期实修亲证，所以，闭关又是必须的。

“闭关”的地点按米拉热巴祖师的规定有三种地方都应该去闭关：墓地、岩洞、最高的雪山。墓地和岩洞都比较安静，而最高的雪山比云高，全年可见无云晴空。这些地方适合于修藏密瑜伽较高层次的功法,如大手印、大圆满、施身法等。方便闭关可以由行者自主,可以看书、就医,但也要禁语、禁足、立功课表。至于究竟道的生死关则只有一条道路,未成就前誓不出关,即立定的目标不达到就不能出关,一直闭到证悟成就,或闭到死为止。所以,初修者不宜立即闭长期关,当从三天、七天闭起,渐渐加长闭关的时间。闭关的时间有一年、三年、五年至十三年不等。闭关所修的内容大体分外、内、密、密密四层①,就像工艺师雕刻的象牙球一样一层套一层:外修出离世俗、内修止观调心、密修生起次第和圆满次第(即一至三级灌顶)、密密修大手印(即第四级灌顶)或大圆满。一般闭关皆属于白关,大圆满法除白关(关房可开门窗)外,还有特殊的红关、黑关。闭关时除饭食、大小便必须离开座位外,其余时间以不离座位为宜,这是因为坐则气易静,气不动则心亦静。心的清净亦是闭关的重要条件。

闭关的成就有内成八法与外成八法,藏密上师一般主张宜先修内成法,即修自心明白、自在解脱,内功修成,自然会出现神通,则外成八法也能成就了。在成就者之中,有的可以明了一切未见过的经典,有的可以听懂一切未听闻过的语言。但闭关必须长期摒绝一切世俗之事,每日除短暂的睡眠以外,其余时间全部用来修定,不容有一丝一毫的散乱,才有成功的可能。有时外界的打扰也会使闭关修行事倍功半。例如,有一位宁玛派的瑜伽行者已闭关修行了 14 年,即使他的邻居也见不到他的面。但有一天,邻居见其房屋不冒炊烟,也不见屋里有什么动静,怕他有个三长两短,于是进屋里探视。只见该行者脸上、身上都是蜘蛛网和灰尘,就以为

① 此四层从道理上讲又称浅略释、深秘释、秘密释、秘中秘释。从境界层次上讲可称浅略层、深秘层、秘密层、秘中秘层。

他已经圆寂了,便放声大哭起来。这一哭把该行者的入定次序打乱了,只好暂时出定,十几年的苦修功亏一篑。因此,闭关修行并不是一条悠闲的、逃避现实生活的修行道路,它需要彻底的忘我无私。这条解脱之路、彻悟之路也是一般常人不容易接受和坚持下去的。

生死与转世 藏密瑜伽的修行目的决不是为了世间的种种神通能耐或名利,而是为了解脱生死;即在死后的中阴身(死与再生之间的一段短暂间隙)时,能认证修习的本尊,从而获得解脱自在。并以这种解脱的经验帮助其他有情众生了断对生死轮回的痛苦和惧怕。这就是在世间修出世间法。

中阴身有三个阶段。大成就者们在世时修禅定,有入定的经验,有定力,已经证悟了自心本性。这样,在死后的第一阶段的法性中阴时就能认出法性净光,从而契入法性光明——法身成就。藏密瑜伽称之为"母子相会",母净光代表自性光,子净光则代表认出自性光的修行证量。许多藏密上师或转世活佛,在圆寂时都以禅定的姿势坐着。虽然医生宣称他们已死亡,但他们的心脏部位却仍存有余温。而且这种现象有时可能持续三至四天,甚至七天。这就是他们认出光明实相,证入法身的征象。

没有契入法性光明的亡者进入中阴身的第二阶段——报身中阴。如果修行者在世时,曾经修习三密相应的本尊法瑜伽,即持诵本尊心咒,观想本尊形象,由于本尊是虔诚祈祷和专注的对象,所以在中阴时很快就能认出本尊,也可获得解脱,往生佛国净土。如果亡者为贪、嗔、痴三毒所牵引,强烈的贪爱心或嗔恨心都无法使他在前两个中阴阶段认证净光和本尊的话,就进入中阴身的第三阶段——化身中阴,这就是六道轮回,再次受生的阶段。

再生的方式有四种,即"四生":化生、湿生、胎生和卵生。化生是不须依赖父母交合，自然化现而生；湿生则是在潮湿和温暖的条件下即可产生；胎生则依赖父母交合，而借母腹出生；卵生则经母体排出的受精卵中出生。由于过去世所积累的不同业力，而随业转生地狱、饿鬼、畜生、人道、阿修罗道、天道等不同的六道。其中投生人道者，如果前生曾经听闻密法或者受过灌顶，而将自己要投胎的双亲做“清净观”，即不将他们看作是凡人，而看成是佛父和佛母，看成是灌顶本尊；由于有这样的清净观，转生者有能力认出投胎的双亲的清净本性，便能以化身的方式投生为人。这就是化身解脱，这也是转世活佛乘愿再来的投生方式。

转世活佛，藏语称为“朱古”，蒙古语称为“呼图克图”。指的是已经修行成就者的肉身圆寂后，以化身方式再转生为人，是菩萨倒驾慈航，誓愿重返人间利益众生。这种将人尊崇为佛，并实行转世制度的情形，是藏传佛教的一大特点。它体现了藏传佛教对喇嘛或上师的权威的绝对尊敬，也体现了藏密瑜伽的生死观。转世活佛的确认一般要经过护法降神、观湖倒影、占卜预测、寻访灵童等步骤。但也有一些特例，如确认噶玛噶举大宝法王的传承转世就不是依据以上步骤，而是依据上代活佛留下的预言信，上面明确写明了灵童父母的姓名和居住地点和环境，甚至还有灵童的出生日期。这说明了活佛能以清净化身的方式投生为人，是有事实根据的。除了中阴得成就或者化身（自性幻化界）得成就外，藏密瑜伽的最高成就为即身成就，就是修习者不舍肉身的虹身成就和舍弃肉身的虹化成就。下文将详述这些究竟的成就。

第二节　藏密瑜伽的气、脉、明点

身心与心气　藏密瑜伽从“七大缘起”的哲学观点出发，以地、水、火、风、空、识、见为七大无碍,从而产生了"色心不二"的瑜伽修习哲学理论根据。藏密瑜伽的"色心不二"即指身心二者是互相依存、不可分割的统一体,身为心所依,心为身所识。藏密瑜伽以此"身心不二"的理论为依据,力图通过瑜伽的实地修习(包括修心、修气两方面)来探讨人体生命的奥秘。由此而将人的身心分为从粗到细的三层:

第一层为三昧耶身。指地水火风"四大"所集成的、父母所生的血肉之身。身心二者为一体,所以识此身、依此身之心亦包括在其中,它包括五官的感觉、意识的知觉和思维等心理活动。这就是我们常人可意识到、感觉到和看到的身心,它是第二层身心所存在的基础,也是藏密瑜伽修行用来观察第二层身心的通道。

第二层为智慧身。指由气、脉、明点所构成的人体生命内部的运动机制,也可称为生命(生物)能量场。与之相存不离的心即相当于人的潜在意识,它是存在于人的意识层之下的本能欲望、自我意识和行为倾向。智慧身非常人意识所能观察得到,但也常通过三昧耶身表露出来。只有瑜伽气功的修习者才可以观察到它的存在。

第三层为三摩地身。约在心轮中心的中脉之中,常住不动。为人本有和生一切的中心能量场,亦称光明体。但常人和一般瑜伽修习者很难亲身体会知见(即体悟到)。据说只有在极高深的定境中才能自见。藏密瑜伽第四级的胜义灌顶所修的大手印,以及大圆满法所修的大圆满见和大圆满光,其最高成就就是能自见这一最细微的风心不二(又称无生心风不二)的境界。禅宗的"明心见性"亦指此境界。

藏密瑜伽将人体身心分为三层观察,产生了集心理学和生理学为一体的、细致入微的专门学问。它既可以通过三昧耶身的活动来探讨智慧身、三摩地身的机制和作用，又可以通过瑜伽修习拨开第一层面纱，窥视智慧身的运转机制，从而为瑜伽修行最后达到入定见光明体打下基础。但就一般人来讲，人的身心常常发生矛盾、不相应的现象。如三昧耶身所产生的病苦，常常导致心理上的烦恼；又如潜意识本能欲望所产生的情欲也常常与理智相对立；而人不能体察到自己本有的最细风心（即三摩地身），就是因为有这些心理上的烦恼和生理上的障碍。所以，藏密瑜伽采取使身心相应的调心、调气的方法，来解决身心上的矛盾。既讲究从心修气，又讲究从气修心，气到量（即开通脉轮），心才能到量（即入定）。例如藏密瑜伽修习有成就的人可以做到每天只吸入六口气，其余时间为闭气（即气住中脉），这就是在气功成就的基础上达到停息入定的境界。这就是“从气修心”。“从心修气”即指以大乘无我空性的修心的方法来帮助修气，因为对这些哲理的领会使行者从心理上去除了修行的烦恼和障碍，更容易修气入定。由此可见，心气相应是藏密瑜伽自我身心锻炼的主要手段，心气相应了就可以产生智慧明点，心气相合、明点化光即入光明定，证最细风心无二的境界。所以，气和心之间有一种不可思议的辩证关系，“有一心所，就有一气”，无心则无气，心到气到，二者是不可分的。

三脉五轮 藏密瑜伽注重身体锻炼，所以对人体内部的气息通道形状的描绘、说明其作用成为极为必要的事情。气、脉、明点也成为藏密瑜伽修行者自身就具备的三大要素。人体的三脉五轮如同中医、道家气功所讲的十二络一样，在尸体解剖中是无法找到其位置的。藏密的三脉五轮源于印度传统医学的人体学说，并结合了藏密祖师们在练功入定过程中的感受和效应，它们皆是气的运行通道和蓄积仓库。三脉为左、中、右三条主脉，其中中脉为修藏密气功一切重要方法的主干。中脉以居身体之中央而得名。中脉不同于道家的任、督二脉前后相连所形成的循环水车（即大周天），中脉既不在体前，也不在体后；中脉也不在脊柱中，因为脊柱不在身体的正中央。中脉位于身体前后左右四方的中央的一条直脉，它从七轮①之中心贯穿而过。《亥母甚深引导》中认为中脉中有红、白菩提二道，白前降，红后升。此红白两道同在中脉内前后相并行。行者初修气息入住时，红、白未及融化，暂时一升一降。相并而不相隔，等到修到一定时候，则红白交融，不分前后了。贡噶呼图克图口传观想的三脉颜色为中蓝（红白交融的结果）、右红、左白；三脉观想时犹如空室中的三根柱子，并在脐下四指处汇合。左、右二脉上达左、右鼻孔，其观想不同于印度教，印度教观想左右二脉旋转纠缠五轮，而藏密观想此二脉时都是直线上下。如此调整观想主要是为了便于修气功，使气由左右二脉容易入住中脉，而不受五轮外脉的纠缠。

中脉形态、位置、大小的观想是藏密瑜伽的印度祖师们借用其名而将佛教哲理寓意其中。是佛教对婆罗门教哈札瑜伽的升华。第一，中脉依中观见得名。即不偏于有，不偏于空，离一切边为中。中脉又称“阿哇帝都”，意即能生俱生智。“阿”字之意又体现了中脉四个特点之一的笔直状，“阿”字又有本不生、能生一切之义，所以，中脉为无为法，其大小非尺度可理，必须心住正见、安住空性时，中脉才会自现。中脉的大小可以观成如麦秆、马鞭、竹筒、上臂、马尾大小，有粗也有细、微细、极细，中脉的大小也可观如身宽、如虚空大，或随心尽量扩大观想。第二，中脉依中心得名，因一切物之心即为中，如天之中叫天心，地之中叫地心，江之中叫江心。

---

① 中脉下起于杵轮、上止于肉髻轮，中间为顶、喉、心、脐、密五轮，故五轮亦可称为七轮。

中脉最初是一个点，是在心轮的中心生起的，从此分出上下而形成中脉，此后七个脉轮皆依中脉为中心。第三，中脉又有集中之意，修拙火时上端白明点与下端红明点的升降都依中脉而行，命气与第八识也依止于中脉。另外，中脉的“中”字体现了其位置的特点。

三脉五轮构成的起始为中脉，中脉即为本有之脉，又为能生一切脉之脉。中脉再分左右二脉，又开横脉形成各脉轮。各脉轮发出的横脉遍及全身，形成遍布全身的72000小脉，各有所同。脉轮有四层：最外层为明空水泡，表示空性由于修大乘空性，又得密宗初级瓶灌修生起次第，从而观得这一清明、透亮、空洞的水泡。第二层是脉轮的轮辐，此轮辐由中脉发出。第三层为中脉本身，第四层就是中脉之内。三脉五轮的存在主要是为了便于修法，使修法之人在入定之时必须调整姿势，姿势正则脉易正直，脉正直则易开发。习定能使纠缠外围的小脉得到调整，不习定的人一般外脉不调整则易错乱而生病；习定而昏沉重者脉松缓，习定而散乱重者能使脉错乱，掉举重者能使脉紧张。如果有小乘定的基础可去掉这些障碍，但如无大乘止观，不能通达无我空性，则中脉亦难开发。所以，三脉五轮又称为智慧脉。智慧正见乃是开发脉的关键，五脉轮代表着五种智慧，而只有脉开发了，行者才能入光明定。

萨迦派的《大乘要道密集》（又称《道果》）又将中脉中细如一根毛发的百分之一的极细中脉，称为胜义中脉，其相当于噶举派所说的最细风心。如果将人体比喻为一个巨大的生物能量场，那么这就是这个生物能量场的最深细的智能与光能的中心源，是人真正认识宇宙自然的总开关。但只有深入三摩地定才能窥见这个深细的生命根源。释迦牟尼在修印度瑜伽证到粗中脉的四禅八定后，用深定中的智慧观察力，才发现原来所修并没有破掉我执，更谈不上破掉法执了。此时释迦牟尼洞察到了解决生死问题的症结,第一步先要破掉我执,才能跳出三界外,而此三界就是我执所造成的呀!所以,佛教修行者不同于道教道士和婆罗门教瑜伽师的最主要的地方,就是要打破我执。而藏密瑜伽的行人则要在破我执的基础上,使心气入于胜义中脉,从而打破法执,以实实在在的现量得证,了悟诸法实相(即宇宙万事万物的真如实性),得最细心风无二的大自在。释迦牟尼正是在瑜伽禅定的基础上发现了哲理上的诸法实相和事相上的胜义中脉。这也就是我们平常所说的"明心见性。"

"明心见性"的悟道者由心气自在,而知外境就是自心和自身气脉的外现,"跳出三界外,不在五行中",身心内外无差别、无妨碍。所以,身心内的变化就可以引起身心外的变化,就能发出神通,转变外境,这就是神通产生的原理。但藏密行人只是一心为求得最细风心的证量,决不能贪着外境所现种种色象、声音,因为这些都是修行道路上最大的绊脚石。即使没有明心见性,只要导气得法,可入较深禅定,都可以有神通出现。然而,由于没有认识到自己的本性即空性,则将定中所见宇宙万象都认为是自己所造的,好像自己身心中生成一样,这就产生了我执,所以这些神通较之已明心见性的人的神通,真如同小巫见大巫一般。藏密瑜伽行人也不忌讳谈神通,因为密宗比较注意事相,也讲求一些看得见、摸得着的东西。显神通大多是为了以妄制妄,以大神通来显现正等正觉的殊胜,以大神通使那些以神通为持、盲目自大者觉醒自悟。藏密瑜伽的成就者都是有大神通①的,但他们一般不显露,或很保

---

① 佛教认为不可思议为神,得自在为通。神通就是指不可思议的自在功用。共有五种,又称五通、五神变:天眼通、天耳通、他心通、宿命通、如意通。如意通又称神境通、神足通,有飞行自在、石壁无碍、化石为金、变火为水等奇变。

密，因为不破除我执而大谈神通，我执更大，修行更为困难。所以，当巴桑结（即达摩祖师）在藏地所传的“施身法”，就是以此做为破除我执的利器。我执不除，纵有多么深厚有神力的咒语，有多么大的腾空神变，也不是究竟成就、殊胜成就，甚至可能是南辕北辙了。

修气开脉 藏密瑜伽的气分五种：上行气、下行气、平住气、遍行气、命气，五气的走向和住持都可以顾名思义。上行气作用于人的语言、呼吸进食；下行气作用于人的排泄、性生活；平住气位小腹，是助消化的，并为人体提供热能；遍行气以人体密轮为枢纽而遍行四肢，与人体四肢的行动、活动有关系，身体挺直、阔胸、保持中正就可以控制遍行气。命气是主持人的生命的命根之气，显教所说的除父精母血之外的第八识——阿赖耶识，在藏密来讲必须依据命气，没有命气，第八识就不存在，命气与八识是合体的，八识到了命气就到了，命气动了八识也就动了，这一点源于藏密心气不二的哲理。命气是不能乱动的，要把命气保持在心轮的中心。所以，修下三部瑜伽者观咒轮转动时，中间的种子字是不转动的，这个种子字就是为命气所持。命气不调则人易出精神疾病。只有定功很好，已达金刚三摩地的人才能控制它。心轮是第八识和命气的所在地，是生命的根，是人体精华的集中处，藏医认为其为记忆贮存库，即梵文所指的“含藏识蕴”，它与人的铭记外来印象的思维觉悟相关，为五官的觉悟脉。而宁玛派所称的“无死童瓶身宝”即在心轮之中的中脉内。因此，心轮又是修气功的中心。

藏密瑜伽修气的原因就是为了开脉轮、开全身脉，气脉不通轻则运动失灵，重则衰老病苦，修气就是从生理上去除习定的障碍，气之所至脉亦通，脉开则易生定力。开脉的顺序是先开中脉，然后由中脉打开五轮 。再由五轮通 72000 小脉。五轮应先开心轮，但由于心轮和其他轮都被许多外脉所裹缠，所以，藏密瑜伽常用拙火气功法,下用火冲、上用水洗(顶轮滴明点),先把脐下四指处的密轮外层的脉解开。密轮是遍行气的枢纽,因此,遍行气充足就把心轮的外层细脉一层层打开,先松脉后开脉,心轮外脉松开了气就容易入住中脉,气在中脉内住持谓之持气。这时中脉才算真正打开,很快就可以上开喉轮、下开脐轮了。无上瑜伽部生起次第(初灌)修气就是要在空性中出生本尊身三脉五轮,并加以调整。圆满次第包括三级灌顶:二灌以智慧气打入智慧脉,开中脉;三灌开密轮,修气达心;四灌修心达气,心气无二,达到气心自在,即得光明定。

中脉打开就有了智慧脉,气入中脉变成了智慧气,这时候内视中脉就出现了开中脉的十种内景:日、月、电光、虹霓、光点、烟、阳焰、萤火、灯光、无云晴空。中脉是否开发,其感受也可参照藏密祖师开发中脉的经验。中脉开发的感受不同于督脉小周天的开通。除以下十种内景外,中脉开发者在心理上亦超出常人,达到了心先自在:(1)烦恼与菩提无分别;(2)一切禅案真理无不明了;(3)光明大定相续不断;(4)充满安乐,无涅槃轮回的区别;(5)超出时间、空间的限制。另外还可出现一些外显的神通功能,如:力大无比、飞行自在等。由于气入中脉,出入息停,即入三摩地,一些行者就出现打坐良久、不出声的现象。实际上身内已入定,内息已停,欲有所言亦无法出声。这是一种实际修习得到证量的一种体验。

藏密瑜伽的五种气与修法的姿势密切相关。藏密瑜伽的调身之法以静坐为主,而静坐的姿势有金刚座(即大日如来七支座)、象座、狮子座、仙人座等四种。以其中金刚座的姿势为例:(1)跏趺坐使下行气易入中脉,除嫉妒烦恼;(2)手印置脐下使平住气易入中脉,除嗔恨烦恼;(3)直背挺胸使遍行气易入中脉,除痴妄烦恼;(4)曲颈如钩、下巴抵喉,使上行气易入中脉,减少贪念,生起无分别智慧;(5)舌抵上腭,视觉集中,使命气持于中脉,去除轻慢妄念。此外,金刚座法还可以引外界地水火风空五气由鼻孔入左右二脉,经左右二脉入住中脉。除坐的姿势外,手印也是一种调身的方法,手上的脉络可通全身,各种手印都可通过双手引起各条脉络的连接,也起到了调节全身脉络、打开脉结的作用。如最为常见的法界定印,佛像上多为左手在下,右手在上,但左手依左脉,左脉白色,中多为晶莹如水银的白明点,所以左脉属水,左手亦属水;而右脉中多为红如火的红明点,所以右脉红色属火,右手依之也属火。因此,刚开始修定的人做定印时,常常左手在上、右手在下,水在火上,水压火易除烦恼得入定。这就是一种以手印调节全身脉络的方法。

藏密瑜伽修气功的时间与各脉轮之间也有密切关系。据以《时轮》为基础的藏密瑜伽理论认为:人体的气每月三十和初一居于脚掌心,然后每三天上升一个脉轮,经密轮、脐轮、心轮、喉轮,于每月十五、十六升到头顶(顶轮),然后再经喉轮、心轮、脐轮、密轮下落原处。根据此原理,可以按气在体内运行位置和时间来修习各种开五轮的拳法。藏密拳法有开全身脉结的拳法,也有按五轮分类各开一个脉轮的拳法,如果按时间修习就有打开脉轮的实效。例如噶举派贡噶呼图克图所传的拳法属于开顶轮的有狮子撒尘、大鹏起飞、大象摆头等宜于农历十三至十八日修习;属于开脐轮的扭转脉轮法则宜在农历初四至初六或廿五至廿七日修习;属于开密轮及四肢脉的孔雀飞法、金翅鸟法、吉祥拳法则宜在农历初一至初三或廿八至三十日修习。

咒是特别的音符,有特定的频率,可震动身体内部气脉。藏密瑜伽的诵咒就是一种特殊的气功方法——发声法。其利用藏语字母发声所特有的回旋、颤动等特点,声气结合,以声领气,气随声出入,带动气运行,从而达到开脉的目的。例如诵念六字真言,就是一种发声气功法,真言一字一音每一个字母的发声都引气入一个脉轮,起到了开脉的作用:“嗡”字声上头开顶轮;“嘛”字声振喉部开喉轮;“呢”字是舌尖音,心开窍于舌,声震心轮;“叭咪”二字气贯腹部,腹部有温暖之感,开发腹轮;“吽”字直冲密轮,由密轮沿两腿下行脚掌心。由此可见与咒字部位相关的智慧气脉会由不断念诵震动而开启,智慧气脉打开后,妄念被导入智慧脉而转化成生起慈悲智慧的能量。

无论从修气的姿势、修气的时间,还是在发声方法上,藏密瑜伽无疑都是一种祛病延年的好方法。但藏密瑜伽的主要目的并不在于此,藏密瑜伽的主要目的是为了解决心气相应问题,并从心气相应的角度,以父母所生血肉之身修身体内的气、脉、明点,从而达到入定的目的,以证心气无二、无生心气无二的智慧境界。

五大的精华　明点,又称真精、精水、真水,“明”意为智慧,“点”意为精华。藏密瑜伽认为明点是地水火风空——五大的精华。所以,其特点是有圆润、明空之相,也是产生生命、维持生命存在的精华。藏密古德白马麦扎曾定义“明点”为智慧、为精华,“明”为显现诸境,“点”为大乐精华。

明点主要分为离戏明点、不坏明点、物明点三种。离戏明点非心非物、是心是物,是心风不二的产物。这种明点是藏密解释诸法空性的般若智慧的实相,为人体本有最细风心所显。在证得大手印境界时,位于中脉心轮中心的不动唯一明点(又称童瓶身宝、母光明)显现三摩地胜义光明(又称子光明),就是这种明点的显现,其特点是空明、不灭。

不坏明点为父精母血所产生的生命本原的精华,其来自父精者为白菩提心(白明点),来自母血者为红菩提心(红明点)。红白菩提主要住于中脉，白菩提心又称白大，沿中脉向上分布，多住于顶轮，红菩提又称红大，沿中脉向下分布，多集中于左中右三脉汇合处的生法宫密轮（拙火生起处），红、白菩提心相合于中脉心轮处。红白菩提心——不坏明点常随人的心理活动和生理活动的变化而在中脉上下移动。熟睡时不坏明点住于心轮，称“心真水”；做梦时不坏明点住于喉轮，称“敕真水”；当静定觉思时不坏明点则住于顶轮，称“躬真水”；当性欲旺盛并逐渐达高潮时，不坏红明点从密轮升至脐轮、心轮、喉轮，而达顶轮，从而使顶轮不坏白明点依次降至喉轮、心轮、脐轮、密轮。如果用藏密瑜伽拙火定、三灌双运的方法调控这种性能量，就会使中脉红大白大相合，转化生滚打利菩提心——蓝色智慧明点（又称智慧真水），从而开显胜义光明。在修金刚诵等观想中脉五轮的气功时，咒气结合，气的出入住结合，修宝瓶气时也是如此，都可以产生咒明点、风明点，它们亦属于不坏明点。

物明点为有形质的水液，为三昧耶身（即血肉之身）中的物质。物明点有浊净之分，又分为净中之净、净中之浊、浊中之净、浊中之浊四种。不坏明点即为物明点升华转换的净中之净；净中之浊即为饮食精华被身体吸收而产生的各种生理激素；浊中之净即为人体的物质组成如血肉、精液、津液、骨骼等；浊中之浊即人体的排泄物，如汗、涕、尿、屎等。藏密认为一种物质也有净浊两种形态的转换。如饮食的消化所产生的浊物分入肠和膀胱；血液的浊物转为胆汁；分转为大便和小便的色味；肉的浊物转为皮肤的汗垢；骨髓的净物转化为精液，保留不泄则容光焕发，下泄则成为浊物。饮食的精华消化液由肝上转为血，血的精华转变为肉，肉的精华转变为脂肪，脂肪的精华转变为骨，骨的精华转变为骨髓，加上骨髓的精华所转化的精液，此七物为人体物明点的精华，是养生益智的物质基础,被称为人身"七宝"。修行功德大的一些喇嘛上师的肉身物明点,甚至于物明点中的浊明点,如屎、尿等都转变为五大的精华不坏明点。所以,其排泄物自带香味,称大香、小香,为五甘露之一。他们圆寂后,多将胸腹的血肉、脑髓留下,加入甘露丸中,其天灵盖骨(即脑顶骨)、胫骨(即小腿骨)等多做法器使用。

中国儒道二家皆以阴阳来表示宇宙中的二大原动力,皆以阴阳相合的太极来表示宇宙万物的大圆统一体。藏密瑜伽亦以红白二种菩提心来形容人的身心内两种相反而又相成的原动能力。明点的"明"字即为日月相合之光,日为红明点,月为白明点。白菩提心以清凉晶莹为特征,似为阴极,住于顶轮;红菩提心以暖热红润为特征,似为阳极,住于脐下四指处。红升白降会合于心轮,即为一红白相合的大圆太极了。藏密瑜伽讲求红白明点的平等、均匀、互济、调和,因为红白失调、不济、偏盛等都容易造成禅病,成为修行的障碍。所以,藏密的"圆满"即指"本身平衡,不假外求。"红白明点得自在平衡的行者多可得深厚的定力,反之,有深厚定力的人也必定是已得红白明点自在、平衡了。

明点之所以被称为五大的精华,还在于其具有的五大特性:明点为水大所生(最初明点均为水质物明点),明点由动而生火大,动时生气为风大。红白明点相会于中脉心轮所产生的智慧明点为心气无二的滚打利菩提心,所以,心轮中的中脉就是产生智慧明点的智慧身,又称"滚打妈",意即产生滚打利菩提心之母;只有修大手印、大圆满有证量时才有此真正的、心风不二的明点。物质明点经过藏密瑜伽行者的修气、观光、诵咒锻造为风明点、气明点、不坏明点,再经红菩提拙火明点的上融,白菩提白明点的下滴,二者相融才成为智慧明点。明点与智慧又是不可分的。明点的"明"从五智的哲理来,即先有智慧的基础,明白空性无我的道理,这是明点产生的心理基础;明点的“点”则从五大精华来,为明点存在的物质基础。所以,明点为五智、五大的结晶。三昧耶身(肉身)就是各种明点的总住处,心轮中心的中脉(即智慧身)为智慧明点的总住处,三摩地身则是智慧明点显现的标志,也就是入深广大定而行深广般若大智慧。另外,还有一种加持明点(圆空光),在修本尊观时为观想本尊甘露流注充满全身;在自然界修大圆满妥噶光明时 也可以见到,为光亮如太阳、开眼可见、大小不一的圆点,行者如见到此明点,即应了达心身内外无差别、无障碍的道理,不执著,不起爱憎、取舍之心,安然而住。

第三节 藏密瑜伽的表法和象征意义

伟大的想象力 观想和想象是藏密瑜伽修行的特点之一。藏密瑜伽行人用自己极为丰富的想象力创作了许多优美的艺术作品、文学作品,为人类留下了丰富而宝贵的文化遗产,充分显示了想象力在人类文化精神活动中的巨大力量。

客观事物对于不同的人来说代表着不同的事物。尤其是藏密瑜伽行人对客观世界的感知更不同于常人,他们以自己丰富的想象和佛教仪轨的观想,给一些客观事物增添了特定的色彩和形状,以至于其周围世界的每件事物都含有丰富的思想内容和寓意,都如此这般的人为化了。藏密瑜伽行人在定中的一切观想、一切觉知都是一种对客观事物的体悟,是三密相应的,并且符合藏密“即身成佛”的教义和本尊相应的修行方法。于是观想密集金刚即代表了修行者的意密和拙火,观想大幻化网金刚即代表了修行者的语密和光明,观想喜金刚即代表了修行者的意密和拙火,观想胜乐金刚即代表了修行者的成就和事业的手印，观想大威德金刚即代表了修行者的觉悟了的行为。就修法的一切观想而言，本尊坛城、莲花、日月轮、种子字、咒轮，以及三脉五轮的观想都是修行者的意密和体悟，是修行者将客观事物人格化、拟人化的一种表现。另一个例子也可以说明这类利用想象力和情况，那就是藏密瑜伽在行供养时，要观想每一种供养品都无自性，都是空性缘起的表征，把人的意识加入供水、供花、供香、供灯、供食、供乐中，而又以这些供品所显示的空性哲理反过来教育行者，寓教义于想象力之中。

藏密瑜伽要求行者必须通过修空性定而得到证悟后，才能通晓空性一体衍生的五方佛的作用。但并不因为如此而不在修行过程中谈五智了。相反，各种仪轨修习中都存在有与五智相关的内容，即通过或根据感性、象征性的形象特征来体悟佛的境界和智慧。首先，一切修空性的内容、归空的内容皆属于法界体性智，其意为宇宙一体的智慧；第二，在仪轨修习之中观想各种光色皆属于大圆镜智；第三，灌顶和观咒轮即表示了成佛者与正在修佛者、行者本尊与众生本尊的平等性智，显示了佛教所特有的人格特质；第四，所有修行中的观想皆与妙观察智有关，这不仅意味着以肉眼观察事物，而且是要以佛教空性哲理的智慧去思考所观之事物；第五，修行中的礼拜、供养、赞颂，皆是为了圆满自利、利他的双重事业，所以它们皆与成所作智有关，成所作的智慧既是本尊的行为标准，又是藏密行者应遵循的行为标准。

从以上各种藏密瑜伽的修行方法上都可以看到人格化的痕迹，将人的智慧赋予这些仪轨，再由修行者通过修习仪轨来学习和了解这些智慧。这充分体现了想象力在藏密瑜伽修行中的巨大作用。同时，想象力也创造了许多优美的佛像艺术，创造了许多以形状、颜色来寓意的佛教文物。

独特的女性菩萨 佛母和度母是藏传佛教所特有的女性佛菩萨,这大多是因为汉地的佛教造像多为显教说法像,而藏地的佛像多为密教寓言像的缘故。藏密佛像往往表示了某种或多种寓意和象征意义。如“大白伞盖佛母”虽是女像,但却是释迦牟尼的顶结所化现,命名为“白伞盖”,寓意为“佛视众生如赤子,以伞盖庇护众生”,又“赤子”岂能无母亲,故现女像名为佛母,以女性形象表示慈悲更为自然、贴切。藏密的度母像有多种,最著名的是绿度母和白度母。这两尊度母分别作为藏族和蒙古族民间的守护神。相传绿度母为阿弥陀佛人中所变化,白度母为阿弥陀佛左眼的大悲泪水所变化。绿度母相当于汉地的南海观音,只不过绿度母显示的是修道成佛圆满报身像,南海观音则显示的是出家修道化身像。另一种说法认为度母是观音菩萨的大悲泪水化生的,绿度母是观音右眼泪中所现,以降众魔,白度母是观音左眼泪中所现,以增众寿。在塔尔寺的佛像唐卡中有“四臂观音的化身度母像”,体现了度母是观音应化身的寓意。

度母又称救度母、多罗母,多作为藏密瑜伽行人观想的本尊,以平息畏惧和苦难。1934 年 3 月宁玛巴诺那呼图克图在南京所传“圣救渡佛母修法”将绿度母尊为“度母佛”,为阿弥陀佛的化身,其他二十尊圣救渡度母为圣僧众。绿度母为二十一尊度母的主尊。绿度母像的绿色表示和平和救渡;右臂表福报,右手向外置于右膝上做接引印,并拈一朵蓝色乌巴拉花(花表大智慧)表布施;左臂表智慧,左手腕微屈近胸前(亦拈一朵表智慧的蓝色乌巴拉花)表说法;头戴五佛宝冠表五方佛灌顶;右足外伸示救渡,左足内屈示禅定。白度母是修长寿法的本尊,在两眼的基础上于眉心、两手心、两足心再增加五眼,有万事如意、寿命增长之喻意;同时,眼睛也象征着佛的智慧如大海。所以,白度母又是象征智慧的文殊菩萨的化身。其白色代表自性清净无垢、不为烦恼所障;额上一目为中脉开口处,表大智慧所得眼通;度母所戴瓔珞第一串绕脖颈,表示东方不动如来佛由禅定成就而来,第二串坠及胸部,表示南方宝生如来佛由布施成就而来,第三串坠及脐部,表北方不空成就如来佛由精进成就而来。总之,度母像的各种姿势、手印、装饰、相貌都有其象征意义,充分体现了藏传佛教的特点。

重男轻女的观念在世俗之中根深蒂固。但大乘佛经中女性成佛的记载很多,密宗更强调女性在智慧、慈悲等多方面胜过男性。空行母既指护持密乘行人和教法的女性护法,又是对一切修密乘的女性行人的尊称。空行母以女性姿态出现,代表空性和慈悲,并非指在虚空中飞翔的人,而是指已证悟的女性佛菩萨或圣者的形象化现。密宗经典中常出现"十万空行母行于天空"的记载,近似于佛教经典、经变壁画中的飞天、天女等,为佛菩萨的化身、眷属。就广义而言,女性佛菩萨——度母、佛母皆为空行母,如二十一尊度母、尊胜佛母等。金刚瑜伽佛母为噶举派极重要的本尊,又名金刚亥母,为密乘的般若智慧佛母,也是最高的空行母。因为就究竟意而言般若智慧乃一切佛所出生处,所以藏译心经全称为《薄伽梵(即佛之意译)母智慧到彼岸心经》,意即般若乃一切佛的出生处,佛母是诸佛之母,这是一种对般若智慧比较形象、生动的比喻。据说密宗修行之人如果对空性或般若智慧有相当的体悟,大都会在梦中或定中见到各种不同的空行母的示相。总之,密宗在尊重女性方面有过之而无不及。许多藏密经典、歌集皆显示了空行母在教法、修持和护持上的重要性。益喜措嘉、宁古玛、妈几劳准、苏卡洗底等都是历史上有名的藏密瑜伽女性大成就者。在西藏拉萨的三大寺之一色拉寺供奉着一尊观世音圣像,据说为一女性大成就者"比丘玛巴摩"(又称"华比丘尼")所遗法宝。她本是藏王的女儿，长得十分漂亮，有许多王子和富家子弟向她求婚。但公主在十六岁那年得了恶性癞病。不但求婚者退避三舍，就连平日最疼爱她的父王、母后也都不再来探望她。公主饱受疾病的折磨和世人的冷漠。于是独自离开王宫，躲入渺无人迹的雪山洞穴中。她每天除了吃一些野草外，其余时间都在礼拜观世音菩萨。12 年后，奇迹终于出现了。她的顽症不仅痊愈了，而且得到了观世音菩萨的加持，得到了最具法力的十一面观音密法。后公主返回家乡，人们一见公主比以前更加美丽漂亮，求婚的人又络绎不绝。但公主已悟出世间的无常，放弃荣华富贵，出家为比丘尼，成为十一面观音密法的第一代传承祖师。十分巧合的是在汉地也有一个国王的三公主成就大悲观世音的传说故事流传民间。

怒目金刚与双身佛　显教的佛像多为“菩萨低眉”，重在表示慈悲。而藏密既有“菩萨低眉”的寂静佛像，又有“金刚怒目”的忿怒金刚像，代表了藏密修法的两个方面；低眉慈祥是表示息灾、增益、关怀之意；怒目严厉则代表了降魔诛杀之法，大有彻底改造之意，藏密塑造的愤怒像还特别具有使敌人畏惧恐怖的相貌。所以，藏密造像多姿多彩、出神入画，有寂静和忿怒两种本尊像，他们都是无上瑜伽部创造、保护、摧毁等原则的象征，是息、增、怀、诛四法的象征。有的静、忿两种佛像同为一个本尊，低眉菩萨也有金刚忿怒之像，如马王金刚是千手观音的忿怒金刚像，也为阿弥陀佛的忿怒像；大威德金刚是文殊菩萨的忿怒金刚像。藏密许多大护法神多来自于印度婆罗门教，据说佛菩萨以心志入其身，使其心为佛法所陶醉，也有自动发心愿护持佛教的。二臂嘛哈嘎拉（即大黑天）是普贤王如来入其身，四臂嘛哈嘎拉是胜乐金刚入其身，六臂嘛哈嘎拉是观音菩萨入其身。表明佛菩萨以寂静度化祥和众生，以忿怒相调伏作恶者。所以，护法神的忿怒像已具佛菩萨的慈悲心，是以慈悲为体,忿怒为用的象征。有些护法神是西藏土生土长的。据说,莲花生大师入藏曾将一些当地的神祇,如十二丹玛(四魔女、四夜叉、四女神)降服并吸收为佛教的护法神,使藏密护法神又具有西藏本土风格。

藏密双身佛像是藏密不同于唐密、东密所特有的佛像。关于双身佛像的寓意有人说其为千古之谜。实际上,这是密宗不同于显宗之处,密宗不重视文字说法,而注重以形象比喻来示法、表哲理。藏密无上瑜伽虽有双修法门,但双身佛像并不是主要为了表示这一法门。双身佛主要表示了某种哲理和佛法的精髓。它既表示了宇宙自然的法则:一阴一阳,阴阳合和,阴阳平衡,很类似道教的阴阳鱼太极图。它也表示了《金刚经》的精髓,即不可言说的空假中三观的一合相(详见本书第三章"中观双运"),即寓示着一种对立统一的观念:一个事物的两个方面。此一合相就是"非有非空"之理,佛母表示非有智慧,金刚表示非空方便。然而,这种"非有非空"、"即空即有"的哲理并不是仅以双身佛像来代表。藏密瑜伽的许多事相(即佛像、法器等)都含有这一抽象概念,如大威德金刚有两角于头顶,以表示"非有非空"如鸟的两翼缺一不可、不可偏废。

依佛法的本意,佛亦是"非有非空"的,本无相可见,一切佛像均是应众生的心量变化所变现的。法身佛是指空性哲理经三摩地的定力而凝固、具体化了,其证量是圆满明空不二的,所以法身佛无相。但藏密的特点就是将抽象的义理观想成具体的表示其特征的事相。所以,法身佛(如普贤王如来)的佛像为无相之中的有相,常以一丝不挂的赤身裸体,来代表法身所处的一心不乱、无牵无挂的境界,是于无相之中又示现本来清净的有相。忿怒金刚主要象征降伏修行者最大的魔敌:妄想与执著。例如有时忿怒本尊现踏立尸体的形象,尸体代表迷惑、遮障被摧毁,显现本来面目——智慧本尊;有时忿怒本尊手持颅器(天灵盖骨)饮血,这种血代表了“贪欲”、“执著”,饮血代表了调伏和转化这些不利因素,开显智慧。宁玛派三大护法之一的阿松妈,以其一发、一眼、一齿、一乳的特殊相貌表示了法身一体的义理。大黑袍护法矮胖,表示其顺从有力的内在品格。十一面观音代表着观音无穷的慈悲,因为据说观音菩萨见众生不能如法而住世,大悲至极,以致头像锦葵花的花苞一样裂开成了十个头,他的老师阿弥陀佛为了安慰他,便把自己的头加在这十个头之上,作为永久的加持,这就是十一面观音由来的传说。总之,藏密瑜伽各本尊皆有其内在的独特、殊胜的品德,为了表明这些内在的品德,并将其抽象的哲理概念具体形象化,就必须非常注意描绘其具体形象的细节。所以,藏密仪轨中很大篇幅是对其所修本尊的形象、饰物、手拿的法器的描述,以使修行人更清楚地观想本尊,了解本尊的内在品德,明了本尊所示之哲理。由此原因,藏密造像较之显教佛像更加丰富多彩、千奇百怪、标新立异,从而产生了独特的藏传佛教艺术。

色彩和形象的寓意　藏密瑜伽的特点之一就是注意事相,即注意仪轨。除了我们上面谈到的佛像外,每一种颜色、每一个种子字、每一种法器,甚至任何与之相关的事物都有其特殊的寓意和象征意义。

首先,藏密瑜伽对于色彩的象征意义非常注重,许多抽象概念是通过具体的色彩来表现的。例如本尊坛城常以五色珠宝镶成,代表了五方佛和五智,蓝色代表东方阿閦(不动)佛和大圆镜智,白色代表中央毗卢遮那佛和法界体性智,黄色代表南方宝生佛和平等性智,红色代表西方阿弥陀佛和妙观察智,绿色代表北方不空成就佛和成所作智。坛城金刚墙外有五色围绕分别代表五大,空大为蓝色，水大为白色，地大为黄色，风大为绿色，火大为红色。各种法事、法器、供品、供器等亦各有不同的颜色来表示不同的义理。如息灾用白色供品，增益法多用黄色，怀法多用红色，诛法多用黑色。五色亦表示五色光，多用于本尊种子字和咒轮的观想，也用于修气功时观想五轮三脉。如观想红观音身内五轮诸色为：顶轮白、喉轮红、心轮蓝、脐轮黄、密轮绿。除五色之外，黑色亦表示一切事物都包含空性之理，因为所有颜色在黑暗中都会调和、融合。所以，许多菩萨的金刚忿怒像，以及许多护法像多用黑色，以示空性和坚贞不变之义。

其次，以字母寓意表法也是藏密瑜伽非常重视的事相。禅宗无相参话头，密宗有相观种子字。佛教密宗的种子字（即梵文字母）不能牵强附会于印度教密宗，因为佛教密宗的一切法现空性皆以字来表义，而一切字所表之义皆不出无我空性的哲理。字之义皆在每一个字母中，诸法空性哲理积字而成，无一法理无有空性理趣。如阿达尔玛佛的种子字为蓝色阿字，“阿”为空性种子字，代表了法身之光本无生之意；吽字月轮观的蓝色吽字为金刚总持的种子字，其如秋空的碧蓝之色代表寂静三摩地的空性之光，为一切佛的心印；五色吽字系五方佛心印，代表了五智与五大的空性缘起动态三摩地之光。蓝色吽字代表了行者在修空性三摩地定时的空无；五色吽字则代表了修空性三摩地定的准备阶段，包含万有皆空性之意。又如，梵文“哈”字有任何事物之因皆不可得之意，所以，“金刚心百字明”中有五个哈字，代表了空性五智；还有一些种子字代表了其属于空性缘起的五大的作用，如“榜”字代表莲花生长所需之水大因素，“朗”字代表日光和热能来源的火大因素。

第三，藏密瑜伽以各种形象、事物来表法、寓意的例子更是不胜枚举。如金刚铃杵为修密之人必要的法器。九股杵表示九乘，五股杵表示五佛五智，杵上佛像为毗卢遮那佛(大日如来)；铃中坠子代表法身佛母，铃中咒轮象征一切智慧三宝俱足，铃声象征佛语；铃表示非空，杵[①]表示非有，二者表示密法必须在非空非有之中间去修，显示了大乘中观正见之理。又如“莲花”、“月轮”各有不同的表法，莲花代表大悲，在瑜伽部胎藏界的莲花是含苞欲放，象征菩提悲心如莲子一样本有胎藏，而金刚界的莲花则是盛开状，喻示着行者自修而成；在坛城之中有两次观想莲花，先观想大莲花为坛城的基础，其次观想莲花为本尊莲座，二种莲花皆象征着出离——出污泥而不染，象征着空性乃坛城与本尊的根源；在观想心中咒轮时，即想月轮于莲花上，此月轮即为菩提心之表征，半月表无尽，圆月表圆满。“金刚”含义为坚固不坏，常用于比喻“空性”、比喻佛性；“金刚”有无垢、不被一切垢所染之意，常用于比喻佛之本体清净如明空。因此，藏密称为金刚乘即借用金刚之含义来比喻其修佛之道的不变、不坏、不染。所以，“金刚萨埵”既是某菩萨的专名，又是所有菩萨的通称，如在四加行的“金刚心百字明”中的金刚萨埵即是专用名，因百字明咒属于观世音菩萨，则此咒所称金刚萨埵即观音菩萨；而金刚萨埵又是每一尊藏密双身本尊金刚的共同的名称，金刚手、金刚心、金刚持皆可称金刚萨埵，从广义上讲金刚萨埵即指一切具金刚体性的有情众生。

“坛城”为佛教理想中的极乐世界的模型，为佛之依报净土的象征。梵语称“曼荼罗”。彩绘“曼荼罗 ”是藏传佛教艺术的代表

① 金刚杵原为古印度的一种兵器，密宗用作法器，表示坚利的智慧，可断除烦恼魔障，汉地寺庙中韦驮护法将军像即执此兵器。但由于地域民族不同，金刚杵或其他法器在印度、中国藏汉地区和东南亚都有所不同。

作品之一。在坛城的绘制中,所有绘制内容、结构皆有其意义表征,每个细节和色彩皆具有特殊的意义。以最复杂、最具色彩的大威德金刚坛城为例,其坛基外白表自性清净真空,内红表大乐智慧;三角坛基表无相、无愿、无生之三解脱门,下角尖细表忽然离垢,上宽表真空无边;陈腐尸体表不净地,云表示通达大悲,水表示菩提心;树表示中脉,树根表下行气,树梢表上行气;火焰表示拙火、焚除障碍、通达智慧光;塔代表出世间八悉地(即八成就)与法身。各种法器也都含有表意,以金刚铃为例,铃体内空表自性无我,铃舌表通达智慧之方便和果位俱生大乐智,铃声表示无间断转动金刚乘法轮。手印为身密,也有用手印的形状来表意的,如合掌之印表示左右二气相合、阴阳相合、法界圆融合一;阿松妈印以手形所示其独发、独眼、独乳的特点而表示诸法一味之意。另外,藏密有所谓"胜解作道",即将某种客观事物加以主观的抽象解释,也是一种寓意的作法。如沐浴可胜解为灌顶,水流、花开可胜解为说法,所以五台山罗睺寺专有一个开花现佛的模型。有些修行的人还以大灰(即骨灰)涂在身上,以增强生死不惧、生死平等的观念,由此而趋入生死无碍的境地。

总之,藏密的一切事相、法器、形色皆可以表示其法理,既有同类同理的,也有异类同理的,都是依据其法理的产物。通过对这些事物的了解,可以看到藏密瑜伽修行理论的提炼和浓缩,是了解藏密瑜伽理论的必不可少的感性认识。

降神与跳神　在佛法传入西藏之前,西藏就存在着一个历史久远的原始宗教——苯教,存在着一个庞大的神灵系统。随着藏王赤松德赞从天竺(古印度)迎请莲花生大师入藏降魔建寺开始,一场佛教与本地原始宗教大融合的历史就揭开了序幕。莲花生大师不但将原始宗教自然崇拜的对象山川、湖泊等,都为佛教的神灵加以崇信和朝拜，而且把原始宗教的护法神，如十二丹玛女神和捏冲护法等，收纳为佛教护法神；原始宗教中驱邪镇鬼的仪式也被佛教密宗的修行仪轨所借鉴。从而将佛教进行了具有藏地色彩的包装，消除了佛教作为一种外来文化的陌生感，使佛教得以在藏地受到广泛的传播和崇信。由此而衍生了西藏佛教文化独特的现象——降神与跳神。

降神主要指的是传谕神灵的预言和信息的活动。降神的主角叫"库灯"，又译做"垂仲"、"曲仲"，清代称"神汉"。他们是人与神之间沟通的使者或中介，他们对一些重大的事件发表预测和指导，如局势的变化，政权的更替，活佛转世，人寿年景，以及天灾人祸等。西藏有四大护法神寺最为著名，一是位于拉萨河上游达孜县的拉穆寺，二是哲蚌寺东南山下的乃穹寺，三是哲蚌寺西北的噶东寺，四是位于拉萨东南的扎囊县的桑耶寺，最著名的降神者是捏冲神和丹玛女神的代言人。捏冲神的降神者是以转世的形式代代相传，他是西藏第一座佛教寺院桑耶寺的护法大神——白哈尔神王的代言人，并能传达北方和西方的护法神王的旨意。降神首先要举行仪式，僧人们一起诵经，吹响法号，请神附体于降神者身上。而降神者则按护法大神的装扮上场，穿金甲战袍，戴护心铜镜，头上顶一顶30公斤重的神王冠。如此负重，他还可以手挥宝剑狂奔狂舞，口中说出一连串的古藏语，有时还回答提出的问题。降神活动实际上是在事情决断不下来时采取的一种非常特殊的解决方法，即以附身的神灵的神谕来判断是非曲直或真伪的取舍，预测吉凶。传说五世达赖圆寂时，摄政第司·桑结嘉措为了保密，请捏冲降神护佑。捏冲降神时一分心，知道了五世达赖圆寂的消息。他回家告诉了他的母亲。第司·桑结嘉措知道了此事，赶紧找他的母亲，请求她千万不要将五世达赖圆寂的事讲出去。丹玛女神的代言人似乎是母女相传的，最后一代丹玛女神的代言人是丹玛·洛桑子珍。她在母亲去世 49 天后开始修炼马头明王仪轨。三个月后正式降神，当她在神坛坐定，系上沉重的冠带时，就满面涨红，两眼呆滞，全身颤抖和扭动。这标志着神降临了。每次降神对降神者的身体的损害是显而易见的，所以降神者很少有长寿的。关于降神者与神之间的关系，洛桑子珍认为就像蜜蜂和花的关系一样，蜜蜂从花中采集了花粉酿成蜜；而降神者从神那里得到的花粉是神谕，然后将神谕转变为人们可以明了的信息。

跳神也是一种古老的宗教仪式，又称“跳布扎”，蒙古语称“查穆”，汉语称“金刚驱魔神舞”，汉地俗称“打鬼”。相传当年为了庆祝西藏第一座佛教寺院——桑耶寺竣工，举行了盛大法会，莲花生大师“在虚空中，做金刚步舞动，显示威严之相”，借以宣传佛教的殊胜。另一种说法则是，公元 8 世纪时，金刚舞由印度高僧罗本巴丹哲宗传至蒙古。后来藏传佛教各派在建立的过程中，结合本派传承的特点和主要信奉的本尊佛菩萨，糅和了藏族蒙古族民族舞蹈的特点，逐渐将其演化完善，最终成为具有藏传佛教艺术特点的、有传奇故事内容的宗教舞蹈。跳神仪式一般只在庄严的祈愿大法会或隆重的节庆典礼上才举行。每年藏历十二月二十九日在拉萨的布达拉宫和木鹿寺，分别举行“跳神驱鬼”活动。在布达拉宫举行的跳神活动称为“宫内跳神”；在木鹿寺举行的跳神活动称为“木鹿跳神”。在跳神过程的最后，喇嘛们戴假面具，扮成神佛鬼怪，绕行大昭寺，鸣枪呐喊驱祟，表示除旧迎新之意。然后格鲁派各大寺院依次举行。雍和宫的“跳布扎”一般在农历正月三十日举行，程序是戴海螺面具的“阿杂日舞”，表现佛教由印度传入西藏的历史；戴骷髅面具的“跳白鬼”，表现白鬼把魔鬼辨认出来，送交护法神处置；戴牛头面具的“法王舞”，表现护法神降伏魔怪；

戴五佛冠的骷髅面具的“尸陀林舞”，表现护法金刚降伏魔障；戴鹿头面具的“鹿舞”，表现地狱主的侍从“鹿王”降伏一切恶魔。最后是“烧魔送祟”，完成驱魔降邪的功业。第二天抬弥勒佛绕寺，以预示未来佛将降临人间。“跳神仪式”可以说是藏传佛教利用宗教艺术手段来大力宣扬教义的典范，它同时也充分体现了藏传佛教以事相和行色来表现法理的特色。

第三章 智慧的源泉

对于藏密瑜伽的修习者来说,藏密的经典大多不太谈理论而注重于修行仪轨。所以,显教的理论知识,如大乘的般若波罗蜜多理论,以及《华严经》、《法华经》、《楞严经》、《楞伽经》等著名佛教经典的哲理,都是修习密法的理论基础。其中最主要的内容,如般若空性、中观思想,以及佛教的宇宙时空观等等抽象哲理,都被融入藏密瑜伽的具体修行程序中。无论是修习中脉气功,还是禅定观光明,抽象的佛教哲理都被转化成为具体的现量觉受和证悟。因此,佛教哲理是藏密瑜伽智慧的源泉,也是了解藏密瑜伽"从心修气"的窗口。

第一节 般若波罗蜜多的智慧

般若的启示 "般若"意即为智慧,但般若智慧不同于一般的智慧,其来源并非记性好、看书多,而是指佛陀在三摩地定中所证悟的真理。这种智慧原本是不可说的,即是无法用语言来表达,只有在定中才可以真实体验、悟到真理、得到智慧。然而,不可说还不行,佛陀还要按听法者不同的理解能力宣讲佛法。所以,对于那些具有直觉"现观"能力的人,佛陀以沉默不语、拈花示众等方式以示其不可说性。对于一般听众则要从世界万物存在的现象出发,以示般若的智慧。《般若波罗蜜多心经》、《金刚般若波罗蜜经》就是佛陀向大众显示般若智慧的代表性经典。

“若人欲知佛境界,当尽己意如虚空”。般若智慧的真理就在于这种如虚空的空性之中。在《金刚经》里佛陀承认他所证得的无上正觉并不依赖任何事物,从而显示了无论是世间的事物,还是超时空的事物,宇宙万物都是属于“万性无我皆空”的空性。所以,《金刚经》里以六种事物来比喻万物的空性:如梦如幻、如泡如影、如露如电。《心经》(藏文汉译本)在表达万物空性之理时,是以观自在菩萨的体验感受来表示的:“是时圣观自在菩萨摩诃萨亦于深妙般若波罗蜜多,修行禅定,照见五蕴皆自性空。”这种感受体验不但显示了人生理上(色蕴)和心理上(受、想、行、识四蕴)的空性,而且显示了“空性”与“空”的不同。“空”是指空无一物,如空瓶、空房等。“空性”则不是指这种空,空性承认一切有、一切存在,而这一切存在的共性即是空性,“空性”不离“真实而不著”的性质,所以“空性”是空而有性。“空性”又是一切存在的集合,就如同音乐和琴弦、琴体、手指的关系一样。“空性”也并不是由佛陀想出来的,而是佛陀证悟到的,它是宇宙万物原本具有的真实本性,所以“空性”又称“本体”、“佛性”。“空性”也不能制造,它是事物真实而不著的性质(简称真如)的自显,空性的自显即是“自性”,如水能印月一般;“空性”是万事万物的同一体性,这一体性是“无我”的,它喻示着世上万事万物都是因缘和合而生,都没有永恒的自性。所以“自性”本身亦是空性的,“空性”也指此“无自性空”。《心经》所指之“心”就是指的这种真如空性,此“心”已超出现代科学所认为的与“物”相对的心理学范畴,包括一切心物的空性,为宇宙万物共有的、同一心性。这自心性即指宇宙万物“惟依妄念而有差别,若离妄念,则无一切之相”。

般若空性是佛陀所证悟到的宇宙万法的真谛,修空性是罗汉乘、大乘、密乘的主要修行方式之一,由于修空性的深度、广度的不同,小乘(罗汉乘)注重修者本身的人品、人格,修思想上、心理上的无我空性;大乘在小乘基础上,在心理上注意到所有客观事物(即万法)皆空,也就是人法二空;密乘在大乘空性基础上,观自己为佛本尊,观想佛身的空,不但要从心理上彻底观空,而且在生理上也要修空,这就是配合空性修气功。密乘把"空性"不仅仅看成是理论上的很重要的原则,而且也强调了行者本身的空性证量也是一个很重要的因素。释迦牟尼升华古印度婆罗门教军荼利瑜伽的本旨就是为了更好地修观空性。在瑜伽修习中加入空性无我的哲理,也是佛教密宗与印度教密宗的区别所在。

佛教三法印之一的"诸法无我"即指般若智慧从空性无我来,概括了"一切法皆无我"的直证空性的捷径。"无我"观乃是小乘、大乘、密乘修空性的基本教义。在《金刚经》中所说"无我相"就是"无我","无人相"、"无众生相"、"无寿者相"这三无相都是"无我相"的延续,它们指的是无他人的我相、无众生的我相、无我相的时间相续性;"无我"亦包含在《金刚经》的六喻之中:"如梦"指无我睡梦、无我灭梦,"如幻"指无我变幻、无我离幻,"如影"指无我照影、无我灭影,"如泡"指无我成泡、无我破泡,"如露"指无我凝露、无我甘露,"如电"指无我闪电、无我闪过。《金刚经》所说:"应无所住而生其心",为禅宗六祖慧能大师的名言。然而能够开悟明了此心"无住",必须先有无我之心。所以,《金刚经》云:"若菩萨通达无我法者,如来说名真是菩萨。"也就是说,人我(人身执有我)、法我(法上执有我)即无,就是得到了究竟的真理,通达此理者就是真菩萨。实际上所谓"十地菩萨"就是指见一分空性而增一分地果的行者,十地的空性是相同的,就是在深度和广度上不同。《心经》所言"五蕴"就是指我所执之身(色)、我所执之感觉

(受)、我所执之妄想(想)、我所执之习气(行)、我所执之意识(识),如果能一观无我,则“五蕴”皆得空性真谛。各佛经典论对以“无我”观空性都有论述,如《海龙王请问经》曰:“人法无我为佛知觉”,“见人无我及法无我,妄想不生,善知上上地,离心意识;一切诸佛智慧灌顶,具足摄受。”“二种无我,一切诸法,悉入其中。”《无量寿佛经》曰:“通达诸法性,一切空无我”。所以,“无我”是修空观、取证空性的捷径。

藏密当巴桑结祖师和玛几劳准祖师以观想心气由顶门出而住于般若空性中,来实修般若理论;并以内除我执、外达般若的施身法与大手印禅定相应配合,使般若理论和密法实修相结合,将抽象理论和具体实修融为一炉,精深妙绝,独树一帜,影响遍及藏密瑜伽各派。所以,藏密瑜伽各派的任何修法仪轨的开始都是修空性的,即“皈依空性”。然后,依次观肉身空、三脉五轮空、本尊身空、本尊坛城空。各种观想虽然细致入微,但最终都再收入空性,即再度化空修空性定。就连本尊身亦观为镜中影、水中月,属于空性智慧身。藏密的施灌果位本尊(即金刚上师)和受灌的因位本尊(即受灌弟子)也都要观想为空性智慧的一体衍生。因此,在理性上了解般若空性智慧是藏密瑜伽修行的最重要条件和基础;而藏密瑜伽则通过依观实证、实修,将理性认识转变为更高层次上的感性认识,这就是在空性定中的现量证悟。

中观双运 释迦牟尼所说的般若智慧,给世界带来了质朴的启示,其影响是深刻和直接的。他的空性哲理的意义是积极的,而不是消极的,因为这种思想既不把痛苦作为生活的根基,也不为现实而悲叹,也不仅仅是为了解脱而祈祷,而是为人类思想解放开拓了一条道路,这是一条人人都可以实行的道路,是一条中庸的道路。即在肯定空性的同时,又必须置身于既非此又非彼的正中,置身于有与无的两极端之间,这就是中观的道路。中观思想以相对矛盾的观点来观察各种事物,例如人的感情犹如钟摆一样左右摇摆,它喻示着人在过度地快乐的同时,也会乐极生悲,得到同等程度的痛苦。又如人对热的感知程度将依靠其对冷的体验,西藏牧民所感知的热对印度南方人来说则意味着冷,这是对感知的相对性的认识。又如东方对西方来讲是东方,但对于东方的东面则就成了西方了。释迦牟尼的传法就是对事物发展的两个极端的限制,逐渐缩小其间的距离,使之越来越接近于绝对稳定之点,这个点如同钟摆左右摇摆时,其中间的静止的固定中心点,这是一种“醒悟”的状态,既无满足,又无失望。

继释迦牟尼之后,龙树发挥了大乘般若思想,提出了“真俗二谛”的理论。他认为真俗二谛是同一事物的两个方面,任何事物从俗谛看是“有”,从真谛看是“空”;并认为只有从“有”入手,才能掌握“空”的真谛,既有既空、既空既有,空有双融不二。这就是“中道正观”,又称“中观正见”。这种“空中要看出有、有中要看出空”的矛盾统一的辩证思想使般若空性智慧得到了升华。因为空性本身是一种“无性”、“绝对没有”,这就会产生一种细微的执著,使修行者心中仍有分别、选择、曲解的现象发生。

富有辩证法意义的中观思想为8世纪曾迎请莲花生大师入藏的藏王赤松德赞所接受,他曾下命令:只许持龙树之观,修莲花生之持,行寂护之德。在西藏龙树的中观思想不仅得到普及,而且还得到了发挥,藏密经典大多不太谈理论,而将中观思想融入整个修行过程中。对于比较注重事相,并从“有”门入手的藏密瑜伽来讲,空有双运的中观思想更具有重要意义。例如,藏密修观的种子字,既代表了空性“无”的一面,又代表了空性的另一面是包含万“有”的空。又如,藏密瑜伽在空有双运中衍生出智慧与方便的双运、智慧与慈悲的双运，就是强调在证得空性时不失为乐用，即凡空必乐，看得开、撇得下，空乐相得益彰。空性又是生起慈悲的原因，而慈悲正是空性的真实体验，所以为善最乐。在藏密瑜伽大手印的禅定之中亦有悲智融和之乐，为心无分别时，悲智汇归于一乐。因此，藏密瑜伽又将空有双运的中观般若智慧发展为“空乐慧”。密宗许多祖师大德对悲智双运都有过精辟的见解。印度祖师萨拉哈说：“无悲心而通空性者，不得究竟菩提；有悲心而不通空性者，不能解脱轮回。”龙树菩萨云：“胜义（即般若空性）与悲心同修者，成菩提道路也。”阿底峡尊者亦云：“悲心与空性，为成佛要件。通达空性为见，见净为定，悲空无二为戒。三者具足日常精进修学者，显现成就。”释迦牟尼初转法轮，即说八万四千种成佛法门，以大悲挠动其意，发菩提心而了达空性为主旨，以悲心（包含菩提心）与空性不二双运为首要佛理。所以，密宗主要经典《大日经·住心品》云：“菩提心为因，大悲为根本，方便为究竟。”有无清净菩提心（包含般若空性智慧），再加上有无皈依处（皈依佛、法、僧，皈依上师）是藏密瑜伽区别于其他也修气功瑜伽的宗教的最根本的特征。

《心经》是600卷的《大般若经》的提纲，又是这部巨浩之经典的总结，为显、密修行者的必读之经典。因此，它的译本也比较多，并重译过多次。但在阐发中观之道的究竟实义——“非有非空”上，藏文译《心经》较之汉文译《心经》更为突出和明确。例如：藏文译《心经》在“无苦集灭道，无智亦无得”一句之后，又加了“亦无不得”一句，更明确地表明了空性既不著有，亦不著空，既空既有。《金刚经》中著名的六如观偈语也暗喻了这种“非有非空”的实相（实相即指事物的实体或真相）：（1）如梦——梦时似有，醒后全无；（2）如幻——变时似有，灭后全无；（3）如泡——含气似有，气灭全无;(4)如影——得光似有,背阴全无;(5)如露——湿时似有,干时全无;(6)如电——闪时似有,闪后全无。但对中观之道究竟实义——“非有非空”的实相阐述最为精辟的仍是《金刚经》中的名句:“如来所说三千大世界,则非世界,是名世界,何以故?若世界实有者,则是一合相。如来说一合相,则非合相,是名合相。”这种观点既肯定,又否定,既矛盾又统一,是以空、假、中三观的宇宙观来解释大千世界不可思议的实相的。

佛教的空、假、中三观可以以水为例来加以解释。第一,水可以假观(即假有):因为水遇热成蒸汽,遇冷凝结成冰,水分子又可以与其他元素分解化合,形成另一种物质形态。所以从水的物理和化学变化上看,水既非实有,又非常住不变。第二,水又可空观:因为世上万事万物都在流转变化,预示着任何事物都没有独立不变的自性。第三,水亦可中观:水虽然有各种形态,并可以分解化合,但水还是有其形态和功用的,为了区别于其他物质形态,还是称之为水吧。第三观离开完全否定或完全肯定的两个极端,而以对立统一的概念来看待事物的实相,就是“非有非空”的中观之道。这是以两个对立的观点或事物来形成对世界的认识。例如色与空,空色一体即为一实相。另外,真与妄、生与灭、是与非、常与断、增与减、取与舍、因与果、慧与痴等等,都可看成一个对立统一的实体或事物的真相。

《金刚经》中所说的“一合相”就是离空假两边“非有非空”的中观实相。但这种“非有非空”的境界仅可以从方法论的角度,用文字加以说明。实际上,真正的“非有非空”的境界是不可说的。所以,“如来无法可说”、“无说无闻是真般若”都是指达到此境界者无法用语言来淋漓尽致地表达这一境界。因此,除了理论上、哲理上的辩证思维外,藏密瑜伽尚有更直接有效的方法来体察世界的实体和真相。这就是直觉的方法，即以瑜伽相应的实修深入三摩地禅定之中，才能真正领悟或证悟到这个不可言说的境界。这种"观空时真空不空，观有时妙有非有"，"真空不碍妙有，妙有生于真空"的觉受，被藏密瑜伽行人视为"空有圆融的心体实性"、"自心真实的上师"。藏密宁玛派诺那呼图克图(1865－1936年)亦认为："密宗的境界不可说不可说，各视行者心证功德之深浅。《金刚般若波罗蜜多经》就是密宗境界。"

大自然的辩证法　在湖南长沙的岳麓山上有儒家学说的代表岳麓书院，有道学思想的代表云麓宫，还有佛学思想的代表麓山寺，三学共聚于一山。在山西北岳恒山的悬空寺则干脆将佛、道、儒三家合于一处。这些现象不仅代表着中国古代文化的集大成和缩影，而且显示着这三门学问的共通处，那就是一种来自于自然的辩证思想都蕴含于三学之中，即儒家的中庸之道，道家的"道可道，非常道；名可名，非常名"，佛家的般若空性智慧。19世纪德国著名的思想家弗里德里希·恩格斯在对当时的自然科学成果进行总结概括时，作了有关辩证法的札记，后来这些札记被收入《自然辩证法》一书中，恩格斯认为辩证的思维是以概念本性的研究为前提的，而这种辩证思维只有对于人类才是可能的，并且明确指出这种思维只对于较高发展阶段上的人(佛教徒和希腊人)才是可能的①。从而肯定了辩证思维是人类非理性逻辑的思维，是一种直觉的悟性。事实上，人的思维确实具有两重性，那就是意识思维和自然思维。

意识思维即是指人在意识支配下，有逻辑的理性思维，包括语言文字。自然思维则是一种刹那间的体悟，是更高层次的感性认

① 详见《马克思、恩格斯选集》第三卷，第54页，人民出版社1972年出版。

识,这种思维反映着人类与宇宙自然的各种信息的相通、共融,这是任何有意识的思维所达不到的。自然思维的过程和方法不受意识的控制,只可意会,不可言传。所以,释迦牟尼说法 49 年,“不著一字”,说法说到究竟处只能以沉默不语或拈花示众来表示。意识思维与自然思维又是一个矛盾的统一体,缺一不可。自然思维的结果还必须通过意识思维来表达和传播出去。因此,写在纸上的佛经就是佛的自然思维的结果以意识思维的形式表达出来。但是,这种表达往往不易为人理解,使一些人产生佛法高深难懂的感觉。而诗歌则是一种直觉体验的自然流露,可以表达用其他形式的语言所无法表述的意境。所以,禅歌、禅诗是很为人推崇的悟道开示录,为最为贴近自然思维的意识思维。尽管如此,在自然思维的过程中,仍绝对不能受意识思维的干扰和参与,否则就不会出现刹那顿悟的自然思维。所以,佛经只是指月的手指,而不是月(即佛性)本身。佛家为了得到悟道的自然思维而创立了各种法门(即修行方法)。这些法门总归起来就是两种方法:一种是逐步排除意识思维而趋入自然思维的禅定法,另一种是快刀斩乱麻的顿悟法。顿悟法就是很为世人推崇的南禅,行人初入门时不得看经书,以免被意识思维所缠缚。不立文字,单提正令,以参话头来达开悟。同时,为了排除行人头脑中已固有的意识思维,禅师们往往采取棒喝、拳打等突然的方法,打掉弟子的有逻辑的思维,使意识思维暂时离开头脑,从而使自然的、无法用语言表达的悟解顿然出现。如唐朝时在五台山秘魔寺有一位著名的木叉和尚(又称秘魔和尚)藏修于深山岩谷中,据说是马祖下永泰禅师的法嗣(即传人)。他常持一柄木叉,每当行僧来礼拜,即以木叉架于其脖子上问曰:哪个魔魅教你出家?哪个魔魅让你行脚?说得出来叉下死,说不出来也叉下亡,快快回答!禅宗就是以这种方法来破除意识思维的障碍。

虽然，自然思维所产生的辩证思想是佛、道、儒三家，甚至古希腊人都有的一种较高层次的智慧；近现代的一些科学家的发明发现，如爱因斯坦的相对论，也可以认为是一种自然思维的结果。但是，只有佛教的般若空性智慧为思维的究竟道。因为其在广、深两个方面都大于其他辩证思维，是其他辩证的自然思维所不可比拟的。因此，“佛”就是得正等正觉的人。“正觉”就是对一切法的性质相状的无增无减、如实地了达、体悟，即掌握了宇宙人生总的法则。“正等”即等觉或遍觉，即不仅自己觉悟，而且能平等地使所有的人觉悟。“正等正觉”就是一种大觉悟。所以，许多学儒之人，进而学道，再进而学佛，产生了一个循序渐进的思维发展过程，这也可以说是人类思维发展的一个自然演进过程。“真如实相无相”，即指般若智慧难以用语言表达和诠解。而藏密瑜伽富于表征方便，依方便法引导修行者入般若智慧，则将这种般若空性智慧融汇于更接近自然思维的形象思维、感性认识之中，以禅密结合的实修方法，直接体认、觉察事物的本质真相。这也是一种破除有逻辑的意识思维局限的殊胜之道。所以，藏密瑜伽行人自然体悟的般若空性智慧，常常迅速升华为意识思维所无法达到和无法想象的时空境界。

第二节　藏密瑜伽时空观

华严圆密十方　在北京大钟寺有一口著名的永乐大钟，又称“华严钟”，因为上面铸有《大方广佛华严经》的全部经文。《华严经》是释迦牟尼成佛后，首次开讲的经，前后在七个地方讲九次才讲毕。其主要内容是讲法界缘起的,即讲宇宙的起因,为佛教的宇宙观。中国唐朝的法顺和尚(俗家姓杜,所以又称杜顺和尚)在终南山开讲《华严经》,著《华严法界观门》。在其倡导下,形成了中国佛教独有的华严宗。

华严法界观以宇宙整体的空性和世上万事万物的起因为互相圆融的整体,相互依赖,互为根本,互为因缘,形成一个互相圆融的圆球,这就是“诸法因缘生,缘灭法亦灭”的佛法真谛。圆的特征即代表了华严世界的整体特征:中道(即离两边)、运转、循环、无间断、整体无尽、无边、圆融。因此,华严法界观又被称为圆教观法。其具体原因有八个方面:(1)“教圆”:凡圣一如,众生与佛平等不二;(2)“理圆”:即不唯心,也不唯识,中观不偏;(3)“智圆”:圆照一切智慧;(4)“断圆”:一断一切断,又有不断之断;(5)“行圆”:一念三千世界,一念万年;(6)“位圆”:上下左右前后相续不断;(7)“因圆”:智慧与方便双运;(8)“果圆”:妙觉圆证,不纵不横。华严圆教的法界观以“非心非物”、“亦心亦物”、“不可执一心而废万物”的辩证思想来观察认识宇宙,认为一切有差别的宇宙万象的内在本质是同一的、相互契合的,差别只是表面现象,进而每一事物中都内蕴着代表宇宙万事万法的理性。所以,在华严圆教看来,“万物一心,圆融无碍”,一切即一,一即一切,互为因果;世上任何事物的相互关系都是相入相即、相互圆融的,一切事物就其相互关系来说都是事事无碍、无尽圆融的。华严圆教的这种宇宙观体现了一种既对立、又统一、周而复始的“圆”的思想。这种思想不但对中国古代思想发展史产生了重大影响,而且与现代的全息理论也有着惊人的相似之处。

就《华严经》本身来讲都是从理论上和事实上来讲佛理的,并没有具体讲该如何观法界、观宇宙。这个如何观就是华严宗的一大贡献。华严宗初祖法顺和尚以《华严经》的佛理开创、发展出三种观法:真空观、理事无碍观、周遍含容观;并将《华严经》所说的法界分为事法界、现法界、理事无碍法界、事事无碍法界等四法界。法界三观和四法界的分法是法顺和尚从《华严经》中提炼出来的。这是智慧的结晶,也是中国佛教对印度佛教的重大发展,难能可贵。法顺和尚将法界三观和四法界之理融会贯通,形成《法界玄镜》,以阐明法界观法的奥妙。其主旨即是:“只用一念观一境,一切诸境同时会;于一境中一切智,一切智中诸法界。”其意即为在十方广大无边的宇宙之中,无论是一个念头、一个境界都与一切智慧、一切境界圆融无碍,一切即一,一即一切。其观法的主要内容有:(1)观想宇宙实相为一无外无边、无内、无中的大圆球;(2)观想此宇宙实相为微尘细点内外上下左右所布满,透过其中一个小如芥子的极小微尘能见全宇宙的无穷无尽的一切,真可谓“广狭自在无碍”;(3)观想在无边圆球的宇宙实相中,万事万物依其缘起(起因)排列有序,虽然各种事物千变万化,但其整体是相融自在的;(4)观想宇宙中充满诸法空性,或隐或显;(5)观想宇宙万物万法皆住于一个整体之中,有主有次,皆可以互为君臣、主仆。华严法界观又包括能观和所观两个方面,“能观”就是要观宇宙的统一性和实相;“所观”就是要观此无边的宇宙大圆球,与其统一性、真实性的不可分割。华严法界观又是“无我”的,即没有所观者在其中,也没有在观者眼前所看到宇宙。观者本人要将自身融入宇宙之中,无分别才行。

佛教密宗的主要经典《大日经》、《金刚顶经》的主要思想“即事而真”,其原则即来源于《华严经》的“事事无碍”,华严法界观也包含了密宗的理趣。因此,《华严经》被藏密行人尊为“显中之密”,华严圆顿之教理对藏密瑜伽的修行和实证都产生了很大的影响，而且在现量得证上更为殊胜。显教法师在讲华严境界时多结华严坛，以镜子四方映照，从而以此来喻示华严重重无尽、大小圆融、一多无碍的境界，但这仅是一种比喻，最后的结论总是："这是佛的境界，不是我们凡夫的境界"。实际上，在藏密瑜伽的大圆满、大手印的修习中，修行者是可以深切真实地体会这一境界的。从理论上看，华严的十方圆密就是指四面八方加上天地的十方八极的圆满，这是一种对宇宙整体立体的表述，它恰恰就是大圆满的意境：广大深密、相续圆融、无终无边。从实修上看，在修大圆满妥噶观光时，初观空中妥噶明点为一沙粒大小，且飞翔不定、不可捉摸，便随着且却定力的加深，明点渐渐稳定、放大，就可以从粒微尘中见广大无边的宇宙空间了，这就是所谓"一毛孔中现宝王刹"的华严妙境。大手印的修习则是在前念已灭，后念未生之际的高深禅定中，体认到身心内外圆融无碍的境界，即从自己身心中见重重无尽的宇宙实相，实相现前，如如不动，即入大手印光明定的境界，此时出生的大手印胜义光明就是实修华严理论的具体证量。所以，从大圆满和大手印的证悟境界来看，佛所说的高深的华严境界也是可以为世人所领悟的，但这种领悟对象广、愿心深、境界大，理念达到最高境界，所以修者必须有坚定的信仰并付出长期艰苦修行的代价才能获得。同时也证明了藏密瑜伽的时空观与华严的境界是理事圆融的，《华严经》的哲理在藏密瑜伽具体的实际修习中得到了实证。

法华一会三世　《妙法莲花经》（简称《法华经》）被喻为印度大乘佛教诸经典的经中之王。其主要的主张就是"三乘归一"的思想，即汇融声闻乘、缘觉乘和菩萨乘为一佛乘。《法华经》亦属于圆教，该经将整个宇宙法界的过去、现在、未来三世看成是一个圆，一个无始无终的圆。所以，一即三，三即一，《法华经》不说有成就佛果的三乘,而说惟有一佛乘,一乘代表了法华圆教的整个体系。《法华经》所说的一乘圆教主要指的就是时间上的圆融。以宏扬《法华经》为主的天台宗的智者大师对此曾做了一个比喻:“法华一会未散,弥勒已降生”。这就是说佛宣讲《法华经》的法会历经五劫①还未散,而这时未来佛弥勒佛已降临人间。喻示了过去、现在、未来三世的连续不断、流通不尽:过去的未过去,现在的也不孤住,未来的亦不新生,三世宛如同在一时。《法华经》的这种时间的圆融,反映在各种佛教经典的开始,即不标明佛具体的说法年代;而皆以“如是我闻,一时佛在……”一句为经文的开篇。此“一时”即一切时;佛说一刹那,闻似多时,佛说多时,闻似一刹那。《法华经》上说:佛说此经时已经经过长达五劫的漫长岁月,但世人仍可闻见当时说法的情景。这就是“法华一会至今未散”的时间圆融之意。

释迦牟尼在转法轮说法时所标的三法印的第一法印就是“诸行无常”,第二法印的“诸法无我”受无常的影响,第三法印的“寂静涅槃”则是无常的结果。以此来探讨人的生死问题。可见时间的观念在佛法中的重要性了。大乘将罗汉乘的三法印归纳成一法印,即般若空性,代表了时间的无限圆融。所以,《法华经》中代表一乘诸法实相的法句主要是为了标明“是法住法位,世间相常住”的时间概念,即一念万年,万年一念,三世一念,生、住、异、灭皆在其中,修行和圆证也都在其中。由此可见,时间的概念较空间的概念更为灵活。但时间与空间是相合相融的、不可分割的。“宇宙”一词就是时间和空间的结合,四面八方为宇、为空间,过去、现在、

---

① 指无法用年月日时来计算的久远时间,包含无数的日、夜、月、时、年。包括创世、住世、世衰、世灭的一个世界循环过程。

将来三世为宙、为时间。所以,《法华经》对宇宙的十方空间和三世时间的认识都是兼而有之的,时间取“一时”包容刹那与三世,空间取“法界”包容三千大千世界的无边宇宙。时空是相融无碍的,时空自在即是无始无终、无边无尽的。这种时空观是对般若空性智慧的升华,其所体现的境界就是:空间无一步不当体住法位,时间无一刻离当前住世。

较之佛教“法华一会三世”的宇宙时空观,无论是古代人类,还是近现代人类都是无法用一般的想象或先进的科学仪器所能达到的。在中国的大部分历史记载、文学描述中常以“大江东去,浪淘尽千古风流人物”,来比喻时间如川流不息的江河。按照西方人的观念,过去、现在、将来也是沿一条直线安排的,即使是在英国著名科学家牛顿眼里,时间也是一种匀速的流动,而不是一个圆融的整体。为测定时间的流动,人们设计出精确的历法和时钟,并把时间定义为:自然界防止所有事件同时发生的一种手段。尽管如此,时间仍是一个不解之谜。难怪诺贝尔奖得主理查德·费因曼说:“我们研究物理的每天都与时间打交道,但千万别问我什么是时间,它难得让人无法思考。”随着爱因斯坦的相对论的出现,人们开始有时间和空间相统一的概念。根据相对论的原理,时间在运动中会进行得比较缓慢。因此,天文学家在天文观测时,甚至已看到远古的年代,他们通过观测遥远星系的光,知晓各星系彼此飞行的速度,便能确定宇宙中所有物体诞生的年代。尽管如此,英国物理学家斯蒂芬·霍尔认为:“宇宙中的物体约在150亿年前就无限地收缩了。谈起时间,当我们测量它时,它的确消逝了。这是因为时间开始的另一边是个永恒的秘密。”由此可见,对于现代科学来讲,时间仍是一个不解之谜。如果我们回过头来看一看佛教的宇宙时空观,就会发现人类的思维绕了一个大弯子。

藏密瑜伽以其独特的修行方式现量实证体悟到“法华一会三世”的时间与空间的圆融无碍，说明了人类对宇宙的科学认识并不在于外在的各种先进的科学仪器，而就在于人自己内在本身。藏密瑜伽根据修行的程度深浅而将时间概念分为四层：“现在”属于时间外层，是众所共知的；“过去”属于时间的内层，非有相当程度的禅定定力，是不能了知过去的，这又称为“宿命通”；“未来”属于时间的密层，预知未来则需要更深广的定力；“三世一时”属于时间的秘密层，是一种圆觉，只有证得三摩地高深定力时，方能切身体悟到时间与空间的无限圆融，这是一种超时空的五维以上的境界。从具体的修行方式上讲，藏密瑜伽强调了“三乘归一”时空圆融思想，这就产生了“即身成佛”的原则和自观为本尊的本尊瑜伽。以时轮金刚为体系的藏密瑜伽修行次第，亦是将般若空性智慧升华为三世共一时的时空圆融。《法华经》的时空圆融的理趣在大手印禅定和大圆满化光中也都得到了实证。香巴噶举在大手印的基础上，以过去、现在、未来三世一体的观念修无死瑜伽，对于时间和空间的圆融更为理解深刻。最具有代表性的，从时间角度解释宇宙万物的生住坏灭的藏密瑜伽就是时轮金刚法。时轮大法对于时间和空间两方面中的时间更为重视。认为时间是生命，一切存在都离不开时间因素，人类社会、宇宙自然都是时间的统一体。把时间的观念充分运用于天文、历算、历法、人体生命和瑜伽修炼的各个领域。藏密瑜伽的大成就者可以在入定当中一睡十年，醒来之后清清楚楚，无有已过十年之久的感觉，这就是在时空上取得了超常人的殊胜成就。至于一些藏密瑜伽的成就者长久住世成如童子，甚至长寿至几百岁、上千岁的情况，如果以此时空圆融、自在的道理来分析，就不足为奇了。

第四章　藏密瑜伽修持观

第一节　下三部瑜伽

藏密早期所传的密法为事部、行部、瑜伽部三个层次，统称下三部瑜伽。其金刚界、胎藏界的藏文经书是直接从梵文翻译过来的。其中有无上部瑜伽的理趣，但无实修气功的方法，是无上部瑜伽的加行和准备。近代汉地流传的新译藏密典续多属无上瑜伽的仪轨及其加行，而未传详尽的下三部瑜伽。

念诵与观想　藏密瑜伽四种功夫：念诵、观想、气功、光明定。其中念诵居首位，这也是密宗又称真言宗的由来。但真言宗多指仅修下三部瑜伽的唐密、东密。藏密无上部瑜伽偏重气功，而下三部瑜伽则注意声字的实相——念诵。念诵一法有深有浅：浅者如事部、行部的念诵，多为诵咒、念佛菩萨圣号；略深为瑜伽部的月轮观、阿字观等，需配合无我空性法义而修，非是一般念佛诵可比；最深者则有金刚诵，属于无上瑜伽部，需配合智慧脉、智慧气、中观见、胜义灌顶等修。

藏密头一个修行瑜伽就是事部。事部为身密、语密、意密的三密相应，亦即结手印、念咒、静定三位一体。事部就是事奉供养本尊，又称“作密”，即指行者制作供品、布置坛城，以便“从伴乞悉地”，即向观想的对生本尊乞求修行成就。所以，事部瑜伽是一种外围的表现形式，而并不是具体实修。但事部对本尊护法的供养亦体现在其他次第瑜伽的正式修行仪轨中，都必须用糌粑或酥油做成各种样式的食品作为供养之用，这种食品就叫“食子”。后来，做食子的技术逐渐发展成一种食品艺术，这就是在藏历新年时各寺院制作的有各种彩色图案的大型酥油花。

行部瑜伽为第二步，亦名“行密”、“修密”，重在实修观想对面本尊、种子字、月轮、莲花等入于自身，又出而回归本尊，又名为“入我我入”。行部重在念诵中的三密相应的观想，其念诵有六种方法：(1)观空性；(2)阿字观①；(3)观想咒轮，咒轮的每一字皆有空性的含义；(4)观咒字及所放光的颜色；(5)每一咒语均配有相应的手印；(6)以所观本尊的品德、思想为念诵时所想，亦即意密。

密宗的真言即密咒，是非常重要的。梵文称陀罗尼，意为总持，总持即是一音遍一切音，一义能持一切义。密宗认为十方诸佛皆从陀罗尼(真言总持)所生，真言具足无量无边功德，若无真言则不能成就无上正等正觉。真言又为历代成就者相传的秘密心咒，即所谓“心印”。一般行人都不愿意解释自己心咒的意思，因为上师传心咒并不解释其意义，其意义可能包括佛号，也可能纯粹是一种声音符号。其意义只有当念诵者有所证悟后才能领悟。每一位上师经过多年修行摸索都有自己不同于其他上师的心咒。密宗认为密咒的力量可以作用于息灾、增福、怀爱、诛杀等四个方面，有无上的法力。所以，密咒都以严格的传法系统流传下去，以戒备恶人盗用。持咒得当就可以入定。初学持咒时，大多心如野马奔驰不定，妄念多，难以清净。以后念念在心中，咒字一一想得清楚，就可入心念归一的佳境，时间和空间的界限顿然消失，真正达到一种无我而至净的境地。

---

① “阿”为一切声音之母，其意为“无生”，亦象征空性。

有人认为密宗念咒太重于实相。实际上禅宗不立文字，喝祖骂佛，是以单提正令。独标证量为主，为除去修行人执着文字、忽略实证的通病。禅宗以积极取证心性为主，视文字为羁绊。所以初学禅者不准看经，老参可以读经，但不离禅宗证量。密宗从表入手，以表及里，不执著文字，只是提倡文字所表的实相，先提倡咒语声字的实相，先念诵后入大手印禅定。所以，禅密两宗是相反而相成的。密宗认为实相是充满宇宙万物的，就是行人已入根本三摩地定时无音响，亦代表着“阿”字本不生之义。禅宗称此为寂嘿，大如雷声。密宗认为五大的地动、水流、火喷、风吹、空荡皆有声响，法轮的转动、法器的振动（敲鼓、打钟）都是在传播声音、传播法音，所以实相活动是宣传佛法必需的，传法必须用语言，语言必须借助文字，解释文字又归回于实相。因此，禅宗亦云：“言语道断道不断”。其断者即为实相自显。

在念诵的同时，“观想”也是十分重要的。否则就成了“小和尚念经——有口无心”。密宗认为念诵与观想是内外结合的。在念诵与本尊相应的密咒时，要观想本尊的容貌，忆念本尊身上饰物、手上法器的表法和象征意义，必须详细观想各个细节。观想成像就像画家画像必须心中有像一样，所以初习观想者多长时间的凝视本尊的画像，经过一段时间的努力，就可以从模糊的观想而到清晰的观想。观想成就时，只要诵念出一个本尊的密咒，就可以显现这位本尊的形象，如同亲眼见到一样的清晰明了。这种观想成就的出现不仅在于多次练习，也在于观想者证悟的程度如何，因为一切观想皆定中可见，如水中月、镜中花，观其有不可，观其空也不可，只有在非空非有的悟证中才能真正达到观想成就。所以，密宗的观想是这边明了、那边证，是由密到禅的过程。因此，密宗将三密相应作为行人与本尊相合一的三密瑜伽，意密（观想）、口密（念诵)、身密(手印)是密宗即身证佛身的首要途径。

五轮塔与五相成身　瑜伽部是下三部瑜伽的第三步,又称瑜伽密,以修道场观、月轮观、阿字观、本尊观、入我我入等观而与本尊相应。这是行人自观成本尊的初步。瑜伽部中又分为胎藏部和金刚部两大修习部分。密宗认为宇宙由胎藏界与金刚界构成。胎藏部就是要开显自己本有胎藏的佛性,其中有许多具体修法,但最主要的修持就是五轮塔观。金刚部则是表明今生行人自己要修出来的境界,其重在五相成身观。金刚部是以本有胎藏的哲理为基础的。所以,金刚界与胎藏界的相合亦成瑜伽。这就是福智双修,是东密最高的修持方法。藏密亦称二者为不二法门,但一般无上部瑜伽行人多选修其一。实际上胎藏部的五轮塔观与金刚部的五相成身观,一个为本尊坛城观,另一个为本尊观,两种观想同时修习极易观想成就,是进修无上部生起次第的麻哈瑜伽的基础。

五轮塔观的五轮即指地、水、火、风、空五大。佛教密宗认为五大是天生、本有的,是物质的基础,是宇宙万物的基本元素,是无处不周遍圆满的,所以称为“轮”。五轮塔由下上叠:地轮为黄色方形,水轮为白色圆形,火轮为红色正三角形,风轮为绿色半月形,空轮为蓝色圆尖形(如本页图所示)五轮塔即象征了世界由五大构成,是世界的缩影;同时它又象征了人体也由五大生成,塔也表示了人体的各个组成部分。这种对于人与客观世界的认识并非佛教密宗才有,古希腊的自然哲学家也有此认

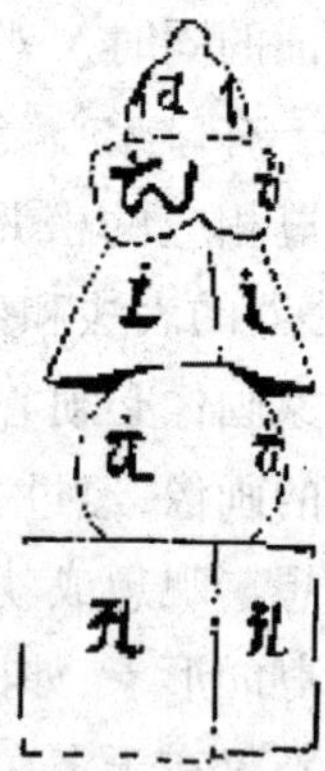

中国湖南长沙岳麓山五轮塔(简图)

识,印度瑜伽所说的梵我不二,以及中国古代的天人合一说都说明了人身和世界的一体性。但佛教更突出人与宇宙自然的相通和无差别性。所以,五轮塔既象征了人体,又象征了世界。这种形式的佛塔全球是很少见的,日本多以小五轮塔组成坛场,而大型的五轮塔在中国湖南长沙的岳麓山有一座,建于1927年。其既为佛塔,又为北伐阵亡将士纪念塔,实为国内外所罕见的。一般常见的喇嘛塔也是五轮塔的象征,底座为地轮,圆肚为水轮,塔脖为火轮(火锥),塔刹(塔顶)为风轮、空轮。五轮塔综合了五大特点,代表了法身佛——毗卢遮那(大日如来)的微妙五大之身。所以,修五轮塔观就是对胎藏界最主要经典《大日经》理趣的实修。五轮塔观属于"有性无相",行观者在五大种种现象中见空性相应,而获瑜伽实境。五轮塔观起初以意识为用,后须泯识显智,以期悟证本具有佛性——般若空性。这就是修慈悲福德的"实证菩提心",是进修五相成身本观的基础。宗喀巴大师圆寂之前,曾令铸造银制毗卢遮那佛像(即胎藏部大日如来)一尊。当时,有很多人不知大师立此像的用意。实际上,这就是广宏行部(胎藏部)密法的因缘,以示密法的基础所在。

以胎藏界五轮塔观的成就进修金刚界五相成身观。第一步要通达本心:先观自心,"阿"字为空性种子字,灵活自在,为万法本有又本不生,非有非空。第二步修菩提心:以非有非空的觉受观胸间有一八寸大的明月,晶莹透彻。第三步证金刚心:于以上心月轮中观五股金刚杵,金光闪闪矗立其中。第四步成金刚身:以上步所观金刚杵遍满十方,然后收回如身体之大小。第五步现普贤身(此地指原始佛、本初佛,即普贤王如来,藏密又称阿达尔玛佛、金刚大总持、第六金刚手):白莲为座,左手握铃右手握杵,戴五佛冠,光明皎洁如明月。五相成身观是将行人的五大之身升华为五智之身。第一步阿字观为成五智身的准备,“阿”为一切诸佛心要的浓缩,一切佛皆以“阿”字圆成佛果。以种子字“阿”来净化以通达自心本性。阿字是无上咒音,不但在瑜伽部修“阿”字,无上部瑜伽也常以“阿”字修法为正修的前行准备。第二步为月轮观,以月轮晶莹圆明来示平等性智、大圆镜智。第三、第四步以金色放光的金刚杵,以示行者智慧心身如金刚一般坚利无敌。第五步为阿字的还原,将宇宙法界全体观入自身,则自成法界无生无灭总体代表普贤王如来。

五轮塔观与五相成身观都各有其五个种子字,犹如行人的中脉,上通天,下达地。所以,这两种三密相应的观想都是修习无上部瑜伽的准备阶段。

第二节　无上部麻哈瑜伽(生起次第)

四加行　加行为密宗的准备性的初步修行。藏密无上部瑜伽正式大灌顶之前,即修生起次第初灌之前要进行四种预备修行,这就是“四加行”。“四加行”可以说是一种纯宗教性的修行,其修行思想基于“人身难得”、“诸法无常”、“因果报应”、“轮回解脱”等佛教最基本的原理,以期行者在修四加行中坚定修行的信心,通过四加行找到修行的指导上师,并根据自己的秉性寻找一位适合自己修观的佛菩萨,作为修本尊的目标。四加行主要有:大叩头、诵“金刚心百字明”(即金刚萨埵咒)、供曼扎、四皈依(即上师相应法)。

大叩头又称大礼拜、叩等身头,是藏传佛教独特的礼拜形式。其意为消除行人身中所累积的罪业,克服怠慢的心理状态。大礼拜的特点是五体投地，以示行人完全皈依的诚心。所以既迅速又猛烈。未修气功的行人做大叩头比较困难，一般都利用前面略高的拜板滑上，有的则是先跪下、再趴下。真正的大叩头应膝盖不弯五体同时投地，这样做的行人一般已有一定气功基础，特别是已能修持宝瓶气的行人，他们往往是住气下拜，起身时方出气。没有气功基础的行人则不可以行五体同时投地的拜法。由此而见，大礼拜亦有气功的成份，其副效果锻炼了身体，使全身气脉、血脉得到了畅通。

供曼扎就是供“曼荼罗”。“曼荼罗”义译为“中围”。中围有很多种解释，其中有认为“中”代表心，“围”代表取，中围的意思就是随自己内心的运作，取最喜爱的物品来供养。另外也有人认为，“曼荼罗”代表着本尊佛菩萨及围绕眷属菩萨各尊的象征性住所，即净土或坛城宫殿，这是指狭意义上的有形本尊坛城。广义上讲，“中”就是须弥山，“围”是四大部洲，曼荼罗就是代表了宇宙万物的集合，即全法界的缩影。中围之意就是取三千大千世界，和所有的七珍八宝拿来供养的意思，所以，汉语又译为“聚宝盆”。曼扎多为圆形银器，其中堆放着各色宝石等二十几种供品。密宗行人认为修曼荼罗供一法，即具足布施、持戒、忍辱、精进、禅定、般若等六度法，是积累增加修行资粮功德的最殊胜法门。具体方法是先以左手握一些米(或豆、小麦等)，执持曼荼罗的底边，再用右手抓一把米，依照仪轨撒在曼荼罗上，一边撒、一边诵赞，再以双手捧举曼荼罗，诵咒供养。然后将米倒掉，用右手腕部把曼荼罗擦干净，重新换米再修。宗喀巴大师在闭关修行时，以四方磐石作曼荼罗供，本来修供时可用毡布擦拭，但为了表达殷勤至诚、勇猛精进的苦修精神，大师则以手腕擦拭石曼扎，以致指尖全部破裂，手腕皮开肉绽，隐约可见白骨。后来藏密瑜伽各教派都仿照大师的修法来修供曼扎。还有一种观修曼荼罗。修者以宝石、花、染色的米、沙或石,画砌出佛陀净土坛城。然后以此彩沙绘制的曼荼罗,作为自我修持禅定时观想的图案,从中体悟佛陀的智慧和力量。其绘制所用彩沙经喇嘛上师预先开光,并在一个月内将曼荼罗的教义、仪式和图像的内容,以及绘制的方法和步骤,逐一口头传授给僧徒,然后由这些经过训练的僧人合力绘制完成。在绘制过程中,需日日诵经,作画时也不许彼此交谈。因此,整个绘制过程,也是对僧徒们修行结果的一个测试。曼荼罗同时也代表了"世间无常"的佛旨法印,因此每个曼荼罗图像完成后不久,便举行仪式拆除之。上师喇嘛将拆下的沙粒分置于瓶中,而后撒入江河湖海,以示让佛陀的智慧和力量远布四方。这种修观仪式比较隆重,多在释迦牟尼佛成道和圆寂纪念日举行。来自各地的僧众和信众聚集在一起诵经,并以粒粒细沙表达他们对佛陀、本尊的崇敬和信仰。

持诵"金刚心百字明"为四加行的重要组成部分。无论藏密、东密都知此咒的重要。"百字明"在东密瑜伽部为本尊的修法,毫无忏罪之意,并将此咒分为七个部分:佛部、金刚部、宝生部、莲花部、事业部,前五部分与五方佛有关,第六部分为前五部的总体大吉祥三摩地,第七部分为空悲圆融一体的本尊三摩地。东密百字明的功效在于求五方佛加持。藏密无上部瑜伽则以"百字明"为忏罪的基础,并做为修各种仪轨、修法有缺漏或错误时的一种补偿、赎清、补足。实际上,"百字明"除第一句"金刚本体莫舍我"是忏罪之意以外,其余各句皆是言空性哲理,或请求加持以证空性三摩地,并以空性种子字"阿"为结尾。"百字明"一般都要求行人诵持十万遍。格鲁巴重戒律,主张持诵"百字明"较其他三加行要增加至一百万遍,并且四加行不修够十万遍是不许开始修生起次第的。加行常常须修三年,甚至更多的时间,才能开始正式修无上部瑜伽,也有加行不足十万遍,就开始一边修无上部瑜伽,一边修加行,补足十万遍。四皈依是藏密在皈依三宝的前面加了皈依金刚上师,普贤王如来做为金刚上师的总体象征,皈依上师的上师相应法反映了藏密瑜伽对金刚上师的重视,认为上师是佛、法、僧三宝的集中体现。

瓶灌真意 瓶灌是藏密无上部瑜伽四大灌顶的第一步——初灌。"置瓶于顶传瓶灌,指示自身即是佛",这就是初灌的特点。行者如果得初灌之后,即可开始修麻哈瑜伽,即无上部的生起次第。"生起"之意不是生长,而是进化、升华,是自观生起成为本尊。生起次第就是要观自己是佛,本尊是自生的,而不是对生。生起次第本尊观的条件是明显、坚固、持久。一定要观想出本尊的外表相貌,如五佛冠、五官等,也要观想出本尊手里所持的各种法器及其所代表的意义。本尊观是藏密瑜伽最普通、最基本的修持方法——本尊瑜伽,又称汇归瑜伽:行者要观想无处不是本尊、无时不是本尊,本尊就是行人本来自生的。所以,生起次第不但要观想本尊,而且要观想本尊住处坛城,以汇归瑜伽的形式观事事、处处都是本尊坛城,转世间杂染之境为本尊净土,所到之处皆做坛城观想,而观自己则犹如坛城中的本尊。

生起次第所观的本尊和本尊坛城都是由空性种子字而生起的。所以,生起次第的本尊观必须有般若空性才是完整的。如以观音为本尊观,应先观空,破除一切我执,由空性中生起本尊观音的种子字"舝",行人由此"舝"化入自心中,才可自观为观音本尊,然后再外观坛城。生起次第重在万法皆属空性上习定修观,由观空定中显现妙有空色的本尊身,其定上所生智慧属于空乐智慧的乐明无念。生起次第所观本尊之空主要是观空自身的皮肉、骨骼、脏腑,甚至连指甲、眉毛、睫毛、头发、汗毛都要观空,本尊的莲、月、咒轮也要观空。瓶灌的本尊观成就就是观自身本身如透明、内空的水泡,这就是初灌的“身空无我”观。此本尊观成后,应再度收入空性,即最后全部收入本尊种子字(藏文字母)的上端代表空性的“拉打”尖顶上,稍住,然后归空,以去除对修行方法的执著。此时,本尊形象如鱼跃水面而忽然现起,这就是非有非空的空有双运的觉受,它体现了本尊观如水中月、镜中花的真如实相。

在生起次第的预备加行中,有希解派祖师当巴桑结和香巴噶举妈几劳准祖师所传的著名的施身法。佛教为了倡导大悲施身思想,在释迦牟尼前生累世修行的佛本生故事里有“萨埵太子舍身饲虎”、“尸毗王割肉救鸽”、“快目王施眼”、“月光王施头”、“六牙白象施牙”等大悲施身的事迹。当巴桑结和妈几劳准祖师以此显教教义,而行施身观想的实修,把大悲施身的思想融于修行中,不须牺牲肉身或某一器官而能具足破除我执的施身功德①。从而为进修即身成佛的生起次第观想创造了良好的条件。这就是密宗修行的果位方便。从生起次第的加行(施身法)和生起次第的正行(本尊观)来看,生起次第所修本尊为身成本尊色身(即肉身)空,即依观空后而起本尊外相空,其内则不空,为“半外我”本尊。但生起次第所成的色身空亦非具实色身空,必须经下一步圆满次第风心无二的幻身成就,才算是真正圆满成就。

生起次第瓶灌的真实意义重在生起本尊身外的五佛宝冠的圆满庄严相,由此得金刚持金刚身成就。所以,瓶灌细分起来有五种:(1)宝瓶灌顶,宝瓶代表东方不动佛,瓶又表示童瓶身宝,所以瓶灌属金刚身灌顶;(2)宝冠灌顶,此冠代表南方宝生如来;(3)金

① 西藏的天葬风俗,在外人看来很残酷。实际上天葬风俗本身亦含有大悲施身的意义。即不但要在活着的时候乐善好施,死后也应将自己的肉身做最后一次施舍。

刚杵灌顶，杵代表西方阿弥陀佛；(4)铃灌顶，铃代表北方不空成就佛；(5)名灌顶，名代表中央毗卢遮那佛，也是金刚上师在灌顶时给受灌弟子的一种授记。以上五种瓶灌都是身灌，主要是为了使受灌者粗重五大之气转为细微的五大智慧气，从而为进修九接佛风打下基础。初灌所修的本尊观亦含有“显中之密”的《华严经》的理趣，其放大的本尊可以大至全法界，而缩小的本尊可以细如马尾收入本尊种子字上端“拉打”尖上。可谓巨细圆融、广狭自在，华严“事事无碍”之理在此得到了体现。本尊坛城观中对坛城的四门、塔、楼阁、宝藏、法幢、功德水等观想都是托事而生解，依此类推各脉轮的特点，从而易于观想脉轮，使各脉轮易于开发。另外，生起次第的观空具有重要意义，它是定中得慧的关键。行者的肉体及五脏六腑都是各种明点安住的地方。八瓣莲花代表心的明点，多观八瓣莲花，能使心轮明点安住增长，使心轮得到开发；月亮代表白菩提心，多观月轮，能使明点的光明增长；日轮代表红菩提心，多观日轮，能使明点生暖热融融之感；多观种子字，种子字是咒明点，也可增加智慧明点，咒轮的旋转是风明点。所以，修定慧是使各种明点转化为智慧明点的重要前行，本尊观的明显是智慧明点的显现，本尊观的坚固是智慧明点的安住。而本尊观的明显、坚固可使心轮易开，是修脉气明点的关键。

九接佛风 生起次第在本尊观成就的基础上进修佛风，佛风在藏密瑜伽看来已经不是从鼻孔吸进肺里的外面的空气——外息了，也不是道家意守小腹下丹田的内息（又称胎息），佛风是由左右二鼻孔进入，经由左右二脉而达中脉的密息，是气趋入住于中脉而化的智慧气。所以，修佛风必须使佛风到达中脉，入住中脉的才是佛风。

“九接佛风”又称“九节佛风”、“九吸佛风”，这是对修习生起次第本尊观、坛城观的行人的一种气加持。即然行者已观自身处于佛地——坛城之中,自己即为本尊佛身。那么,果位(即已成就的地位)之地、果位之身就要果位之气——佛风。所以,在修生起次第本尊观成就以后,必须配合九接佛风,吸气时观想在本尊外相的庄严之身的大气泡内,一切污垢黑气皆被佛风荡涤、冲洗除去;呼气时观想污垢黑气出,佛风入住中脉成智慧气。最初修皆以黑白气为主,随着日久功深,黑气渐无,白气增长,就可于定中见五色之气,这是气入中脉、入五脉轮、入全身细脉的象征。因此,生起次第的本尊观是以修九接佛风的气功为基础的,本尊观想从头至脚跟,是以气随心到而观成的。九接佛风之气趋入中脉,其成就就是能生起智慧身的细风心,这是下一步圆满次第证最细风心的准备,是生起"圆满次第"的基础。所以,生起次第的九接佛风是圆满次第进修中脉气功的预备阶段。

生起次第的本尊观是于空性中出生本尊身的三脉五轮,即观除本尊为三脉之外空无一物的水泡身。九接佛风就是对此三脉五轮的调整,其重点在于通脉。所以,其做法主要是吸气、暂住、长出等几个环节。气至脐下四指处的生法宫,即上行入中脉,则意念应专注于中脉的观想,而不必分心注意左右二脉和本尊的外貌了。修佛风时所结的金刚拳印,为两手各以拇指压其无名指与手掌连接处,再以其他四指从外握紧。结此种印可以防散气,可以使精力集中。所以,在日常行、坐、卧中常结金刚拳有健身益智的功效。在修佛风时还要注意左右二脉的挺直,这样才能使气易趋入中脉。具体做法是将左右手所结金刚拳分别置于左右腿腹股沟处,由此即可以撑起胸膛,达到脉直气入的目的。另外,在修佛风还未得见五色之气以前,应避免到空气不好、污浊的地方去修习,如结核医院、传染病院、工厂的烟囱附近、黄昏煤碳气集中的时间等。而应当经常涉足空气清新、宁静致远的地方修习。藏密瑜伽宁玛派、噶举派、格鲁派都各有自己一套修九接佛风的方法，而各又有治病的妙用，特别是对呼吸系统疾病、各种鼻炎、鼻病变、咽喉扁桃体炎等疗效显著，其主要原理是以人体本身的五大之一风大来御风调气，使体内五大恢复平衡。宁玛派诺那呼图克图、噶举派贡噶呼图克图和格鲁派第九世班禅大师都认为九接佛风能调治330种疾病。

附：三种修九接佛风配合中医中药治疗常见病的方法

（根据藏密学者、老中医师邓述祐先生口述、徐厚富笔录整理）

一、宁玛派九接佛风法

（一）七支坐法

首先根据自己的身材高矮，选择坐于膝关节一样高的坐凳上。自然站立，双脚与肩同宽，膝关节后缘与凳贴近，双脚向前走半步，心无杂念，精神宁静（不忆过去，不想未来，也不虑现在），使自己处于极舒适畅快的情况下，坐向东南西北均可：

（1）两脚分开（脚尖向外分），成一字形，脚后跟中间距离八寸，然后坐下；

（2）脊椎自然伸直（颈椎、胸椎、腰椎保持平衡正直）；

（3）两手食指、中指、无名指、小指曲卷至掌首末端，大拇指压在食指上，手形像印样。掌心向下，放置在髂总动脉腹股沟（为按大脉）；

（4）两肩微张，肘关节紧贴于两侧胸壁；

(5)舌抵上颚,上下唇紧闭,上下牙床应微微合紧;

(6)头如钩,不俯不仰;

(7)两眼平视前方,定神专注,而不使转动。

(二)排浊气

依七支坐法坐好后,心中无念。作深呼吸三次,用双鼻孔将气吸入下丹田,再由下丹田经口呼出,进气出气要像细线一样的匀、细、深、长。完后稍停片刻。

(三)九接佛风(入气停、出气停,全部是鼻进鼻出)

(1)左鼻三风

依七支坐法将右手食指伸直,从下向上沿右胸慢慢移动,按住右鼻孔,头向左转动同时出气。再用左鼻孔将气吸进下丹田,(即指藏密脐下四指的生法宫),头随之向右缓慢平稳地转动至与右肩平齐。然后头向左缓慢平稳转回,随之将气由下丹田从左鼻孔呼出。一进一出为一次,反复三次为左鼻三风,完后右手回复原位。

(2)右鼻三风

依七支坐法将左手食指伸直,从下向上沿左胸慢慢平稳转动至与左肩平齐,然后头向右缓慢平稳转回,随之将下丹田的气经右鼻呼出,一进一出为一次,反复三次为右鼻三风。完后左手回复原位。

(3)双鼻三风

依七支坐法,双鼻同时将气吸进下丹田,然后将下丹田的气同时由双鼻孔呼出。一进一出为一次,反复三次。完后稍停片刻。

(四)发"哈"字十八变

双鼻将气吸进下丹田,同时由下丹田将气送到口咽腔,发出声哈(大声)——哈(小声)——哈(大声)——哈(小声)——哈(大声)——哈(小声)为一次,连续三次。同时腰、肩、肘先右后左摇动,将练功中所余气全部排出。哈字十八遍后,能坐多久就坐多久,但不忆过去,不想现在,不求未来。

(五)呼吸强度分三步

第一步:中住气(呼气时无声,细深、匀长)。开始练九接佛风时,由于呼吸系统各部肌肉不协调,要严格遵守先修中住气,一般一个月后再进行下一步。

第二步:柔气(呼吸较前增大,修炼时自己听得见,别人听不见)。各部肌肉逐渐增强,出气入气自如,练一个月。40 岁以上的修者以中住气、柔气为主。

第三步:刚气(呼吸较前更大,修炼时自己听得见,别人听得见)。30 岁以下的修者可以根据自己的体质,三种呼吸方式互相练习。

中药配合:山豆根 12 克　射干 12 克　核桃仁 6 克　土牛膝 20 克(可用川牛膝、淮牛膝代)　杏仁 5 克　滑石 40 克　知母 15 克　黄芩 12 克　苍耳子 10 克　细辛 6 克　黄连 12 克　苍术 10 克　乌梅 30 克　牛蒡子 12 克　桑皮 12 克　丹皮 12 克

对治咽炎、扁桃体炎(化脓)。

中医方解:鼻者、呼吸道第一门户,咽喉、消化系统第一道门户。所以,鼻口两器官本因协调工作。今而反走,故炎症生。以九接佛风配合中药散淤消炎。

二、噶举派九接佛风法

(一)七支坐法

坐前应选择比较软适之坐具,铺平坐位,宽松衣带,心无杂念。坐向不拘东南西北。

(1)坐势:单盘或双盘,不能者散盘而坐。

(2)两手按大脉:先将两个拇指内收,用力各压于无名指末端(即指根),以安定体脉,次以其余四指包压于拇指上,紧握双拳。随后将两拳掌心向上,分别置于自己两腿根部腹股沟髂总动脉处。

(3)两臂须挺直,并紧靠胸侧。

(4)腰及背:胸腰挺直如箭。

(5)头及颈应正直,不俯不仰,下颌微向内收,头曲如钩。

(6)上下嘴唇应紧闭,上下牙微微合紧,舌应抵上颚。

(7)两眼平视略向下,定神专注于自己的鼻尖前下方十指远的空间,不转动眼睛,心应万缘放下。

(二)排浊气

坐好后,于静坐无念中,双鼻缓缓吸气至丹田,然后用口缓缓吹出,越细越好,一吸一吹为一次,反复三次。

(三)九接佛风(入气停和出气停都是鼻进鼻出)

1. 右鼻三风

(1)身依七支坐,双手握拳同前,次以左手伸直食指(其余四指仍握拳),并放于左膝盖上。随以该食指尖,自左膝盖中点,顺沿左大腿及左胸侧作划一直线势而上提,直指于左乳处为止,此时上臂须与肩平。

(2)随后即以上臂往下用力内挟,而击打自己左胸侧一下,打后即将手向正左方直伸而与肩平(此时手指仍食指外伸,余四指握拳)。

(3)随又曲肘内收(上臂不动)使食指尖成指左太阳穴之势。然后,即以该食指尖,在自己左面侧由上后方而向上前方作划一半圆圈之手势,划后即将食指尖压于左鼻孔上,压时掌心向外。

(4)随以右鼻孔将气缓缓平稳吸进下丹田,然后将气由下丹田从右鼻缓慢平稳呼出(一吸一呼为一次),反复三次。完后,仍以食指尖由左鼻孔沿左口角、左胸乳及左大腿而下，在身上划一直线，随后左手仍恢复七支坐时的姿态，将拳掌心向下。

2. 左鼻三风

练法同前，仅手及鼻孔与上相反，用右食指压住右鼻孔，将气缓缓平稳地吸进下丹田，然后缓慢平稳地将气由下丹田经鼻孔呼出(一吸一呼为一次)，反复三次手还原位。

3. 双鼻三风

依七支坐法，双鼻同时将气缓慢平稳吸进下丹田，然后将下丹田的气同时缓慢经双鼻孔呼出(一吸一呼为一次)，反复三次。完后稍停片刻。练九接佛风可以使呼吸调柔入细，能清洁遍身浊气，为修宝瓶气作准备。

4. 发哈字十八变

双鼻将气吸进下丹田，同时由下丹田将气送到口咽腔。详细做法同上“宁玛派九接佛风”。

5. 呼吸强度分三步，亦同上。

中药配合：生石膏 40 克　杏仁 12 克　麻黄 6 克　甘草 9 克　降香 12 克　苍耳子 10 克　细辛 6 克　黄连 12 克　乌贼首 12 克　乌梅 40 克　牛蒡子 12 克　马勃 12 克　生地 30 克　大黄 12 克。

对治鼻中隔偏曲、鼻衄。

中医方解：鼻中隔所以偏曲，鼻半边通风，侧卧所致。凡物能倾即能正，用九接佛风通风，自然可以改变侧卧的习惯，方用麻、杏、甘、石加减者，因鼻中隔偏曲，半边通风，胃必蓄热，重用石膏以清蓄热，石膏退阳明独盛之热。杏仁以开之，甘草以缓之，麻黄通风而散之，马勃治鼻衄，牛蒡子行十二经。

三、格鲁派九接佛风法

(一)“七支坐法”同前宁玛派坐法;

(二)排浊气同前宁玛派排浊气法;

(三)九接佛风(入气、出气全部是鼻进鼻出)。

(1)左鼻三风

依七支坐,将右手食指伸直向下,从下向上沿右胸慢慢移动按住右鼻孔,用左鼻孔将气徐徐吸进脐下四指处下丹田(即生法宫),进入中脉,上循升至喉,再转而下降入下丹田,循左脉上升至左鼻孔徐徐呼出。一进一出为一次,反复三次为左鼻三风。完后右手回复原位。

(2)右鼻三风

依七支坐将左手食指伸直向下,从下向上沿左胸慢慢移动按住左鼻孔,用右鼻孔将气徐徐吸进脐下四指,进入中脉,上循升至喉,再转而下降入丹田,循右脉上升至右鼻孔徐徐呼出。一进一出为一次,反复三次为右鼻三风。完后,左手回复原位。

(3)双鼻三风

依七支坐法,双鼻同时吸气进入下丹田,左右脉撞开中脉后上升至喉,再下降至下丹田,分循左右二脉上升喉轮,从双鼻孔呼出,一进一出为一次,反复三次。修完后稍停片刻。

(四)发哈字十八变同上一种九接佛风。

(五)呼吸强度分三步同上一种九接佛风。

第一种中药配合:苍耳子 10 克　细辛 6 克　川黄连 12 克　乌梅 50 克　桑皮 12 克　木通 12 克　牛蒡子 12 克　荆芥 12 克　生地 30 克　菊花 40 克　苍术 10 克

对治鼻炎、副鼻窦炎、过敏性鼻炎。

中医方解:苍耳子散是古方,将辛荑换细辛加黄连是苦辛通法,乙癸同源同肺之化源也。肺开窍于鼻,肺与肝同为风脏,因此内息外息皆属于风。九接佛风修气于此理论相通。通风燥湿恐伤其阴,加叶天士黑地黄方,去五味子换乌梅,乌梅之义同五味子酸涩而有伤虫之功,因呼吸道堵塞,风必夹虫也。

第二种中药配合:桑白皮 12 克　丹皮 12 克　秦皮 12 克　陈皮 10 克　地骨皮 15 克　生石膏 40 克　杏仁 12 克　麻黄 6 克　甘草 9 克　牛蒡子 12 克　前胡 12 克　瓜蒌 12 克　胆南星 12 克　法下 12 克　胆草 12 克　生地 30 克　苍术 10 克　苍耳子 10 克　细辛 6 克　川黄连 12 克

对治支气管炎、哮喘、老年慢性气管炎、肺炎。

中医方解:上述各症治愈难度大,传统方法果皆不理想。如常用抗生素类,则对老弱病人难奏效,且造成盗汗及自汗。本方加五皮以止汗,其理论为"将欲翕之,必故张之也",又无气不行,无风不转,世上万事万物无时无刻不在周而复始地运动变幻。所以,此方配合九接佛风,功效奇特。

第三节　无上部阿努瑜伽(圆满次第)

圆满"生起次第"　圆满次第阿努瑜伽属于藏密瑜伽无上部四大灌顶中的第二至第四大灌顶。由于第四灌顶——大手印瑜伽,有无相瑜伽禅定的特点,故在下文单列一章介绍。此节主要介绍藏密瑜伽的第二、第三大灌顶。第二灌顶又称秘密灌顶,其主要是在生理上打开各种纠缠的脉结,藏密称肉身中的烦恼脉,以开显智慧脉、气、明点。但藏密认为心气是不分的,有一分心理上的烦恼,就有一条生理上自缚纠缠的脉。而五脉轮则被这些盘根错节的脉紧密裹缠，直贯五脉轮的中脉更无法展开，中脉中心心轮的童瓶身宝——如来藏更无法显露出来。其纠缠顶轮的为贪烦恼脉，纠缠喉轮的为瞋烦恼脉，纠缠心轮的为痴烦恼脉，纠缠腹轮的为慢烦恼脉，纠缠密轮的为疑烦恼脉。第二灌顶所修金刚诵、宝瓶气、六成就法、颇瓦法等就是更深入的修气脉明点的方法，是以方便和智慧为炉，得心气自在，使生起次第外显空性得以圆满为内现空性。打开诸脉脉结，以五大五智兼备的智慧气打开智慧脉，以五智对治贪、瞋、痴、慢、疑等五烦恼（即五毒）。所以，圆满次第乃是直接修中脉的瑜伽，其中心修法就是运用红、白菩提明点的结合而生成智慧气，从而开通智慧脉，心气无二的智慧明点顺、逆上下于中脉五轮，生四喜四空。显现行人本有内在的智慧——空乐不二的俱生智。第二灌顶是行人通过修气、观想相合的瑜伽开显自身五脉轮的功德，即转五烦恼为五智，此时气脉已得调整自在。以生起次第本尊观和定力，以及二灌的气脉拙火的功效，进而以实体事业手印修空乐双运，这就是第三灌顶的内容。

圆满次第实为修空慧的程序、方法，但圆满次第不是单修空慧，而是福慧双修。即从气修心，又从心修气，以现证风心圆满不二的境界。其所修的空是在转烦恼为智慧的喜乐之上的空，是真实不虚、非有非空的。所以，藏密瑜伽圆满次第的修法在配合空性上，有一定的难度。但圆满次第的修习是在生起次第的基础上，生起次第所修本尊观、本尊坛城观、九接佛风等所产生的乐明无念的空性，在圆满次第得到了很好的发挥，以各种修气方便之道，进而生成空乐慧，从而在空乐无二、光明无二的觉受中修习无学究竟的第四灌顶大手印禅定。由此可见，智慧与方便的结合、非有非空的空性实相、心气不二的瑜伽，是藏密瑜伽修空性的殊胜之处，它体现一条由密到禅、禅密结合、从有学到无学的修行道路。

圆满次第首先要观身内的三脉五轮，这是在生起次第修空性的基础上，观想如水泡一样的本尊身的脉和脉轮。这一点同婆罗门教瑜伽不同，婆罗门教瑜伽不修空性，并仅从自己的肉身上观想。圆满次第要观想脉里也是空的（脉中空就可以通气了），在生起次第“身空无我”的觉受基础上，要进一步内现空性，以空乐无二的感受而生智慧脉、智慧气，使从左右二脉吸进的粗重之气转为细风。“心之所至，气亦至焉”。所以，心静脉就通达，脉通达了则心更静。细风细心不二的境界就出现了，由此基础上修习心风不二的大手印光明定，即可证到最细心风不二的三摩地定。这就是圆满次第由定生慧的整个过程。

金刚诵和宝瓶气　金刚诵和宝瓶气都是圆满次第习定的方便法门。金刚诵即指持诵“嗡、阿、吽”三字，此三字又称“一切佛金刚三字”。第二灌顶修气功须在三脉五轮观想清楚的基础之上，先修“金刚诵”。金刚诵所诵三个种子字分属于佛部、莲花部、羯磨（金刚）部，都代表着不生不灭的般若空性智慧，金刚诵就是以持诵此三字而配修气，使所修之气成智慧气、开通智慧脉。所以，金刚诵是诵咒、观想、持气三密相应合一的瑜伽。金刚诵修气的路线由于出入、住气的路线不同而有数十种。《金刚诵十释》介绍有上下行气与五根本气共七种修气路线。虽然有多种修金刚诵的方法，但不是每每必修，有时也根据身体内哪条气脉运行不畅而修与之相关路线的金刚诵。金刚诵的最主要的修气路线是中脉。金刚三字又有不同颜色，称为金刚空性所起的三色。“时轮金刚”修法的金刚诵表明了三色金刚字的不同走向：第一步，出气时观想蓝色“吽”字，入气时观想白色“嗡”字，住气于脐下四指的生法宫时观想红色“阿”字；第二步，出气时观想红“阿”，入气时观想白“嗡”，住气时观想蓝“吽”；第三步，出气时观白“嗡”，入气时观红

“阿”，住气时观蓝“吽”。诺那呼图克图所传的金刚诵为：短入嗡、久住阿、长出吽。

藏密瑜伽修到圆满次第就要圆满各本尊，修代表五方佛即身成佛的五大金刚，即以五大金刚为本尊。五大金刚又分别配合五轮来修：顶轮为喜金刚，喉轮为大幻化网金刚，心轮为胜乐金刚，脐轮为密集金刚，密轮为大威德金刚。各种金刚修法因侧重点不同，而在修法上有所不同，以它们共有的金刚诵为例：“密集金刚”以修金刚诵为口寂、语寂；“大威德金刚”的金刚诵以咒气相应为主，讲究气如念珠，咒如串珠之线，或气如白纸，咒如纸上之字；新派“时轮金刚”的金刚诵则以通中脉为主。所以，金刚诵是一种具有多种功用、心气结合的最深层次的念诵。

金刚诵与般若空性、中观正见、胜义光明、智慧脉、智慧明点等义理或事相都密切相关，有着邃密的意义。首先，金刚诵含象征般若空性的金刚的七种特性：坚固、精要、不空、不能断截、不能破裂、无可剖分、无可损坏。第二，种子字有形、音、义三个方面，金刚三字形出于脉、声发于气、义蕴于心，诵三字时“过去心不可得，未来心不可得，现在心亦不可得，”形、音、义、脉、气、心等都无有分别。第三，金刚诵为以观想中脉为主的气功，而中脉又是离两边、不偏不倚的中观之见的象征，所以金刚诵亦体现了这种中道思想；而金刚三字随气息入住出于中脉，可以打开中脉心轮的脉结，引生心寂，从而证入胜义光明定中。第四，金刚诵三字所表之意为“以佛为师皆在自心”，即金刚诵寓示着佛本是自心所显、本来不乱清净的心性。所以，修金刚诵时最要紧的是不存一念希求，心无散乱、攀缘，坦坦荡荡而住。金刚的本性也就是这种自心的妙有圆觉。因此，宁玛派和噶举派的祖师都将金刚诵作为自己心咒的伊始。藏密瑜伽认为人体一昼夜有 21600 次呼吸，如果都以金刚诵三字观其出入住，时常修持，即为金刚数息法，又称"无生金刚诵"，其功德亦很大。

宝瓶气，藏语称"盆降"，又称壶形气功、瓶息、瓶风、风瑜伽，是圆满次第中的一种仅以修气为主的瑜伽方法。它将人体比拟为一个宝瓶，脐腹为瓶肚，将气藏于脐腹中。宝瓶气法先将浊气呼出，然后吸气如吞咽口水，压于脐下四指处，下行气上提，二气压合于脐下；然后观想气贯满左中右三脉；住气至不能忍时，即向脉轮、全身，甚至每一毛孔均气；最后是将气从鼻孔，并观想从全身毛孔射出。如此循环往复，久之则气盛心寂，气渐入于中脉。宝瓶气用气刚猛，若调息不当，反害无益。所以，藏密行人一般都先修柔和瓶气，即金刚诵。金刚诵也可像宝瓶气一样有吸、满、均、射四个过程，但不像宝瓶气那样用大力气，具有柔软的特点，行住坐卧都可以修持，修到成熟时，平时呼吸就形成一个自然的柔和瓶气程序。除刚、柔两种瓶气外，还有一种中和瓶气，修中和气无须各种做法，身应挺直，任气出入，呼吸自然，吸气时想腹部稍鼓，脐下稍持气，心无分别，任何境生也不动摇。中和气又称中住气，对入定十分重要，是内证悟境的最好修习方法，但功效比较缓慢。刚、柔、中住三种瓶气一齐合修也是可以的，互为补充，相辅相成。

在三尺远以外的桌上点一支蜡烛，一次射息就能将之熄灭，就是修瓶气有了一定功力的标志。一口猛厉瓶气，可以闭气、持气两分钟以上的时间，就是修宝瓶气的中品证量。宝瓶气中品证量即能持气到拙火生起，如果持一口瓶气可打一百零八下金刚拳，就是外呼吸将停灭之相。中住气偏重于持气于脐下，因为脐下积气不易出毛病，脐下四指处生法宫又是拙火的起点，是四肢遍行气的枢纽，所以经常修持很有益处。金刚诵主要是修气与空性相应，气虽充满全身、尽量持久，但不如宝瓶气那样猛烈、周遍全身。宝瓶气在均气时要注意:气达全身毛孔后,再由鼻孔向上提缩,使气充满于顶内,并要使气至毛发,根根毛孔内皆有气充实,不得丝毫走漏,否则易出毛病。所以,宝瓶气一定在修九接佛风有基础后修习,一般以16~36岁的健康者为适宜。无论何种瓶气,出气要尽,才有空间再吸入,且吸气时才不会在体内作响。但出气时要避免过度,出气收腹时,应观想气如米粒大小,由细渐粗,而后再变细。最后修完时出气,应修散气。即全身由小动至大动,将气散布全身毛孔而出,两腿双趺跏坐也随之散开(散气只在收功时修)。修宝瓶气数次以后,宜修中住气数次,以免上行气过盛。以中住气蓄气于小腹而习定,然后出气下坐,这也是一种比较好的收功方法。

藏密瑜伽以每个修行程序上都配以气功修持。如宁玛派所传:初入气时修上师本尊身观,出气时修念诵观想;再吸气时修体内拙火,再出气时修大圆满本来清净见。这一连贯修法将气功的修习融汇到整个修行程序当中去了。宝瓶气也具有生津、活血、长劲、锻炼全身各部分肌肉的功效,为瑜伽习定的好帮手,特别是修大圆满且却定之前,一般都习宝瓶气,或修柔和气、中住气,作为且却的前行,更易使行人入定。所以,藏密瑜伽是一种心气相合相应的瑜伽,既更易于在修行中断妄念,又易于专心修观、禅定,使所观光明明显坚固。气功使修行本身获得了体力上和生理上的支持,这就是藏密瑜伽以修气配合修心的殊胜之处。

六成就法与颇瓦 六成就法为圆满次第的六种成就法:灵热成就、幻身成就、梦幻成就、光明成就、中阴成就、转识成就。六成就法藏密各派都有法本,大同小异,为圆满次第的正修。著名的有《那若甚深六法》、《香巴噶举宁古玛正修圆满次第六成就法》、贡噶呼图克图所传《大密妙义深道六法引导广论》。六成就法每一种都是一个独立的修法,但灵热成就和幻身成就是其他四种方法的基础。六成就法比较注重生理方面的修习，其种种修气功、气脉观、幻身观等方法都是一些善巧方便之法，以引导行者疾速悟道证境，也是修行的方便之道。

灵热成就就是著名的“拙火定”，又称忿怒母、真大力。“拙火”是藏密瑜伽所认为的神秘力量的内部来源。这一来源位于脐下四指生法宫的红菩提心。通过九接佛风、金刚诵、宝瓶气等法的练习，观想脐下四指处有豆大的火焰（即拙火）生发（亦可观拙火于会阴，形如火焰，其尖向上。亦可将此火焰提高到脐轮中心观想），沿中脉依法次上升脐轮、心轮、喉轮，直至顶轮，熔化顶轮“白菩提心”，使白明点如神牛降乳一般下滴，依次生逐层深化的四种喜乐：初喜、上喜、离喜、俱生喜；四喜生时极易配合四空的生起。所以，拙火成就的内证就是依次生四喜四空，产生禅定境界。拙火的外修成功就是产生暖热感，随着暖热的增加，腹中暖气自发，行者可以在冰天雪地中只穿一件棉布衣服。拙火是在金刚诵、宝瓶气的基础上，进一步修气、脉、明点。

幻身成就又称幻观成就，主要是借助镜中影像，观此镜中影如幻身，或荣或辱，或富或贫，或贵或贱，心中由此产生或喜或悲的念头，以此行人自然明了“我执”的障碍，继而观此不净幻身与本尊毫无差别，为本尊幻身实相。观想分明后即成就不执着、不希求的净幻身。

梦幻成就则是利用人的一种特殊心理状态——“梦境”来修。以梦境来观察自身及世间一切现象皆为幻象，以睡前修气、观想的瑜伽，而在睡中入定于梦境。了知梦境是幻上加幻，不为梦幻所迷，认识梦境所示现的皆如镜中花、水中月。从而在睡梦中体认“非有非空”的真如实相。

光明成就又称净光成就。净光有母净光、子净光，是以“母生子”来比喻净光的性质。静坐禅定时,于前念方灭、后念未生之间证得超越一切时空的根本净光——母净光。由此母净光显发照耀,即为“燃”,燃的持久、长住明空之境,即为“持”。在此基础上,静坐调心,以不想象、不思虑、不分别、不禅定、不回忆、不动念为要,从而产生“子净光”。这是一种不执著于禅定的悟境。子母净光融合即为道净光,为净光本质——胜义光明的显现。修法成就可现证无分别智,以辅助第四灌大手印的修习。净光成就法也可以在睡眠中修习,在清醒与睡眠之间的前念已灭、后念未生之际证得根本母净光,以此光为境,安稳入睡、持之深久,一心专注、心无他念即获得子净光。由此,子母净光重逢融合无间于睡眠净光定中。

中阴成就,又称中阴救度法,属于出世间法。其基于藏密瑜伽对于生命转换、轮回的一种认识。它将人的生命分为本有、生有、死有、中有。“本有”即指第八识(阿赖耶识)与命气合一的与生俱来、犹如不动的本体,犹如现代科学所说“遗传基因”。“本有”犹如大海一样不生不灭,大海遇风缘而生起波浪,波浪就犹如“生有”;风停缘去,波浪消失,风平浪静就犹如“死有”;有浪起和浪静之间就是“中有”,“中有”即是中阴阶段。藏密瑜伽行人认为人可以在三种中介状态中解脱:生与死的中介——活,醒与睡的中介——梦,死与生的中介——中阴。这就是说,对于活着的人来说,现在当下的生命现实就含有生与死两种因素,当下的生命对于前世之死和来世之生而言之是一种中介、中有。中阴成就就是藏密瑜伽行人在生前即了知生死的中介状态——中阴,并以净光成就为基础,即已知觉、认证净光。在临终最后自然安住经历体内六识(眼、耳、鼻、舌、身、意)的内返消退的各个境界:地大降于水大,体内固实感消失;水大降于火大,口鼻干若无觉;火大降于风大,体温渐消失;最后风大降于识大,呼吸停止。在最后一息刚停止不久,人体内仍会生起各种觉知。体外觉如月光笼罩,体内觉如烟雾缥缈,这就是万死寂静时的心光明(母净光)的显现。如能够不起贪、欲、爱、恨,安止其心、不起想念,即产生子净光:突觉体外如日光炽燃,体内如流萤之光晶亮。随后就进入相对持久的状态,体外觉日蚀景象,体内觉如外蒙半透明罩的油灯。此时嗔恨、贪欲等无明幻识都消亡,顿觉如见黎明破晓之光,母子净光融合为一,即见自我消失、"无我"的万里无云晴空之境。这就是在中阴阶段了证净光明,为中阴净光成就。

转识成就法又称迁识法,藏语音译称"颇瓦",亦属于出世间法。以自心母子净光融合之境自顶门梵穴冲出,而力图达到自主生死的目的,又称"转识自在"。据说,这种方法无需太深的定力,收效迅速。但须有成就的上师加持开顶,这就是颇瓦法。一些修行有初步成就的行人在头顶额骨、顶骨交接处——顶门梵穴会变得异常柔软,经过上师认可,就可以择吉日受颇瓦法开顶。开顶时,行者打坐念咒,上师则边念咒边将吉祥草(一种西藏产的草)插入行者头上顶门梵穴,行者不觉痛痒。得到这种打通"梵穴"的加持后,行人可通过观想、修瓶气、诵咒,钩提心轮中作为生命中枢的不动明点,沿中脉上升于顶门,开顶放光。此法不宜经常修习,并须在上师指导下练习。否则易出偏差和过患,多修易短寿。所以,藏密瑜伽行人在修"颇瓦"法的同时常加修长寿法。不过,据说已经开顶的行人则不会出现意外的心血管病症。西藏的活佛转世,从理论上讲就是以此"转识成就"为其乘愿再来的方便之道。

六成就法作为藏密瑜伽圆满次第的正行——正式的修行方法来看,是一个互为联系的整体。拙火定是修其他法的基础,必须先修习之。印度教哈扎瑜伽的"滚打莲妮"法门与拙火定颇有相似之处，其区别就在于瑜伽的哲理不同。而光明成就又是进修无相瑜伽禅定光明的心要，贯穿六成就法的始终。转识成就则为解决生死自在问题的关键一着，也是藏密瑜伽修行所追寻的最终目的。

空乐双运 圆满次第在二灌的修习气功、修本尊幻身法的基础上为了证得胜义光明，就需要进一步开发中脉，增长智慧气，所以就要依手印母修光明幻身双运。这就是第三灌顶的主要修法。藏密瑜伽无上部本尊皆属双身，最为各派尊崇的五大金刚的修法中都有空乐双运。空乐双运分两个程序：空乐次第重在乐，双运次第重在空性和平等性，空乐次第是修双运法，而双运次第则是在空乐的基础上修大手印胜义光明，即修第四灌顶——大手印瑜伽。藏密瑜伽的空乐双运的哲理贯穿其整个修行过程始终，但只是到了三灌才依外在个体实修。其主要理论依据是“方便为究竟”的密宗基本理论观点，从“法无我”中认识恶性本空，以五欲而修，以最大的烦恼得最大的菩提。空乐双运即是以贪道的方法去修自性本空——随贪之自性证空性无我。从生理上讲男子随年龄增长，白菩提（属精）漏失得多，红菩提比较充裕；女子随年龄增长则红菩提（属血）漏失得多，白菩提比较充裕。所以，空乐双运是男性方便之气与女性智慧之气的互相流通补充，以增长红白菩提。空乐双运修法的原理同拙火定是一样的：脐下四指处密轮的拙火红明点上燃，顶轮的白明点下滴，遂次生起不同层次的四喜四空。红白明点汇合于心轮生成智慧气，使行人处于大乐清净的高深禅定状态，为一种接修大手印胜义光明定的预备状态。

实际上“空乐双运”在藏密瑜伽中有很多不同层次的解释。第一，在中阴期，如平时观惯双身本尊相、常保持一切境界皆本尊显现的修行者，平时以净念转化欲念，由习性和本尊加持力，在将转世投胎时，对于交合父母生起正念，观为本尊父母佛，则可转投胎轮回为往生本尊净土。第二,在“生起次第”,观“万象”都是“父佛”的显现,而“母佛”则代表了万像的本性“空性”,色的本性是空,空的显现是色,色空一体,以本尊父母“双运”的表象象征“色空不二”的真理。第三,在“圆满次第”秘密灌顶,修气、脉、明点在各轮生大乐时,反照受乐者为何人?乐为何物?以“双运本尊”的表象象征“空乐不二”的真理。最后,在修智慧灌顶的“方便道”时,行者自观本尊与明妃双运,拙火融化明点在中脉升降时生起俱生大乐而证入空性。这一点非常难做到,因为修此贪道,情欲生起时不能受凡俗贪欲情绪的影响,当下即将情欲融入俱生空乐,证法身光明。所以,够资格修此法者非常之少。所以莲花生大士曾说:“此道犹如毒蛇口中取珠”,“狮子跳过处,兔子不可跟着跳”。

藏密瑜伽的“空乐双运”曾倍受世人的谴责。确实,在一般人看来,其修习者仿佛都沉迷于淫乐之中。实际上从生理意义上看,空乐双运就不同于一般的性生活。一般的性生活除了生育的目的外,只是身体宝贵能量的无效消耗,就像狗吃骨头,肉没吃到,却割破了自己的舌头;又像是反裘负薪,得不偿失。空乐双运则利用性欲旺盛时,全身能量集中于脐下的特点,以瑜伽的方法控制引导,从而使脐下能量转化为拙火,产生与拙火定同样的功效。所以,这种双修法门是在探求对生命本原的性的力量的转化,是一种实用主义的产物。有人认为这是生命的瑜伽。从心理学角度看,性功能被认为是这个世界中可能最大、最根本的创造活动的力量源泉。藏密又为之附加了保护和破坏的双重原则。所以,藏密瑜伽的双身愤怒金刚佛像和理趣、仪轨都是想让人们更直观、形象地了解这些原则,而不是性行为本身。双修法门就是试图掌握这些原则,以妄制妄,转欲为智,从而理解这种生命本原的真正本质。

虽然,空乐双运可以击发拙火、获高深禅定,由空乐而生光明的觉受。但是仅为密法的一种,而并非所有密法均为双身法,藏密瑜伽各派都认为这是一条危险的修行道路:如果不能控制好意念和身体里的气脉明点,则易导致疾病,甚至伤身害命。宗喀巴大师在《密宗道次第广论》中曾谈到过这一法门,但他只是作为一种理论上的研究和解释。近代以来,这一法门几乎不见诸于文字记载,大约是恐谬传生弊。来汉地传法的藏密瑜伽上师都主张不必修此法门,修大圆满的且却和妥噶,也可证得胜义光明,使身体化光虹身;还可以直修大手印四瑜伽(即实住大手印)而入光明禅定,得圆满次第的成就。

时轮金刚灌顶 时轮金刚,又称师利时轮金刚。梵文名为"Shri kalachakra",意为"时间之轮"。时间象征着岁月无始无终转动不息的时间之轮。时轮金刚法从时间的角度解释天地万物的生住坏灭的循环过程,认为生命是分分秒秒的时间组成的;在时间和空间两方面中时间更为重要。从时间的角度研究宇宙观、人生观,以及生命的奥秘。时轮金刚密法认为,一切众生都处在过去、现在、未来"三时"的"迷界"中,并以时轮来表示这一概念。时轮金刚灌顶就是在合格的上师的指导下,修行者深入了解时轮金刚本尊的时间能力,从而体验一种与时间、轮回的经验有关的能力表现。时轮金刚灌顶有多条脉络传承,一是噶玛噶举派的大宝法王,另一是格鲁派的达赖喇嘛。另一是觉囊派,该派以专修时轮法著称于世,并使许多人得到成就。

在《时轮金刚根本密续》中记述了释迦牟尼佛传授"时轮金刚"法的过程:在佛陀圆证佛果一年之后,在灵鹫山教导大乘般若法门的同时,佛陀的另一化身在南印度靠近师利巴瓦达的师利达雅卡他卡的大佛塔内教授"时轮金刚"法。当时著名的香巴拉界的国王苏恰札(月贤王)来到大佛塔,他以宝花供养佛陀,顶礼佛足，请求佛陀传授密续法。大佛塔的上方是星汉灿烂的金刚天界大坛城，释迦牟尼佛坐在坛城正中的金刚狮子座上，深住时轮金刚三摩地定中，显现时轮金刚本尊。佛陀以时轮金刚圆满报身将阿达尔玛佛（本初佛）12000 句偈，即《时轮金刚根本密续》传授与莲池海会的有情众生。月贤王将当时的所见所闻，编辑成一册法本，并带回了不可思议的香巴拉界。说其不可思议就在于没有人能够确定它的准确位置，或者很难到达那里。

之后，月贤王又在香巴拉集结了 60000 行的根本密续的注释，并建立了一座金碧辉煌的时轮金刚坛城。“时轮金刚”法从月贤王开始，经过历代香巴拉国王们的延续不断的传承后，又再度传入印度。有许多传说故事描述“时轮金刚”法传入印度的过程。最为典型的描述就是求法者历尽艰辛来寻找香巴拉，但必须花费数个月的时间穿越无水的荒原。香巴拉国王为了求法者不会出现生命危险，就变成一个化身，来到求法者身边。国王会规劝求法者：去香巴拉非常困难，但是如果你能了悟它（指“时轮金刚”法）的话，你在这里就能听闻到。求法者从而得到了时轮金刚灌顶和高深的密续。时轮金刚灌顶从“香巴拉”传至印度，从印度又传至西藏。在西藏，“时轮金刚”法传授和修习未曾中断，相传至今。据《西藏十六位噶玛巴的历史》一书记载：第十二世噶玛巴强秋多杰（1703—1732 年）对时轮金刚密续教法具有一种天然的亲切感。在某晚的睡梦中，他本身具有的灵觉显现，造访了香巴拉国，得到了香巴拉国王瑞灯（Rigden）授予时轮金刚灌顶和法本传授。瑞灯国王是时轮金刚传承的传持者。

按过去的传统，只有藏密修行成就很高的修行者才有资格接受时轮金刚灌顶传法。但随着现代商品社会物质文明的高度发达，人类行为模式受到很大的冲击。因此，时轮金刚的传承都决定将此法扩大传授给所有接触过佛法的人们。据说,受过时轮金刚灌顶并修过此法的人,甚至刚完成四加行的人,将可再生于香巴拉——时轮金刚本尊净土;他们可以完全了解时轮教法的本性,从而得到“香巴拉”界人们所特有的彩虹般的身体。所以,他们可以被看到,但他们没有物质性实体,没有一件地球上物质所造成的武器能够伤害他们,而他们反过来可以控制这些武器;他们犹如发光的火球,以极高的速度飞行,可在瞬间出现或消失。总之,许多有关“香巴拉”界人的传说,会使人联想到外星人或飞碟之类的描述。

时轮金刚密续包括三种时轮:外时轮、内时轮和别时轮。外时轮是指人居住的外在世界,又被称为“外在太阳日与太阴月的行列”,以研究天文历法为主。西藏传统的天文学主要是用时轮天文、它算出的行星轨道,每年的日蚀、月蚀和现代科学天文台算的结果十分接近。内时轮展示的是人的身体内部、内脉、明点和气的流动的规律,以研究藏医学为主。所以时轮金刚双身佛身体的色彩代表了人体内的精、气、血。又比如四种颜色代表四大,时轮金刚的四个头各有四种颜色代表了物质组成的四种基本元素:前面的黑色代表风,红色代表火,后面黄色代表土,左面的白色代表水。外时轮与内时轮又是相应的四种基本元素在外时轮上正好代表一年春夏秋冬四季。春夏秋冬也是与土、水、风、火来对应。时轮佛有十二个胳臂,代表一年十二个月、十二宫,二十四只手代表一年的二十四个节气 ,或者说二十四个上弦、下弦月(每月分上弦、下弦),一阴一阳,上半月阴,十二个阴阳就是十二个月。每个手五个手指头,二十四个手一百二十个指头,一个指头有三节共三百六十节,代表一年三百六十天。人体内的左、中、右三条脉,一条红脉表示日,一条白脉表示月,中间的中脉是蓝色的代表星辰。这表明了人与自然的关系,也就是说宇宙对身体影响相当大,生命和环境都有对应规律。这就是时轮的相应法则。

别时轮则是讲灌顶的程序,以及灌顶修行的成果。时轮修行仪规是相当复杂的,时轮学院整天观修需要十三四个钟头才能观修一个过程。“时轮金刚”总共有十一次灌顶,包括了生起次第和圆满次第。前七次为初级灌顶,名为“如童七灌”(如幼童般的七次灌顶)。初灌是水灌,如同孩子刚出生时接受沐浴一样;第二次是佛冠灌顶;第三次是幡带灌顶;第四次是铃杵灌顶;第五次是戒律灌顶;第六次是授名灌顶;第七次是加持灌顶。这七次初级灌顶主要是为消除受灌者的障碍。第八至第十次是三次高阶层灌顶,分别为宝瓶灌顶、秘密灌顶和智慧灌顶,第十一次是最高层次灌顶,名为“文字灌顶”,由上师直指时轮金刚本尊的圆满心性,最后即身成就。这种由生起次第和圆满次第组成的修观路径,就是上师以逐级灌顶使弟子的身心逐步达到成熟的别时轮——时轮金刚灌顶。

第五章　藏密瑜伽禅定观

第一节　无上部阿底瑜伽——大手印

大手印,梵语称“摩诃穆杂”。“大”是无所不包、至高无上之意,“手印”是表记和象征的意思。因此,大手印也可意译为“大象征”。因为一切语言只有表示、解释外界现象的作用,而对于人的内心境界本身则语言文字是不足以表达的,最多只能做一种象征性的表示。相当于汉地所说的“佛祖心印”只能意会,不能言传。“大手印”又如国王的印契,具有最高的权威性,臣民无敢僭越。以此来形容此法门包含一切、超越一切、胜过一切,为世上万法之王,“大手印”又包含“自心是佛”之意,即“三世一切诸佛无二的智慧之心”要到自己心中去寻找,“手”即是自心能见自智慧的见地,“印”即是现证、契合这种自见心性的光明。所以,“大手印”实际上是无手印,亦无本尊咒轮(不修本尊观)。大手印虽然属圆满次第第四灌顶,但行者从密入手习定,而得禅定证悟,由渐到顿、由有相到无相。实际上是藏密瑜伽禅密结合的一种高层次的体现,是藏密瑜伽中的禅密瑜伽。因此,第四级灌顶的大手印阿底瑜伽又称为胜义灌顶。

胜义的传承　远在基督教在欧洲创立以前,大手印瑜伽就已在印度出现。据西藏的传说,佛教祖师萨罗哈约在公元前1世纪,首次传授大手印。其著名的弟子龙树继之宏扬大手印,这种传承很可能是口传心授的。大手印瑜伽传至公元10世纪中叶的谛洛巴时，得到了发展和校正。据说，谛洛巴在定中接受了金刚大总持普贤王如来的传授和教导。从而金刚大总持被以大手印为精髓的噶举派确立为始祖，谛洛巴为第一代祖师，第二代祖师则是谛洛巴的弟子那若巴。公元11世纪由印度入藏的阿底峡尊者首先在藏地提倡大手印。后来，藏地的译师玛尔巴赴印度留学，拜那若巴为师，学得大手印瑜伽回归藏地，将印度梵文法本译为藏文。玛尔巴即为噶举派藏地开山祖，噶举派的藏地第二代祖师为米拉热巴。据说，渐悟的实住大手印四瑜伽中含有萨罗哈、龙树、谛洛巴、米拉热巴等藏密祖师的开示，为其一脉相传。顿悟的恒河大手印为谛洛巴定中所得，为上根圆顿的密法，谛洛巴在恒河畔为其已成就弟子那若巴面授恒河大手印，又名“金刚大手印”十八颂。后玛尔巴赴印度，历经艰难，得那若巴口授和指导，遂将恒河大手印译为藏文。公元17世纪珀玛迦尔波(白莲花)祖师比较在西藏流行的各种大手印法本，编成《大手印瑜伽法要》，流传至今。格鲁派、萨迦派也有大手印法传承修持。

噶举派有玛尔巴祖师倡导的重实修的宗风，被称为修传派。即不追求玄谈和空言教理，不讲求语言文字而着重实修，使大手印在实证中得到了发展。玛尔巴的传人米拉热巴致力于实修大手印瑜伽，行脚十方，在西藏的高山雪岭的石穴内隐修多年，通达大手印要义，常显大手印成就的各种奇迹。由于其实修多自然而“无所住其心”(即指不是有心的、特意的)。所以常有描绘修证境界——大手印境界的奥妙诗偈、诗歌自然流露而出，留下许多开示大手印证悟的口诀，成为大手印传承的楷模，也使大手印在藏密瑜伽中大放异彩。其弟子刚波巴传授密法的作风则又有其特点。刚波巴不管弟子的根器如何，都先授以最高的大手印法，如果弟子不能了解如何修习,再逆行藏密瑜伽的修行程序,由深而浅地传授大手印的加行。此种传法大约是唯恐有根基的弟子不能早日学得无上大法,委屈了弟子。这可谓是一种苦口婆心的传授大手印的作风。

大手印瑜伽之所以被称为“胜义灌顶”的原因就在于其由密到禅上。通过三密相应的瑜伽修炼而达禅定,由禅开悟自己的心性。所以,大手印的关键在于其印心的偈语,其中主要的哲理乃是来自不落两边的中观正见。《大手印愿文》云:“心本无心,心之体性空,空而无灭,无所不显现。”“显现是心,空者亦是心,明达是心,迷乱亦是心,生者是心,灭者亦是心。”这就是说大手印要以非有非空的离边中观道来证悟心之本体自性,这种心性包含着无始无终、不生不灭的宇宙与人生共有法则。这就是般若智慧的体现。所以,噶举巴称大手印为般若智慧的心髓。“胜义灌顶”就是上师将圆证这一最高、最后、最精微的、心境无二的俱生智(本有智慧)的经验指示给弟子。

藏密瑜伽禅定①的特点就在于必须取得具体证量——现证俱生智光明(又称胜义光明)。上师自己必须证到了这种禅定光明,即亲身实证见到光明,而不仅是哲理上搞清楚了。上师把他这些实证大手印的经验,加上历代祖师经验,用最明确、最简单、最有力的几句话告诉他的弟子,以证量直指大印。这就是胜义灌顶,格鲁巴称名词灌顶。其与禅宗相似之处,就是一语道破天机,上师画龙点睛之语使弟子顿觉无我、宽广、轻松,从而从空性有学双运进入无学双运,直显本有的如来藏——佛性。这也就是自己的心性得

① “定”的音译为三摩地、三昧耶,是专注一境而不散乱的身心状态,以此为基础作出确定的体验和觉知,即产生一种自然的思维。定有两种,表达人们与人们与生俱有的能力;另一谓修定,即为获智慧、神通功能而修持所生的定。

到决定见——明心见性。大手印之所以被称为“胜义灌顶”的原因，还在于大手印禅定所得的智慧为沙中真金。这种真金没有泥沙也本来就蕴藏着，但必须掘出泥沙，才能得真金。所以，在得四灌胜义光明之前的各种努力，如诵咒、本尊观、加行、修气脉明点等，都是掘除泥沙，除污垢、障碍。当真金出现以后，即得胜义光明后，才知前面所学所修未得“真金”。因此，大手印是一种深观自己的返本还源，原本“无法可立”。“胜义灌顶”即开显这种心性本来面目，为真实无上灌顶。

胜义光明　大手印在文字法本上有先后顺序，但证时却无阶次。大手印禅定于明体，慧于明体，无分别于明体，必须得明体方为大手印的开端。“明体”又可称“明满”、“法身”、“本性”，或单称“体”。《大手印愿文》中所言之“心”字即指明体，而不单指心识之心，包括心物二方面，为精要、真理之意，自心心体、心性都是指此明体。明体的“明”属心，“体”属物，明体既不偏于心，又不偏于物，为“心无能所，气无出入”的实证境界。《般若经》云：“心中本来无有，唯为光明而已。”只有有了这样的觉受，修大手印才有下手之处。所以，大手印禅定又称光明定。明体犹如日光，日即是体，光即是明。当行人入大手印定见空性本体时，为蓝色如虚空的光明，又如无云晴空，宽广明显，又如皓日在无云晴空中光照天下，显现了心的本性是明朗而空寂的。因此，大手印明体又称为空明无别、心气无二的胜义光明。

行人依上师口诀和加持修大手印而忽然见明体是常有的事，但往往瞬间或不久即失去。因为大手印明体同定慧是不可分的，定中生慧，慧中有定。如果不以定慧来修持培养，就易失去明体，大手印也终而无用。所以，勤修禅定是明体自显的关键。见明体必须具足四个条件：无念、明相、心无能所、气离出入，其所见之无云晴空不仅是天上空，而是感到无一处不空。只见一片光，而没有圆周遍满虚空的感觉，不一定是明体显现。所以，胜义光明的“胜义”虽然是从《大般若经》中提炼出来，但它仅是理论，而胜义光明是证得的，由理论到觉受，由觉受到证悟，是一个量变到质变的过程。觉受是刚有一点证悟，明体一下子就消失了。只有时时刻刻有明体现前，才算是圆证究竟了。

大手印禅定光明——明体的显现亦是一种时空概念。大手印祖师萨罗哈云：“虚空中央我安居，发大瞋恚而怒目，以无缘趣而观察，所见一切皆法身。”米拉热巴云：“有为肉身似宝瓶，内藏俱生之佛身，若知点燃光明灯，内外齐明显法身。”这说明“明体”在时间和空间上是十方广大无边、三世流通不尽的。这种空明之体在静态为空明定，动态即为流水三摩地，即以大手印之理透于日常事务中，事事处处时时刻刻都处于光明定中，为大手印的汇归瑜伽，这边悟了那边修显示了明体在时间上是流通不尽的。所以，明体是无内无外了达三千世界的，住于明体光明的大手印定也是一刻三世、三世共一时的。只有在时间上无断流，空间上无边际，才能使行人本具的法性本觉母光明开显子光明——始觉的大手印明体。这是开显与生俱来不假修成的本觉智慧——俱生智的标志。可见“胜义光明”包含十方三世、不间不尽的华严圆教和法华圆教的理趣，为宇宙大千世界的光明显现。

藏密古德都认为“明体”是无法加以表示的。如果硬要表示“明体”为何，则“明体”如无云晴朗的虚空。见“明体”的行人如戴水晶眼镜，见山河大地万物都异常清净洁白。“明体”随定力的加深，则于定中见上下前后左右皆充满此无云虚空，而不见行者自身。但此“明体”既不是行人习定时的所观之境，也不是能观之境。所以，明体显现时心里明明白白，但没有能执明体之心；境界清清楚楚，但又没有所执明体之境，“心离能所”就是明体出现时的特点。“明体”在平常亦偶然有显现机会，如醉后、闷绝、大惊、睡眠、打呵欠、打喷嚏等情况下会有短促时间显现，但一般是无法把握住的。

以见试印 藏密无上瑜伽部分的修法有两条达到成就目的的道路。一为方便道，修气脉明点，依次修二、三灌气功而为修大手印作准备。另一为解脱道，即不修二、三灌而直修大手印。所以，大手印只有渐修的大手印四瑜伽和顿悟的光明大手印，并无空乐大手印。因为“空乐心气无二”为第二灌、第三灌修习成功后的证悟，为修大手印“无生心气无二”的预备、起点，并不是大手印证悟本身。大手印属于俱生智，为四喜四空的顶端，而不是四喜四空本身。大手印既不在心又不在气，超出空乐心气无二，以示不生不灭不住的“诸法无取舍”的境界。所以，由三灌而得四灌不应笼统地称之为空乐大手印。大手印既超脱一切而又渗透一切。当大手印明体显现时，如前所述 “心离能所”，则气亦完全停止，无气功可用。以无妄念的原因而气不出；以无执著的原因而气不入；以无我的原因而气不住。由此“气离出入”则明体自生自显，这才是进修大手印四瑜伽的开始。在这之前的一切修行都为准备阶段，为大手印的加行和前行。

凡不修二、三灌而直接修大手印的行人多修最贴近大手印正行的前行“以见试印”，即以俱生智见来试习大手印。俱生智见来源于上师的开示、指示，有的上根之人当下立即得俱生智见；也有经过多次闻思而后才得者；也有遇上师加持，一声断喝而忽然得见；也有的人闻思与世俗之理相反之理而得见，正所谓“踏破铁鞋无觅处,得来全不费功夫”。俱生智见又称为法身见①,“平常心念住于本体”就是俱生智见,即以不立不破的平常心而住于明体。“离境安闲顿住时,陡然斥心呼一呸”,这就是上师利用弟子受惊时的心理状态来指示俱生智见,弟子于断喝时顿断妄想之流,裸现俱生智。刚波巴大师在《大印讲义》中曾指示大手印的三相九要:平等、舒展、弛缓为三相。九要为三相的具体表现。平等三要:宽松为身要,息不急为语要,不依不执为意要;舒展三要:身自然住、无可动、无可取;弛缓三要:无立破、无功力、六识任运。刚波巴还用各种事物来比喻大手印的内含:“境相宽坦如虚空,正念周遍如大地,心住不动如山王,自证明了如灯烛,净识无分别如水晶”;“宽敞无可取如无云晴空,无分别不散动如浪静大海,明了安住如无风灯烛。”藏密上师也常以“向外寻求”、“疑自心而不能显露自心明性”等相反的过失来指示弟子反证悟道。然而得俱生智与认证明体还是两回事。得俱生智见属于闻思智慧的最高点,也是踏入大手印修慧的桥梁;而明体显现才属于大手印修慧的初步证量。二者的区别在于俱生智见有得见之人和所得之见,而“明体”的显现则既无能见之人又无所见之境。所以,“明体”显现才算趋入大手印正行的开端和起点,为大手印修慧的开端。

在明体未真实显见之前,已认知、察知俱生智见行人,可依此见试习大手印,为大手印的试修。

(1)以椎击三要印试修:此印来自大圆满法,但其特点、理趣与大手印相同,而同大圆满本来的特点不一样(下一章将详述)。第一印是“最初令心坦然住”,这就是要行人在上师的指示和自己

---

① 此见源于第六识——意识的根“末那识”(第七识),为人我见、法我见、俱生我智的出源。

所得俱生智见的基础上，了知明体是非止非观、坦然自在的，这叫“得见知体”。第二印为“不擒不纵离妄念”，明体坦然安住，自生自在，不加行者本心的造作和修饰。第三印为“自起自灭续不断，所现明空赤露食”，即在寻常平日任何所显见都了知为明体自显，不加以断治，明体初得坚固，其次则显露其真正的妙用。此三印也有大手印专一瑜伽、离戏瑜伽、一味瑜伽的理趣。

(2)融合三空印。在无风无云的晴朗天气时，身具七支坐①观心澄空，眼凝视于虚空，而眼光存于前面虚空，无缘无修，不散乱，凝神、朗然、澄湛、镇定、任运。外“无云晴空”、内“眼根观空”、空“心地的明空”，为三虚空相合法，此法属于大圆满法系统。贡噶呼图克图在开示大手印时常常借用。此法实为渐法，而非真正大圆满不假修整的顿法。

(3)旷野陈尸印。此为夜瑜伽中的大手印修法。仰卧平躺，手握金刚拳置身两侧，姿式以身心舒适为度。身如死尸陈于旷野，心不思善恶、离分别、宽坦而住，也不存勤勇修习之想。此法是利用五毒之一的痴为方便，痴睡于床即睡于净光中，胜义光明自然出现，所真实现出的无云晴空也比昼瑜伽易于出现。所以，利用睡眠亦可得光明。

(4)吐气离心印。其法盘坐如常，长吐气一口，心随此长气而出，于是心气二者离于自身，由此妄心离明体而明体独得显露。此为诺那呼图克图所传得大圆满见的方法，亦可做大手印试修。

(5)猝然顿住印。行人不依寻常渐次方便修习。而是单提所得俱生智见的正念，顿然而坐，猝然而住。不观是大手印，也不疑非大手印，只住于此顿然而得的轻快、明净之境。观生起的散乱心

① 七支坐中的双跌跏持心太紧，一般修大手印不用，多用散盘。

于明体,亦复入于明体,如鸟归巢,亦如鸟飞空。如散乱心数次生起,无力摄归于明净,则暂时下座,待自觉内心法身见极为有力时,再猝坐顿住于明体。

以上五印试修大手印皆不离上师指示和行人所得俱生智见。可单修亦可混修:先上座吐长气为第四印,猝然而住为第五印,心注眼、眼注空为第一、二印,下座时觉有昏沉,便顺势仰卧床上,修第三印。此外《大乘要道密集》中还有“饮空赎命法”,极为珍稳妥贵,为该书的精华之一。其观想属于第一灌,吞气为二灌,饮空为四灌。取二、四灌所长,兼气功、观想,又配合无云晴空的大手印明体,是一种极好的长寿方法,为藏密瑜伽的结晶,亦可做为大手印的试修。总之,通过以上贴近前行的试修,以见试印,如果切实得见明体,则可以正式开始修大手印正行的第一步专一瑜伽。专一瑜伽常在第一步修习专注于物体瑜伽,先专注于无气息的物体,如小木块、小球,或佛像、咒字。然后专注于有气息的物体,即依金刚诵、宝瓶气等专注于自心明点。这些也属于专一瑜伽的前行。专注于物体瑜伽之后所修的不专注瑜伽,入安止之境,为专一瑜伽之正行。大手印俱生智见为修四瑜伽前必须通达之理趣,有能见、所见和见地之分。虽然见地有了,能一眼看透一切——大手印的四瑜伽,但并非一跳便过的,必须一步步地实修。

第二节　大手印的有相与无相

渐悟与顿悟　噶举派贡噶呼图克图认为大手印有两种:一种渐次趋入证悟,如大手印四瑜伽;另一种为最上大手印,无需灌顶亦无修,但当恭敬礼拜,如恒河大手印。这就是大手印的顿法,又称光明大手印。宁玛派的顿法称“大圆满”，萨迦派称之为“轮回涅槃无二”。其实皆为开显本具心地光明的实修法，令行人圆顿证悟自心明空的本性。所以，此法无事相、无咒、无观想、无祈祷，也不作意念，由上师指示当下趋入。如谛洛巴面授其弟子“恒河大手印”时，没有具体修法，就是一段开示，谛洛巴强调：“有为之法不得无为趣，有心之法不得离心义。”所以“欲达真实离心无为胜义趣”，就需要“任运持心安住明体，分别垢水自当返澄清，障修诸显亦各自寂隐，无取舍心光发而解脱。”如果弟子已有一定根基，机缘成熟，则可以在上师开示之时，弹指间刹那悟道。这也就是藏密瑜伽的以无制妄的无相瑜伽，属于其中较高的法门。

以“无缘无著”证无上菩提，是禅宗与藏密瑜伽大手印的相同之处。所以，禅宗六祖慧能目不识丁，而有《六祖坛经》传后；藏密祖师米拉热巴不识嘎卡（藏文字母），而有十万诗歌留世①；可见禅宗与大手印皆有不假文字、梦笔生花的异曲同工之趣。藏密也有顿悟之法门，宁玛派印度祖师写尔孙哈曾传莲花生一语成佛的顿悟禅法。但由于藏地的风俗习惯与汉地不同，藏地修习者更爱慕渐悟法门，在次第修行见明体的基础上实修大手印，通过修行了知心性的本相而后入空性。而禅宗修行无次第，以无相为法门，禅即属于空性，开悟之后即见法身全体——胜义光明。因此，藏密瑜伽称禅宗为“大密宗”，说明藏密瑜伽最后的修证就是禅，殊途同归，最后的目的都是明心见性。

修行的程序像一座宝塔，必须有牢固的塔基，才能建起七级浮屠。即使是顿悟法门也包含有渐悟的因素，都是长期积累、修习的结果。所以，大手印有专一、离戏、一味、无修四层依次修习的瑜

① 米拉热巴的诗歌是一种有较高层次内含的禅诗。

伽,禅宗亦有入、出、用、了四层功夫。噶举派印度祖师谛洛巴的恒河大手印只有面授给已有所成就的那若巴,才可能弹指顿悟。至于禅宗所谓“佛之一字我不喜闻”呵佛骂祖的顿悟,必须先证到无佛、无法、无我的境界,到此境界就无佛无祖可骂可呵了,这样才能产生“呵佛骂祖”的顿悟结果。大手印瑜伽很重视量变到质变的方法,以实修和积累量变,最后产生“顿悟”质变。例如,噶举派米拉热巴大师初学宁玛派顿教不能相应,乃投玛尔巴门下苦役六年,方得气脉、明点的教授,而由修拙火渐次趋入大印。米拉热巴的心传弟子惹巴桑结加(佛护布衣)也效法其师,修行 12 年,然后“乃得知心性”。因此,顿悟和渐悟是互相关联的,任何顿悟的结果必然包含着渐悟的过程,任何渐悟的过程最终必然趋于顿悟的结果。已有渐悟修习基础或有根器的人悟境可以顿然生起,一般行人则由大手印四瑜伽逐次生起,直至证悟。无相无修的顿悟正是依次第的有相瑜伽渐修的结果。有相瑜伽是趋入解脱道无相瑜伽的前提。

专一瑜伽 大手印四瑜伽为学习大手印的逐级深入的四个层次,它们是:专一瑜伽、离戏瑜伽、一味瑜伽、无修瑜伽。四瑜伽的具体修习方法主要见于法自在所著《祝拔宗契合俱生大手印》、白莲花著《涅槃道大手印瑜伽法要》。大手印四瑜伽属于渐教,靠禅定依次证得“外离相、内不乱”的境界。四瑜伽无咒,唯其中专一瑜伽的专注物体瑜伽有“吽”字瑜伽,依次观收五色吽字。专一瑜伽又称专注物体瑜伽。“专一”之意即在“以见试印”试修成功后所见明体上,专心致一,使明体自生、自显、自安住、自延长,而不可以造作、摹拟、修整、欣赏、厌倦、紧张、希求、期待等散乱心理搅乱了这种安住状态,也不可以有“我能安住于明体”的“我”,也没有“我所住为明体之境”等能、所之意识。除专心致志于明体外,专一瑜伽实修并无其他方法和目的。

专一瑜伽专注于明体的要领主要有以下几点:

(1)如婆罗门捻线,不可太紧,亦不可过于放松。紧则所持明体不能久显,过紧时宜放松,过松时复抓紧。

(2)如柴蒌 (一种草名)断。诺那呼图克图称之为“拉倒不管,不要忘记”。即如柴草斩断无丝毫束缚,专一明体亦应无能观与所观,既无持明体之念,又无对治妄念之意,一切远离功用。

(3)如婴儿观佛殿。“明体凝然自安住”,随念显现,不予分别,亦无取舍。

(4)如象被刺。此时定力已深,明体自住定中,虽有妄念生起,但不必对治、遮护。如同大象因皮厚而不怕荆棘刺扎一样,漠然无感觉,坦然自在。

《了义海》在解释修专一瑜伽时,认为有三种窍门:开始时心要松,如无风之灯,明而不散,又如活水长流不息,心光明如林火炽燃显住。其次,不要在身心疲厌时下座结束修习,应在明体澄清、心地安乐时下座,以利于下次上座再修,所以起初修专一瑜伽应时间短,分多次修,日后自然能延长时间。有空明无念的觉受,要不贪著,因所得觉受非真觉受,执著就会失去觉受之后的证悟,要离念任觉受显现。

修专一瑜伽之前虽得见明体,但所见明体不能时常自生自住,为明体外轮廓初相。一切散乱、昏沉、掉举(即精力不集中)交错而至,如瀑布,不能使明体自生自住。此时以专一瑜伽一念清净,对这些瀑布的妄念不加抑制或改变,而使之汇入明体大海随着专一瑜伽修习的纯熟,明体自生自住的时间较多,妄念如小溪缓流于平地。但也不要以此沾沾自喜,也不要为仍有细流妄念而顾虑。大手印专一瑜伽的真正证量是入专一明体之境:澄清如水波不起、如大海宁静,但能住非我而为明体,所住非境而亦为明体,这就是瑜伽相应。

专一瑜伽修习成就后进修离戏瑜伽的条件,不在于专一瑜伽修的次数,而在于其定力深浅,以及明体的坚固、心光明的厚薄。行人如定力强,可能修习一年半载就可以得此功效;而有的行人智大而定力弱,必须多修二三年方能达到。另外,大手印四瑜伽是一个连续的过程,专一瑜伽必须修至无修瑜伽方可算圆满,并不是说入修离戏瑜伽就可以舍弃专一瑜伽了,专一瑜伽仍在进行中。四瑜伽虽有阶段性,但同属大手印,属一印四性,不可以割裂来看。

证得专一瑜伽"脉专一"时,则行人二手定印不能分左右,两足跏趺打坐也不能分左右。身如一圆团团的龟。"气专一"则内气停灭,集中于中脉,至少安住于脐轮不动。"明点专一"则见心光明——唯一明点如一个无边大圆球,内外莹澈如水晶。此明体亦显示了五大的特点,坚住不动为地大,安乐暖热为火大,平静澄清为水大,充盈轻安为风大,圆明周遍为空大。专一瑜伽起初,心觉山河大地等一切外境皆向内心聚集,从而汇归于明体,此时就出现外气的停灭。专一瑜伽实修也可以采取逆行退补的方法,初用猝然顿住印不能立即入定无念,就是妄念所乘之气(心随气到之理)在作祟,于是用吐气离心印,此时已退回修大手印的贴近加行。以无生心气无二的金刚诵来使明体与无念相配合:"嗡"即入于代表明体的中脉,"阿"即住于明体,"吽"即出中脉,显内外周遍一如的明体。这不同于"以见试印"的专修加行。这是略加退补,以图再进,为初修专一瑜伽行人常有的修习顺序。

离戏瑜伽 又称无生瑜伽。"离戏"之意不是"离两边",而是"大手印离戏",即离大手印明空体性的专一戏论。在明体上的专一则是守,不专一则是求,这就是戏论;明体空明则守之,不空明则求之，这也是戏证；专一于明体，静时显现而守之，动时则不显现而求之，这也是戏论。在专一明体之上，有想使明体明相更增加的希求戏论，也有欲使专一时间加长的期待戏论。总之，在专一瑜伽基础上所起的各种执著、妄念、希求，就是离戏瑜伽所要破的事物，也就是修习离戏瑜伽的目的。

明体专一的戏论如果破之太早，则明体本身的基本性，如平等、周遍、宽坦、无边等观念尚未建立，明体之明以最快的白光一闪而过，不能静观细察其所呈七彩三色。专一瑜伽的执著也不可破之太迟，否则就成牢不可破的执著了，则明体不能灵活现起，如五彩虹霞。所以，离戏瑜伽就是要破明体住空与动有分歧的执著。其观察明体住、动的状态的方法不仅是离心离识——破我执、法执，而且要离对明体的执著，其所离执著更细微，而成效更快速。离戏瑜伽的实修主要有两种：

(1)呸字破明：行者修专一瑜伽而主观上发觉明体十分凝聚胶粘难舍，被光明笼罩，不能透脱，则猛呼一呸字以破之，顿觉明体明相增加，而无有对此明相的执著。此法在椎击三要中用以顿断妄想之流，为修专一瑜伽前行，修专一瑜伽以后的“呸字破明”属离戏瑜伽，所以初修离戏瑜伽者多用此法。其猛呼一呸字最好由良师益友来做，行者则受惊而悟。此法同禅家断喝相似。“呸”字在密法中有降魔、拒魔、令明点不漏泄的作用。在专一瑜伽之前所喝之“呸”，是呸其妄念，使妄念归于专一明体，而离戏瑜伽之呸，则呸在行人本身对明体的执著，即喝破其能喝，一喝不作一喝用。

(2)虚位离体。当行人久住明体，其安住自然、弛缓，宽坦如虚空、周遍如大地、不动如泰山、平静如深海，即形成无一可舍离的精神幻相，这就是在明体之“体”上的执著。所以，应当在明体如此坚固凝聚深厚时，作虚此本位的观想，入出此明体的主宰，略存虚此本位去的念头:“祖佛位中留不得,夜来仍旧宿芦花。”全舍而任运,就可将微细的寄生于明体的我执去除。一经解脱顿得宽松、轻安、平等、舒适的快感,明体愈加灵活宽厚,如白月清风一样无著处。这就是既要在明体之“明”上破执著,而且要在“体”上离执著。

大手印四瑜伽包括体、用两种,“体”即为主,专一、离戏二瑜伽为体。其中专一瑜伽所见明体比较死板,所以其修法为积极的、进攻型的,离戏瑜伽所见明体比较活泼,所以其修法为消极的、防守型的修法。“用”即为辅,一味、无修两瑜伽为“用”。离戏瑜伽以“多余”为特点,坐修时不觉有身,身是多余之物,下座明体充实,亦常觉此身为多余之物。所以,离戏瑜伽修成之后,睡梦中先觉明体之明,从中觉知自身肉体属多余之物,行人在睡时俨然如一具僵尸。

一味瑜伽 此步瑜伽是明体在专一阶段的安住不动,到离戏阶段的灵活后的随机妙用。一味的“一”用于专一的“一”。专一之“一”为各种无明妄念归纳于一明体,一味之“一”为一明体演绎成多种妙用,如水波一样,同为水而兴各种波浪。行者久修离戏瑜伽,明体由坚固凝聚的死呆之状而转为跃跃欲活,专一瑜伽所见明体已被离戏瑜伽破除其呆笨、固态、苍白,明体无主客、内外之分,已有一定的渗透力。在此基础上的微妙之用即为一味瑜伽。一味瑜伽是大手印四瑜伽中为用瑜伽,是用中的积极型、进攻型,而无修瑜伽则为用中的消极型、防守型。

一味瑜伽的实修方法依《刚波巴大印讲义》有下列五原则:(1)行同受伤之鹿,不敢见人,无世俗之心;(2)行如狮子,随遇任何处境都无畏惧;(3)行同虚空之风,不著一切;(4)心不依一切,行如虚空;(5)行同疯狂,无立破取舍。此原则以明体为明行道的本体,所以自然无世俗之心;内外身境皆一如明体,所以无怖畏,地、水、火、风、空五大无碍。第五个原则在世俗眼光中如同疯狂,实际上是打破世俗的善恶取舍才能达到的高度一味瑜伽的境界。《米拉热巴大师歌集》的作者是有名的“西藏疯行者”藏宁·黑如迦[①](1452－1507年),其言行似狂人或疯子,但已对世俗所谓净垢善恶超脱无碍。疯狂行在藏密瑜伽道地上是一个很要紧的阶段,行人所示的疯狂之相多表示其已修证到了很高的境界,其大疯大狂实际上是其大智的表现。

《刚波巴大印讲义》所传一味瑜伽的修法有五种,为“修一味”:(1)持分别为道:即以分别为修行的体性,初觉不安,稍加鞭策,就可了知分别的体性。譬如看京戏,有声音武打的起落一味,当锣鼓在极热闹时戛然而住,与热闹时并无二样。忽乱忽定,明体静动时并无二致、起落一如,一切变化皆明体的妙用,一切妙用皆明体所显现,正反一如、始终无一。这就是起灭的同时证量,为一味瑜伽觉受的特色。

(2)持烦恼为道:有时当故意生起烦恼,令其增长。烦恼生起后即当了知烦恼,不破不随,不加改造,明了宽缓而住。如痴烦恼重在睡上修,不加改造,这就是使睡眠成光明的方便之道。

(3)持鬼神道:不破不随,即在恐怖的分别心上,使心不改无分别,明显宽缓而住。如已制伏,可观更可怖的境相,如前而修。此修法使行人努力安住于明体,不畏惧恐怖。

(4)持苦为道:在悲心上力求与明体相契合,则可以生出无缘同体大悲,即对一切有情之苦起大悲心。由此,明体更为扩充、透

① “藏宁”意为后藏的疯子;“黑如迦”意为饮血,为藏密本尊胜乐金刚的名号之一。藏宁又称瑜伽师若必坚巾。

彻、活跃。

(5)持病为道:以明显的病痛作为修持的体性,安住于明体与病痛契合的空性中。一些修一味瑜伽有成就者常于无病中现起假病因缘,以感化他人,皆一味瑜伽的妙用。如果真正修一味瑜伽持病为道,而有所成就者,以此一味瑜伽功力能使病痛消融于明体之内,无论外表是否还有病容,其病痛则必会免除。好似禅宗德山病案:无病呻吟。

(6)持死为道:如果能如上修持,临命终时依次第就能了知所处境界,不起恐怖、破立之心,如此即得母子光明相会。

《了义海》介绍了一味瑜伽的五行,即"行一味":

(1)普贤行:于一切善事上配合一味瑜伽的证量,不起善事执著;而仍能于一切善行中具足一味证量,任何执著如雪落热石,无法存在。

(2)密行:于寒林、独木、深岩中闭关。

(3)明禁行:裸体,六种严饰如双身佛。

(4)聚行:往集镇、商场等场所作歌舞,如果遇到讥讽、侮辱、踢打等事,则使明体如林火炽燃,作为修行一味瑜伽的助伴。

藏密瑜伽的祖师和成就者历来提倡出离闭关。莲花生每得一法,必闭关五年修习。米拉热巴终身闭关。刚波巴大师在《大手印导引显明本体四瑜伽》中亦曾多次说明应当住于寂静高山。一般来讲,专一瑜伽应住寂静处闭关专修;离戏瑜伽则半闭半住山,住山就是在关房周围一里以内的本山之地、无人烟领域,可自由散步,但不出此范围;一味瑜伽"有时住于清净高山,有时入于闹市",如疯狂行等必居闹市才能增进——"踏破末后牢关"。

无修瑜伽　大手印的大印本来清净,不假修证,但障碍大印自显净的无明、我执必须得到透脱、渗透或升华。大手印四瑜伽即为一步一步见、行、证的道路,每一瑜伽皆有其重要修持方法和特点。四瑜伽中为体、用两重破立:专一立体,而以离戏破之;一味立用,而以无修破之,一味的明体中隐隐有明体为自我操持等俱生微细我执,再加上俱生无明之气的支持,使一味明体中有细微修垢。无修瑜伽很微细,似无手行拳,必须经相当长时间的自然任运纯熟,方能免一切修垢及无修瑜伽的修垢,其功夫最细微、最深沉。"无修"也并非意味着全不修。如同破专一而进于离戏一样,破一味而进于无修,明体妙用更深、更多、更变化。不但不散乱,而且离功用,渗透一切散乱,愈散乱愈定静、愈新奇、愈微妙;事理相合,愈损而愈益、愈离而愈即、愈无而愈有,妙用无尽,无住圆证。这就是大手印最终的奥秘。

无修瑜伽属于一种消极作用,其实修就是离于修垢,并无其他积极型、攻势型修法,所以称为无修。进入无修瑜伽阶段,其他一切功能已自具足,只需熟中生巧而已。所以,一味瑜伽属于有学、有相的范围,无修瑜伽属无学、无相的范围。虽不用新学任何新法,但必使本法纯而又纯,为一种自然合和、不用媒介的瑜伽。如果不经若干时间的一番功夫很难纯熟。此外,各种明体之光明力、无念力、融合力,会使行者随时形成一种修垢——自觉此即无学双运的证量。这仍不是纯乎其纯的无修。只有不自觉有新成新就,如日常便饭,毫无矜持、希奇之感,无有证之的感觉,自然才能圆满证果。

无修瑜伽成就可在圆寂时化光,仅余指甲、毛发;大成就者则全体化为光明,不留指甲、毛发。最上成就者子母光明不等涅槃圆寂就已相会合,身成虹光,为无死虹身。

大手印四瑜伽不是一种强为安排的程序,而是自然生成。所以,在修某一种瑜伽时,即含有其余三瑜伽的理趣,四瑜伽皆受无有修垢的无修瑜伽的洗礼,为大手印的有相瑜伽进入无相瑜伽阶段。香巴噶举有五部金法。宁古玛六法(相当于六成就法)为其根部,大手印为其枝干,无死瑜伽就为其果实。无死瑜伽就是要行者了知身心是无死的、没有偏差的。无死瑜伽包含着过去、现在、未来三世一体的观念,所以修无死瑜伽时不提到“死亡”。“无死”意谓着没有一样事物为实质存在,所以不生;生死又是相对的,无生则无死。因为没有所谓的真实存在的“死”,所以是“无死”的。这也是法华圆教的时间圆融。无死瑜伽包含着中观正见的思想,亦有“本来不生”的意味。无死瑜伽认为身心无二无别,本来不变,所以行者修时要不执着它。由此可见,无死瑜伽更接近于圆顿。修无死瑜伽必须有大手印根本定的基础,在此禅定基础上再加一无死观,就是修无死瑜伽,若无大手印一味瑜伽、无修瑜伽的证量,即使得到无死瑜伽的修法,也无法开始真正实修无死瑜伽。据说修无死瑜伽成就者亦能成就无死虹身。

第六章　藏密瑜伽圆顿观

第一节　立断的大圆满见

西藏的禅宗　宁玛派的根本密典有十八部怛特罗,最重要的为大圆满教授,即在圆满次第之上的大圆满次第,为四灌以上、超越胜义灌顶的特殊的无相灌顶。大圆满次第包括且却和妥噶两部分,且却就是大圆满次第的大圆满见,妥噶就是大圆满次第的大圆满光。大圆满次第亦是宁玛派所独有的修行方法。宁玛派共有九个修行程序,称九乘。除了与其他教派共有的麻哈瑜伽、阿努瑜伽、阿底瑜伽外,在此三瑜伽之上还有六个瑜伽修行程序:审底、陇底、满雅底、无上阿底瑜伽、妲底瑜伽、仰底瑜伽。审底、陇底都以修习且却和妥噶为主,审底较注重且却,为心部,陇底较注重妥噶,为自在部(又称陇部);满雅底则是且却、妥噶与上师所赐之特别指示相配合的瑜伽,为教授部;无上阿底瑜伽的修习则完全依赖已得成就的上师所赐的秘密精要口诀;妲底瑜伽则是修习完全控制化光的十八要籍;仰底瑜伽为九乘之顶尖,其灌顶为红教最高的无相灌顶,即所有的最高圆满化光的大圆满法的教授,行者得到一周内成就无死虹身的最高口诀,也称“七日成佛法”。仰底瑜伽为宁玛派大圆满的心中心,为总持的总持,大圆满的心要。

大圆满的传承有多个途径。一般传说为原始佛普贤王如来传五方佛和金刚萨埵,金刚萨埵传与阿育王的外孙积喜金刚,积喜金刚传妙吉祥友,妙吉祥友传写尔孙哈,写尔孙哈传与莲花生,莲花生又于定中得普贤王如来和金刚萨埵的传授,后因莲花生、遍照护等人入藏,其中有三个瑜伽在印度尚未传开就进入了西藏,后得龙钦巴(无垢光)尊者结集形成体系,出现宁玛派大圆满龙钦心髓派。龙钦巴将大圆满心要又现集结成“仰兑”(Yangthig),即心中心之意。并有完整的理论著作《七宝藏》、《大圆满心性休息》等问世,保存了大圆满教法的心要口诀,使其不致散失,并发扬光大,中兴了宁玛派教法。另一种传说认为,毗卢遮那(遍照护)曾奉藏王之命前往印度,他以记忆总持将写尔孙哈等祖师的极秘密、极深的心要法开示,以及十八部心部口诀、大圆满六十四万颂等带回藏地。他曾将心部教授传付莲花生,将“大圆满的秘密不共法”夜传给藏王赤松德赞,并将心部内的前五部译成藏文。当时,印度人知道大圆满法已为遍照护取出,非常妒忌,乃用离间计,使藏人对之不满。后来,王后和大臣们都极力攻击遍照护。藏王知不能两全,遂把他放逐西康地区(今四川北部),后大圆满心髓得在西康地区传承下去。遍照护在西康时曾遇一老人,传其阿字法,指示自身即是佛,亦即大圆满法。大圆满法的祖师之一写尔孙哈是一个很富传奇色彩的人物,《西藏宁玛法源历史赞颂》中说:写尔孙哈又名宋惠寿,唐朝初叶人士,曾赴五台山闻受密法,三十岁时前往印度求法。25 年后,其师圆寂时将一个表示最胜口诀的宝匣留给了他,写尔孙哈遂得藏密经典。回到中国后就将大圆满口诀分为“外类、内类、密类、无上密类”等四类,前三类编集、密存于菩提树寺,无上密类放置在唐朝国都长安城的吉祥座门柱下。白玛那密渣从印度托钵至汉地,见到菩提树寺的写尔孙哈,在此一住 20 年,得其耳传全部内外密教授,但却未得经续(即法本),白玛那密渣就满意地回到印度去了。在莲花生大师传奇中,写尔孙哈亦曾传他“一语成佛”的顿法,可见藏密大圆满法亦是一种类似禅宗的顿悟之法。

大圆满具有不同于一般藏密瑜伽修法的特点。从表面上看大圆满有肯定四原则,这就是自生、自显、自解、自然。自生指大圆满本来清净圆满,不由修行者修证而生,也不用人为修整。大圆满直接代表俱生具足的真理,犹如瑜伽部的胎藏本具。此大圆满非由上师指示而生,亦非由灌顶而生,亦非由传承而生。所以,上师的加持并非对弟子本人的加持,而以弟子能否证得大圆满为加持的条件。大圆满在未得见时如云遮月,行者因自行障敝而不得见,一旦拨去云雾,即可见原为云雾所遮的明月,此明月原本就有,并非新生。大圆满又非心想而生,大圆满为无见之见,能证得大圆满时,就是行者大圆满证量显现之时,而非行者心想、定力、慧眼所出生。由此可见大圆满的自生与大圆满不立一切见的否定原则是相应的,自生与自显也是相连的。自显就是行者能明白所显一切境界皆自然显现,皆为大圆满,本来清净圆明,不须修证,与大圆满不立一切修相应。大圆满又称“智慧法尔解脱”,“法尔”就是“法本来就是如此”之意。大圆满的自解就是指一切法本来无束缚,“天下本无事,庸人自扰之”。又如水本清澈,搅之反混浊。大圆满的自解即自行解脱,本来解脱,不用特别加持,不须修整、取舍、期待、造作,与大圆满不立一切行的原则也是相应的。大圆满的自然就是“法尔如是”,即“本来就是如此”、“自然如是”。大圆满的自然既非客观的自然,就是指各门自然科学;又非主观的自然,就是从心理学角度而言的一种任运达观、不加勉强的心理现象和态度。大圆满的自然亦不是道家性命双修、道法自然的心理与生理并重的自然。大圆满的自然与以上各种自然不同,无需任何造作。这就是佛家独有的法尔自然,此“法尔”为人执、法执二种我执完全消除后所任运、显现的本具如来藏——佛性。此佛性在佛未出世时早已存在,佛出世后亦不曾增减,为人人本具的真如本体、常具妙用。

大圆满的自生、自显、自解、自然指的是大圆满的四种特性,而非大圆满分为四个部分。如同千条江河、万个湖海共映一轮明月一样,一轮明月即有多种映影,多种映影即一轮明月。所以,自主、自显、自解、自然本质上无有差异。由此而大圆满又有相应的四种否定原则,为大圆满的权巧方便:

(1)大圆满不立一切见。即不借助心想、认为,不立宗派、无可表示、无有能见与所见、不期待未来、不立次第。不立一切见即是无见,因为有见则有不见,就不圆满了。

(2)大圆满不立一切修。大圆满离垢净,无垢可治,亦无净可守。外不治、内不守,一切修的原因皆不可得,岂不无修。

(3)大圆满不立一切行。大圆满无凡圣、善恶等一切分别,不取不舍,无来无去,无敌对。所以没有能行的原因和所行的境界。

(4)大圆满不立一切果。由于大圆满无能证,亦无所证,无希求,无见无修无行,此三种前因未有,也就不立新果。大圆满不于一部分、一阶段上逐次分证佛果,而从一切本具、同时具足上出发,自然显现,所以不宜建立果。可见大圆满的见、修、行、果是不可分割的,是一种即见、即修、即果的修行道路。

古人云:“学成于思”,闻思在先,见地最为重要。大圆满无心无物,讲一切圆满。大圆满虽不立一切见,但大圆满有大圆满的正见。大圆满的正见为“见无见见”,就是要以“无见”才能真正见到。藏密瑜伽的前人古德曾解释其为:“见无可见,离念即解脱。”大圆满不立一切见就是恐怕行者被意识污染,而大圆满正见则具备一切自然而见之见,是一种不可说的、非意识所识住的境界。因此，“红教的见”即指定宁玛派大圆满正见，为藏密瑜伽各派所推崇。噶玛噶举三世大宝法王曾把宁玛派传承的大圆满次第融入本派传承的大手印中联合修习。萨迦派有自莲师传承下来的大圆满法——《大圆胜慧本觉心要修证次第》，并自称为“龙钦[①]领体派”。近代噶举派的贡噶呼图克图也曾将大圆满与大手印一并同时传布教授。可见宁玛派的独有的“大圆满”次第已成为藏密瑜伽各派共有的修行方法，也说明“大圆满”包含了不同凡响的殊胜无上的智慧，真可谓“西藏的禅宗”[②]。

圆满的顿悟 中国汉地曾有达摩祖师“一叶渡江”在嵩山少林寺面壁九年的传说，菩提达摩被禅宗尊为东土禅宗初祖。无独有偶，达摩祖师只履西归时，曾在藏地传授“古萨里”[③]法，以密传口诀而实修般若法门，创立希杰派，成就的弟子很多。但在西藏流传不广，时间也不太长。他同米拉热巴在藏地曾相会过，二人均为当时印度、西藏的五大成就者之一。藏地称达摩祖师为“当巴桑结”，“当巴”意为第一师父，“桑结”即佛陀之意，除掉无明大梦称为“桑”，具深广两方面的智慧称为“结”。所以，达摩被藏人看成无明梦醒、圆具深广智慧的第一师父。由此可见，禅宗与密宗有着同祖同宗的渊源关系。禅宗也曾被近代宁玛巴诺那呼图克图印证为“大密宗”，即相当于超越圆满次第之上的大圆满次第，说明汉

---

① 龙钦尊者为宁玛派大圆满法的结集者。全称龙钦饶降巴（1308－1364年），曾修行过宁玛巴密法，著《七宝藏论》（即《胜乘藏》、《实相藏》、《要门藏》、《宗派藏》、《如意藏》、《句义藏》、《法界藏》等七大藏论）等著述，也曾到不丹、尼泊尔传宁玛派密法，回藏后受排斥，遂在西康佐钦寺（今四川省德格县境内）传法，使该寺成为宁玛派的传法中心。

② 禅宗以“禅”命宗，进一步扩大了禅定的观念，重在“修心”、“见性”，而不再限于静坐凝心专注观境的禅定形式。

③ “古萨里”为藏传佛教对实修者的称呼。

地禅宗相当于藏地的大圆满。

达摩东传的圆顿之法,从 600 卷的《大般若经》中来了一个“本来无一物”的大翻案,从而创立了独具特色的佛教禅宗。同禅宗相同的是藏密大圆满亦以本来无一物、本来清净、本不生为理论思想依据,并同禅宗一样认为以语言文字来阐明、修习佛法是“说食不饱”,主张像达摩面壁九年那样彻底实修,以实修之悟证来达成就的目的。大圆满的见确实是一种比较潇洒的圆顿之见,在藏密瑜伽各派的修法上只有恒河大手印的见地可以比得上,汉地也只有禅宗六祖的南禅圆顿之教可以与之媲美。

禅宗与大圆满在修行层次上和见地上虽然相当。但禅宗在传统作风上较大圆满更为深奥,特别是在唐朝禅宗鼎盛时期所出现的直截了当、锋利快捷的修行法门更胜一筹。其主要差异就在于禅宗与大圆满在随机而用上有所不同。藏密大圆满虽为无相灌顶,但为了表示口耳传承、心印传承,通常必用水晶球或圆镜来做为大圆满传授的表示,并有预先传下的正式仪轨。禅宗则脱却这样的固定仪轨仪式,而以大机大用来传授,无有一定表示物。所以禅宗的师父如果没有证得,不足以传授弟子,而弟子如未证得,也不能得此大法。而大圆满因有一定仪轨,则上师如有传承而没证得,亦可照本宣科传下去。大圆满得传承就可修习且却、妥噶,而禅宗如未正式开悟,不许有闻思上的修习,往往十年八年到处参访不得开悟,而一旦开悟其成就和显现神通变化也是非常惊人的。藏密瑜伽诸祖师中也有像禅师一样随机而用的。一些上师也用特殊的方便之法使弟子立刻顿悟,颇似禅宗的棒喝、打地、叉脖子、举拳、砸锅、吹毛等等形形色色的离奇而又平常的使弟子证悟的故事。可见在真正修行的大道上佛法是无宗无派的。①

另外,大圆满自生、自显、自解、自然的四肯定原则,在禅宗来讲是不许说出的,让禅人自己证入。因为禅宗认为众生常常执著"有",唯一办法就是否定一切。禅宗也说知"有",但"有"是什么?则切忌说破,因为用语言所形容的"有"都不像,所以,寒山说:"无物堪比,教我如何说!"在修行弟子时机未成熟时,不以语言来乱加摸索,以去除得证的障碍,这就是禅宗的高明之处。大圆满的传承作风则不同,不怕说破,上师以证量显现于具信心、时机的弟子,而真正得传弟子则不落文字语言的框框中去。

虽然,藏密瑜伽的上师,特别是噶举派上师将大圆满融入大手印中联合修习,或者二者同时传授。但大圆满与大手印是有显著的不同之处的。首先,大圆满无次第,起首就与无住相应,刹那圆满,不用修证,即见、即修、即行、即果,顿中顿为其本色;而大手印有见、修、行、果四次第,有多面、先后、止观、悲智等指示。

其次,大圆满的总体特点是见地锐利、修行圆通,不经历任何阶梯,无修无证,刹那圆满顿悟,而大手印的修法因为恐怕修学者不能立即相应、顿悟,所以有专一、离戏、一味、无修四瑜伽的渐悟。因此,大圆满法系统中有些修法,如《椎击三要胜解法》,有次第、有步骤,其理趣同于大手印,而不是真正的大圆满顿法。汉地所传藏密大圆满法,如《大圆满虚幻休息法》、《大圆满禅定休息法》等都名为大圆满,实属于大手印四瑜伽分段修习。但真正的大圆满法中也分为四步境界,这主要是根据妥噶光明显现的顺序而分的,不是就且却而分的。"且却"为立断的大圆满正见,且却有四步境

① 关于密宗同禅宗的相似,可以参见本书传奇篇米拉热巴传奇中的"马尾草上的断证"。

界仍是沿袭大手印的习惯,并不是莲花生大师所传授的大圆满有且却四步境界,为后人效仿大手印所造。总之,有见则有理趣束缚,有修则有执持束缚,有行则有取舍束缚,有果则有所希求。所以,大圆满为一种无见之见,修者必须立即决定:烦恼为自心所生,无可断;菩提本具有,无可修;本来具足大圆满,无须从新趋入。

第三,大圆满正见不同于大手印的俱生智见,为更高一层的本净见,又称大圆满见。大圆满见就是了达本来具足清净,从而刹那圆满。此种无见之见,不立文字,而以心印表示而成就最为殊胜。其特点为直接了当:一切法本来清净,无缚无解,无修无证,当下当体,本来圆满。

斗转星移,自然界有许多圆的物体和圆的运动,而从古至今的人们对圆也有一种与生具来的喜好和偏爱。古代人们崇拜日月星辰之圆,崇拜宇宙自然混圆之美;而今天的人们也总是把圆做为一种美好的象征,圆球形物体也成为现今人们喜爱的体育活动的主角。大圆满的境界也可以形容为一个水晶圆球,无有东西南北上下左右之分别,清明、无染、透彻、无碍、圆满。大圆满见则为事智和合一味的见。在时间上大圆满见取当下,此当下并非指目前,而是三世共一时,过去未灭,未来亦不新生。大圆满见在空间上取当体,此当体不是指现在某事物的当体,而是指十方广大无边的宇宙空间无分净染、圣凡皆在其中,无一物可取,亦无一事可舍;一粒微尘能广含十方宇宙空间,可大可小,广狭无障无碍。空间无不周遍,时间无不相续,超出时空的一切限制,遍于时空一切领域。这种妙理圆融的时空观就是大圆满的时空观,它充分体现了华严世界的一乘圆满之意。华严圆密十方的意境在藏密大圆满中由理性认识升华为更高层次的感性认识——现量得证。所以,“大圆满”被藏密瑜伽各派推崇为“最圆最顿”的修行之道。

本来清净见　大圆满须先修且却，才能进修妥噶，妥噶的基础就是“加打且却”，意即本来清净，为藏密瑜伽的大智慧。上根利智的修行者，无修无证，如如而住，自然而见自性者称为“且却”。且却即指示一切众生本来自在、清净，自心本来光明空寂，但自己不认识罢了，“若能证悟此点，即是成佛”。依上师直指引见，不向外驰求，立断妄念之流，得见本净自性。如果可以不著不伏、不纵不收，任运而住，就可以本自圆成，见自心本来解脱、本来光明、本来智慧清净。这种本来清净的且却并非语言可说的见地与入定，为无见之见，无见之定，深妙不可说。如果能明了进修，则刹那彻悟，自然见性成佛。所以，且却就是立断本来清净的大圆满见。

见自性而成佛是佛教修行的无上捷径，舍此无其他捷径。《海龙王经》曰：“智慧观法常淡然，不见诸法有归趣”，当下即见无生本具。所以，且却不向外求，一心不乱，不取不舍，自心明白即成佛，“我就是佛”、“佛就是我”为密宗根本道。且却又是大圆满里的中观见，为顿超的见。《海龙王经》中龙女成佛的故事常被人误解，以为龙女献了价值三千大世界的宝球，释迦佛即授记龙女成佛。其实是龙女的悟证，使释迦佛知其已悟道，从而做出龙女成佛的预测。龙女对佛说：“成佛如反掌，男女之身不可得，身心自然成佛道，吾即道不以道成。”最后一句话意即“有见法而不观者不以见法而成观”①，显示了“牛有二角皆在一头”的中观般若智慧。

“且却”为藏密瑜伽大圆满法指示本来清净的实际立断，此立断不光是行人要了知本来清净的理论，而且必须现量得见，刹那亲证且却本来清净见。主要修法就是修与阿达尔玛佛智慧无二的

---

① 这是一种自然思维的体悟，用语言文字表达出来似乎就有些矛盾、悖论的意味了。

《普贤王如来轮回涅槃自解脱最高方便》。普贤王如来即阿达尔玛佛，为藏密金刚上师的总体代表。他所示显的智慧即是无生无灭的深奥哲理。其中心种子字蓝色(即天蓝色)阿字显示了阿字本不生、相续不灭的理事圆融。行者自观为阿达尔玛佛，与此法身佛无二无别，即已明悟非空非有之理，刹时了达无取舍、无善恶、十方大圆周遍、自在平等的密意，就可立断诸恐怖、疑虑、妄念，从而显现自心本有、无去无来的真性。普贤王如来的咒："阿、打妈打都、阿"，"打妈打都"即是法界之意，上、下二个"阿"即代表了无生无灭之体，由阿字经宇宙大自然再还原阿字，代表了无生清净本方便，也代表了整个宇宙的无生清净。所以，"阿"代表了诸法的空性，除阿字外别无他法。藏密瑜伽的一切教授和修法都由此出生。

密宗的主要经典《大日经》就是一部开示"阿字本不生"的真理的著述。它以胎藏显现"若据本有，俱时圆满"的道理，以引导修行者体认自身所具的佛性是一切众生本有无生的。就阿字本身而言，则含有深奥的义理，为佛理的集中、浓缩和最高体现。阿字如同禅宗的"无"一样，为没有边际的圆相，可大可小，"无"包括了一切"有"，一切"有"都由此"无"出生。所以，阿字本不生就包括了一切"有"，万"有"由此出生。阿字为带有发起、发展性质的种子符号，如种子生果，阿字能生一切种子字和真言。阿字也代表了自心根本的、无师自然的智慧，代表了混沌圆融的宇宙自然。本来，大圆满且却的本来清净见的实相是不可能用具体语言文字来表达、表现的。因为，任何相对的语言都无法表达其意境，只有"言语道断，心行灭处"的默然领悟，才能表现对这一真理的无言无相的深刻理解。所以，禅宗六祖认为：佛法与文字无关，佛法像天上的明月，而语言文字只是指月的手指，不是明月本身；那种以语言文字即为佛法的观点，就是把手指当成了月亮，视指而不视月，不但佛法未曾得到，连认识佛法的语言文字也搞不清楚。因此，大圆满且却本来清净见的实相也是不可言说的，也是无言、无见、无文字的。但语言仍然是明了无言之理的途径之一，真理的实相又不得不借用语言文字来表达。由此就产生了禅宗无相参话头，密宗有相观种子字。阿字就是密宗集合了最初本具、遍布一切、不生不灭的整个宇宙自然的实相、真谛，成为密宗总持的总持、秘密的心肝。

大圆满且却类似大手印，而实超胜大手印，二者有顿渐之别，且却不立四瑜伽，顿然直证；又大手印的俱生智见仍有因果上的分别，必先修证，然后证得。大圆满且却属本来清净见，因果无分，无缚亦无解；时间取现前，不用期待；空间取当体，不用选择；不历阶梯，即见即修即行即果，当体圆满现前。因此且却是一种立断、顿超的见，是产生胜义光明的正因。且却的证得本为藏密不共之谈（即为秘密），但古来有对其描叙：其一为白色、圆形，白为本性清净光明之意，圆为功德圆满之意。正如《金刚顶经·一切义成菩萨告佛言》所云："我见自心形如月轮"。其二为"见大"①周遍于一切法，意即本不生、色心不二、无边无际、无始无终。这也是一种发现自心本清净、光明自在我心中的"常乐我净"、"心月圆满"之境，如《佛说月光经》所云："自心清净，禅定自成，静地修持，无仇无亲，行住坐卧，均为善法。"总之，这种"天心月圆"的圆满观是很难以文字加以描述的，一旦立断而见此本来清净见，即顿超常人所见的时空领域，显现自心的本自光明，进入时空自在圆满的境地。

① 藏密七大缘起之一，七大缘起为地、火、水、风、空、识、见。

第二节 顿超的大圆满光

妥噶光明的任运 光明是生命产生存在之源,也是世界呈现五彩缤纷的色彩之源。在雍和宫有一块天蓝色的地毯,上面绣有一轮光芒四射的红日和银光闪闪的一轮皓月,红日白月的周围有无数星辰闪烁着淡黄的星光,这就是著名的世界孤品“三光毯”,它反映了佛教对光明的认识。印度晚期佛学的心髓即是金刚乘的光明法。藏密瑜伽诸派皆直接或间接得印度传承,以光明为整个无上瑜伽体系的核心,以光明为最极密印。光明法较之汉地所传圆顿之教有相似之处,但对心性的指示更为直截明豁,别具方便。大圆满的妥噶就是光明法,是在且却的基础上顿超,即利用所见妥噶光明修造金刚链,加快全身化光,成就自证金刚锁身——光明虹身。

大圆满的妥噶化光重在以且却的本来清净见修定,若无定力,心气不合,则脉就不得开发,亦不能显现光明,就不能进修妥噶法。所以须先修且却。证得此本来清净的且却见就可见光明了,也就可进修妥噶法,完成从证大圆满见到化大圆满光的整个修法过程。虽然一般人在自心中很难发现光明,但光明是无处不遍地存在于人的身心内外,是生命存在和物质存在的本源。而此光明能为人们体察和认识方式不仅仅是用科学仪器,人利用本身的修持也可以体察和认识到。西方有位哲人说:“见圣光的最佳方法是熄灭你自己的烛光。”因此,要想见到这种光明的最主要一点是不执著,即首先必须消除主观的我执。所以,藏密噶举巴贡噶呼图克图认为:“不执为体”,即修大圆满的主旨是不执著。释迦牟尼在得大觉悟之后,曾毫无我执地经验了各种光,从而向人们宣说在客观真理的确定性中的功用和玄妙。对大觉悟者来说,任何事物没有自己的光,即使太阳也如此,这就彻底去除主观我执的细微污染残余。所以在正式修习妥噶化光法以前,须要修习且却。其主要的方法是:(1)修习与普贤王如来相应的本尊观,以求得到金刚上师灌顶加持的金刚链光,这就可初步见到空色明点;(2)以次第加深的入定来配合观明点,使空色明点不像刚看到那样狂奔乱显,而日益稳定显见;(3)于野外、海边等无大风静处修习大圆满本来清净定,即以天上无云晴空之空、心理上之性空、体内气脉明点之空,合三空成一体。

空色明点即是妥噶光、智慧光、佛光,亦称金刚链。妥噶光无定形,但基本上以小圆圈为主,有时候妥噶光圈是一个个零零碎碎的,有时候是连起来的如项链,有时大的连小的。金刚链是白色的、晶莹如星辰,如果朝着有光的地方看就可以看到。妥噶光并不是人为创造的,而是由人本有智慧开发出来的。中国汉地佛教虽然都只讲心,不讲身,没有修气功、明点的密法。但唐朝的法顺和尚(华严宗初祖)在他的《漩复颂》里指出:“若人欲识真空理,身内真如还遍外。”法顺和尚不用心内心外,而用身内身外来说明智慧明点的存在,即是讲明身心不二的道理,表明了佛法的主观和客观的统一性。智慧明点——妥噶光就是这种身心不二、身心内外不二(即无差别)的产物。有了且却见和妥噶光的显现,就可以任意地运用妥噶光修习化光法。妥噶修法的简要原理是:以定力由眼睛引带,把身外所见之光引摄到体内,直到此始觉之子净光与体内本觉的母净光合和为一,在体内显现;以此为基础修大圆满黑关七日成佛法,七日之内把体内所有物质化光,成光明身。

妥噶是在且却彻底去除我执的基础上的顿超,其殊胜优于且却:(1)妥噶是在且却入定的基础上,以智慧气开发光明之门,行者本具智慧与身外客观世界的光明无二无别,逐次显见妥噶光明的四步境界。(2)且却修习时要以气功修肉身的粗气粗脉,被动入定,身中气脉不调,不免生病、有障碍,且修学须用大力气习宝瓶气,老弱行人受限制;妥噶的修习则不执著粗脉、粗气,依观光法调正观光,随任气息入出住的自然,则粗重的血肉气脉之身也自然化变为光明之体,这就是全身化光。(3)且却与妥噶成就后虹化的程度和层次亦不同。

白、红、黑三关 闭关修行为藏密瑜伽的主要修行方式。一般闭关皆属于白关,即关房可以开门开窗,可见天日。当行者修且却有一定成就后,金刚链的显见日益增长,就能于白天、黑夜、开目、闭目时见金刚链。此时即可进修妥噶法,也就是需要进修妥噶观光特有的红关和黑关了。

妥噶有三种调正看光的方法,为大圆满白关的修持方便法门:(1)日光西斜、东方亮起星辰时,垂眼帘观日光。不可直接看,而应看距日光一尺远的地方,如此修至看任何光都不艰涩,即为调整好了。(2)初学,坐于清净高山,在初秋、初春的无云晴天时,看日月二光和极清净的天空。午前看西方的晴空,午后看东方的晴空,调整至眉间光能射远处(即看人看物均见光)。(3)气的调整也很重要,气不端正,则妄念、迷惑肆意。一般以中住气柔软瓶气为主,唇微开,齿微合,气由口徐徐而出,不用力,出气稍长,慢慢就可自动停息了。调整气可使身心外显的明点逐渐稳定少动。当妥噶的所成时就可以看见如水清亮、远射的远通水光,或蓝色光明,蓝光中呈现五色,如展开锦绣,又如孔雀开屏。详细情况只有在上师传法时才一一详告。

红关就是在不见天日、窗门紧闭的通气关房内点一盏灯,此唯一的灯光就是红关名称的由来，因为这个灯是红色的，对着这个红色灯光修妥噶。在红关房中，行者面前置一小黑石，在小黑石上观妥噶明点，再以且却定力试引此妥噶光入体内，如果已能引摄妥噶光入体内的行者，就可进修黑关。红关长修也可使体内明点放大。黑关的设置比较特别，关房必须能通气通风，但又不能见丝毫的亮光，目的是为了使红关中能见金刚链者，于全黑之中亦能见到。所以，黑关常有数重墙，特制小窗口，展转透气而不透一点光亮。但有时黑关也直接开一个洞，对着东方看太阳光，对着西方看月光。闭黑关的行人必须已能将妥噶光引入自身内，否则所闭黑关不会成就。在黑关中，行者所引摄的妥噶光明遍及全身。这就是成就光明虹身的主要阶段。

大圆满妥噶法的最高中心修法为非常特别的“不共七日成佛黑关引导”，为大圆满的心中心、密中密，以九个秘字来标明其为九乘①的顶尖。其方法分为七个步骤在七天中按部就班渐次完成，七日内便成就光明身。所以，称为“七日成佛法”。行者自观脑内、体内诸脉、诸目发出互相感通的各种光，这些光都是互通周遍无碍的，光明在身体中织成大光网，光网上布满眼孔，使遍满全身的一切脉道皆成智慧眼。这种智慧眼是以眼脉之光——远通水光为道为用的。藏密常以眼睛来表示佛海的大智慧、大慈悲。如千手千眼观世音、千手千眼大白伞盖佛母等都为最殊胜的本尊。大圆满黑关的大护法雅火拉浑身上下皆是眼睛，以此来形容表示其智慧之巨大。也许全身化光明就是这样一种结果：可以使智慧通达身心内外。大圆满黑关法还包含了华严五祖所形容的“以法界透入色身”，“以色身透入法界”的意境，即自身心内外无差异，

① 九乘即指藏密宁玛巴九个瑜伽修行程序。

本来清净如佛。不但观自身光明遍容、圆满、周遍无碍；而且还在顶轮观58尊忿怒本尊，在心轮观42位寂静本尊，这100位寂忿本尊包括了华藏世界①的全部本尊佛。

圆满化光虹身　在本书前一章“禅定观”中曾介绍过胜义光明。虽然，通常打坐、念经、睡梦中都有可能见到光、显现光，但都不能算是胜义光明。胜义光明有时可以在睡梦中显露，一般较短暂，不易察觉。佛教印度祖师萨拉哈曾于睡中入胜义光明定，一睡十年，久睡不倦，起来时清清醒醒；也无时间已过十年的感觉。大圆满黑关所见的光明不分体内体外，就是行者自身本有的胜义光明外现，通过漆黑的外部环境，才能察觉此光明遍布身内身外。虽然，大圆满化光与大手印化光皆为胜义光明，但二者的途径不同。大手印可选修三灌双运化光，但比较危险、艰难；大圆满不依三灌双运，以妥噶法使身体化光，更为稳妥。初修利用日（阳）、月（阴）外光，渐次引入自体，阴阳合和于一体，开发自性虹光，以后修七日成佛的黑关更为殊胜。

大圆满且却与妥噶相配合之后，还要靠上师所赐的特别教授（即口授部），才能圆满化光虹身。因为上师有特殊的经验，以及不见于文字记载的、口传心授的秘密口诀，指示给弟子。所以，进入大圆满最高一层无上阿底瑜伽（又称仰底）修习时，完全依赖已成就上师所赐的秘密精要的口诀。口诀即世称的口耳传承，非一般的普通教授，是对个别的入室弟子的特殊教授。这种教授禅宗也有。所谓“口诀”，并不仅指很高贵、特殊、秘密的事物，实际上

---

① 为《华严经》所说的华藏庄严世界海，又称莲花藏世界。指自莲花出生的世界，即含藏于莲花中的功德无量、广大庄严的世界。也就是指佛教所称的三千大千世界的宇宙全体。

是一种对症下药。弟子必有些“症”,上师才给此药。而上师则应准确地观察判断弟子是否已成大器,即传以应得的口诀,而不必注意弟子的恭敬程度、社会地位或经济实力等。口诀的传承也要契合时机,时机不到,传而无益。如同《三国演义》中刘备过江娶亲,孔明给赵云三个锦囊妙计,必须按时启用。口诀的传承也易发生障碍,因为口诀所传的是少数人,能传的亦少数人,往往引起上师的其他弟子的嫉妒。所以,禅宗五祖弘忍传六祖慧能心印口诀时,曾以手杖敲三下暗示传法的时间,尽管五祖极尽遮盖、秘密传法,但慧能也只能背负衣钵远走他乡,并遭受了师兄弟的多次追杀。藏密宁玛派诺那呼图克图也曾被一年青人以性命相威胁,要求传给他即身成就的口诀。因此,口诀的秘密传授,而不是公开宣说,是有其道理的。口诀亦代表着上师异于书本的口头传承,真传口诀比经典更为贵重,是上师完全为某一弟子的、不告别人的特别不共事物,千金难买、千金不换。但俗语说的好:“药无分贵贱,验者是灵丹。”因此,许多行人如果没有师父传口诀,只好就地取材,自己从经典法本中找到适合自己的方法。另外“欲知山下路,先问过来人”,前人古德的传记中可找到许多口诀,如米拉热巴大师的诗歌集中有许多修证的口诀;“实践出真知”,修行人的多年亲身闭关实修也是了达口诀的好途径。

妥噶化光有逐次升起、不间断的四步相应的境界;第一步,明悟非心所能想、口能说的法性。此时即见如日光光芒的清净、自然的圆空光——金刚链。此为自心自开的表现,初期光游移不定如飞鸟,渐渐此本有之光渐渐不著不离、日益现明,自然不动,本具智慧自开启,即产生空明无念的本来清净圆满的三摩地定。第二步,空明无念的悟境日益增进。即本有净智慧外现不变不动日益增盛。此时内脉变光明,光明大现,自心圆空光从豌豆大开始渐渐增大扩张，远离眉间白毫，蓝、白、黄、红、绿五色交错旋转。随定心增进，逐渐明显地、移动稍缓地见圆空妥噶光；再进一步观光不动，直至随处都能见空中显现布满不动的圆空光明。第三步，智慧增长的境界。此步境界即显现本具清净的宇宙法界全体，如镜中影像，不但是一个光圈，而且是五个光圈、一群光圈，组成一幅曼荼罗图画。到此步境界心之所想、目之所见的事物都不再是一般的事相了。自视不见肉身，墙壁木石全无障碍，能入一切物体，能转变之。外相内心顿断，如疯人无恐惧，地水火风四大自灭，所见之处皆五色光净土，所到之处任意通过，无遮障、无阻拦，入水不溺。行人此时入无相究竟道，无去亦无来、非有亦非空。第四步，涅槃寂静。此时眼根所见境象皆空、身也随之灭尽，烦恼妄惑寂灭，无言说亦无声音——语根亦灭。总之，一切细微之根自然断灭，一切原来如此，归于不可思议的法性中。到第四种境界的行人成就虹身，地、水、火、风四大灾难不能坏灭，得到寿命长短由自己自主的功德。

化光虹身就是智慧气越来越盛，在一定条件下，质量转化为能量，就什么都化光了。身是光、气是光、讲话的声音振动也是光，使血肉之躯尽化光明。这就是宁玛派大圆满最高的成就。其所现之虹身如水中月、镜中影，一般常人只见其肉身，不能见其光明之体，但以手触则摸不到。成就虹身者甚少，其生时即已成通体光明的虹身，亦称金刚不坏之身，比喻其坚不可摧。虹身可随意长久住世，有超出常人的寿数，临终全部化为虹光。这就是藏密瑜伽最高的成佛境界。次一等的为虹化，临终刹那能使身体中的主要物质能量光释放出来，只余下指甲、毛发，或身体缩小为一肘长短，坚硬不坏。虹化的成就者古往今来都有发生，其命终之后都无须荼毗（即火化）。虹化的关键在于时间，而不在于空间，时间更为灵活，空间若无时间即成了死的了。虹化时的巨大声响、光亮就是时间上的顿超。虹化也是虹化者已入高深三摩地禅定而真正了悟过去、现在、未来三世共一时的佐证。虹化者出现的息住、脉停等生理现象,使人体生物能量场同宇宙场态能量场同频等流,时间与空间进入无限圆融的状态。从而静极生动,质量转变为能量,发生人体能量巨大释放的情况。

传　奇　篇

这个世界上圣凡之间的差异就在于他们是无差异的！

——噶玛仁千桑姆

第一章　莲花生大师传奇

莲花生大师为到西藏宏扬佛教密宗的第一人，宁玛派的创始人。传说为阿弥陀佛、观世音菩萨、释迦牟尼佛三位一体的化身，其成就最为殊胜。西藏佛法昌盛，莲花生大师的功劳最大，其说法无碍、神通无碍都是超过藏密瑜伽各派的所有成就上师的。所以，藏密瑜伽各派都推崇他为祖师，供养莲花生大师的塑像或画像。关于莲花生的传奇故事前后横跨 1000 多年①，显示了虹身成就者无边的长寿。这样长久住世的奇迹也可以算是传奇里的传奇、奇中之奇了。根据西藏的神话传说，莲花生大师现仍未示圆寂，并于每月初十返回娑婆世界一次。这也可以算是西藏古老神话传说的延续，表现了西藏人民对莲花生大师的崇敬之情。

第一节　印度传奇

海生金刚　在古印度西部邬金（又称乌仗那，今巴基斯坦）有一个王国，国王富有，但无子嗣。于是广开宝藏，施贫救苦，以求得子。当财宝施舍完毕之时，又有七个人来索取宝藏。无奈，国王只

① 据记载，莲花生出生于公元前 482 年，入藏传法时为公元 747 年，公元 9 世纪才离开西藏，前后约 1200 多年的时间。

好计划到龙宫取宝。国王请了一位老船手一同前往，经过一番努力，终于探得宝珠，凯旋而归。途中经过一内陆海，只见海水清澈见底、碧如蓝天，中有一朵奇异的五色莲花正在开放。莲花放出五色虹光，引得水鸟鸳鸯在四周游畅。国王寻至莲花附近，见花上趺坐一小儿，漂亮清秀。

国王问小儿："谁是你的父母?"小儿答道："明了智慧以为父，欢喜慈悲以为母。不生不灭以为地，内外光明以为心。空有不著以为食，降伏妄念以为座。"国王听后即命名他为"莲花生"，又称"海生金刚"，带回宫中抚养。这就是莲花生大师的出生。莲花生做太子不久，就决意出家修行，国王不允，紧锁宫门，不准外出。一天，四大天王捧天马足下降至城中，莲花生乘马越城墙而去，到南印度一个叫"噶炯"的山洞中修行。数日之后，金刚萨埵前来灌顶，化一道光进入他的顶门。于是莲花生成就了外修八法（御空飞行、天眼天耳通、神足通、入水不溺和入火不焚、地行无阻、死后身体坚如金石、骑剑飞行、隐身）与内证八法（自心明白、自在解脱、长寿、虹身等）。

求学得法　莲花生大师为了明了众生根器和气质，求访各地名师精学各种技术，以方便弘法活动。他向当地有名的星相家学习了天文、地理、阴阳、五行等学说。大士还逐一学习了医学、印度各地的语言文字，以及雕刻、织染、绘画、修造等技艺。

莲花生大师又到扎迦尔山洞里的红石上，向成佛阿阇黎（即金刚上师）请求学法。阿阇黎说："我惟知无上密乘，你欲出家，可往阿苏纳山洞中，向释迦佛的弟子请求剃度。"大士说："老师的无上密乘我也愿学。"阿阇黎说："依密乘戒律，传授密法，必先灌顶。"于是为大士灌顶。先传大士身口意五种灌顶，次传不动明王法及麻哈瑜伽、阿努瑜伽、阿底瑜伽，并传大士般若经和外修诸经仪轨。

以后，大士又到阿苏纳山洞从释迦佛弟子受戒，命名为“释迦狮子”，并受修释迦牟尼预嘱传付之法。释迦牟尼在圆寂前曾预言：“在西部印度达喇郭啸海中，有人从莲花中化生，有神通智慧，能降邪魔外道，广传无上密法。”于是莲花生得到了释迦牟尼口传师承的究竟法义和各种显密经轨。

莲花生大师欲选择一个即身迅速成佛的方法，以示范众生成佛之道。即前往普贤王如来等法身佛、报身佛净土拜师学法，学得嘎嘛契印(即双身法)。又到印度的噶拉噶塔中入定五年，报身佛金刚萨埵骑象现身，右手持杵，左手持铃，传大士麻哈瑜伽法。其主要方法就是：观想一切地、水、火、风、空都是佛刹，一切众生男女都是佛身，一切语言声音都是佛语，一切想念觉观皆是佛心。

此外，莲花生大师还见到了显示法身、法报身、报身、报化身、化身等五身的普贤王如来，学习到了显密二教圆顿契证的二十一类方法。归纳起来只有一种，那就是“禅定”。即色空不二，自心如如，不取不舍，三业(身口意)自在。大士还向金刚萨埵的两大弟子学习即身成佛的种种秘诀，其中最著名的就是仰底瑜伽(即无上大圆满法)。大士还从金刚大总持(第六金刚手)学习一切佛秘密奥义，并受金刚阿阇黎灌顶。于是，大士成就了化身说法的八种外密、报身受用的八种内密和法身根本的八种秘密。一切种种法，如增、息、怀、诛等密法均为大士所得。

一语悟道 在印度密林深处有一山洞名叫“紊炯”，有个修行成就的王太子叫写尔孙哈，在此山洞中居住。莲花生大师听到有人说：“欲求迅速成佛，当问此洞中师。”便慕名前往参拜。大士到洞中礼拜请求传法。写尔孙哈以食指指向天空说：“我成佛，惟有一心不乱一语，别无他法。”说完后就不见了踪影。

写尔孙哈一语道破成佛捷径,这就是顿悟的大圆满法,莲花生大师遂得此法。他曾对印度某国王对他的迫害处之坦然,他说:“佛就是自心,不加对治,则散乱,自心不明,则向外追求,外境苦恼现前,即功德成就就不自知了。不取不舍,如草生芽,忽忘忽助,自渐成长。”他对那些对他的称赞、颂扬也处之坦然,他说:“我心如虚空,毁我不嗔,赞我不喜。我心无量,内外透明,妄念不动。我心平等,观察思念呼吸,来去无迹。我心方广,上下四方,无所不往,欢喜随和顺从。”真正达到了禅悟的境界。

牧童成金刚 莲花生大师在印度卡迭瓦修法。一个牧牛童子以树汁早晚去供养大士。大士问:“你为什么供养我。”牧童说:“我深敬信大士。”大士说:“我传你法,愿不愿意学?”牧童回答说:“一定愿学。但缺乏供养,不敢请求。”大士说:“所供树汁便是供养,明日早晨来学法。”第二天,便传牧童单身金刚萨埵法。灌顶时,即现吽字,大士再传无上密法,牧童就能空中飞行。见他的人都看到马头明王像,手持羯磨杵(即金刚杵),放黄光和五色光,人们都说:“金刚萨埵来了。”而他说:“我是牧牛童。”众人知道他修行成就了。

第二节 藏地传奇

降魔建寺 藏王赤松德赞对先祖宏扬佛法功德仰慕不已,决定建一佛寺供佛。于是,大兴土木开始建寺。无奈白天所建,夜晚即丢失,屡建屡不成。藏王就只好到印度请佛教高僧入藏念经,先请得寂护来藏宏法。藏王再次建寺,亲自用金锄破土动工,寂护每日诵经不已。但从前的怪事仍然重演,白天所作工程,夜晚即不见了踪影。藏王同寂护商量,寂护说:"我是依显教发菩提心而修成的。调伏魔鬼,非我所长。现在印度金刚菩提道场有马哈班智达,是莲花化生,密教之大成就者,深知降魔之法,为三世大宝,诸佛化身。王应延请,以利民福国。"此时,又恰有从印度归来的使者报告:"印度法师多若天上的星辰,惟有莲花生大师属第一。"藏王立刻备黄金三升派使者前去迎请。

几个月以后,莲花生大师到了藏边一个荒凉的地方,名叫忙约儿,藏王听到大士入境,立即增拨黄金、修慰问书派使送去,大士不受,腾空而去,又回到忙约儿住了三个月。后启程再次入藏,又在途中遇到藏王使者,大士故意问来者是谁?使者说:"来送藏王增加给大士的黄金和问讯书。"大士取所赠黄金向空中抛散,看见的人都只叫可惜。大士又叫众人各拿器具衣服,作接物状,大士又拾泥土抛向空中,则空中落下的金玉珠宝皆落在众人的衣服器具里。这是莲花生大师以幻像来战胜幻像,以启示众人的一种作法。

莲花生大师在入藏途中,山魔欲害大士,运用神通,摄合左右两山来夹大士,大士耸身云霄,制服了山魔。又有毒焰蔽天的火龙,张牙舞爪,欲吞大士,大士口诵六字真言,左手持钵,右手伸掌,火龙立即坠掌中,只有五寸长,摇尾乞怜。又有一个神仙用雷电击大士,大士用手将他的雷电卷起,弃入海中,海水顿时沸腾咆啸起来。还有一个土地神化为大白牛,鼻孔出气,天就降雪刮风,大士念札、吽、榜、火四个字,大白牛就被缚了。大士路过雪山之时,一个施法力的神以北极冷风打击大士,随行的人几乎被雪山压死,大士也有微微的感觉。于是大士放出火来,雪山被溶化了。

大士到达距藏王都城约一日路程的地方后,藏王遣使候驾,不曾亲自迎接。大士见藏王以九五之尊而轻慢他,就没有立即前往藏都。后藏王派大臣率骑兵五百人来迎大士,就地宴请大士,因离江远,缺乏水,大士以手指山壁,岩石中引出泉水,大臣叫拿雄巴(西藏盛水的器皿)来盛水。因此,此地即名雄巴拉曲,泉水流成河,汇入雅鲁藏布江。

大士终于来到桑耶,主持建寺事宜。大士对藏王说:“西藏为许多魔鬼盘踞的地方,我所经之地业已降服。”大士还以吽吽的声音将魔鬼们召来,晓之以利害。大士将身腾空,让影子映在地上,城垣基础就成了。桑耶寺动工后,日夜开工,效率很高。西藏缺乏木材,而以前阻挠建寺的龙王,现在用神力输送木材到桑耶。工程未竣,资金已用完。藏王让大士想办法。大士说:“好办。”于是召海龙王,向他要钱。第二天,海中现白蟒,水势涛天。水退后,岸边留存许多金块金沙,举国人民取用不尽,国库也充满了。桑耶显密寺院也落成了。

开光的奇迹 建寺之后,各尊佛像也逐一塑成,藏王先请寂护开光。过一年以后,莲花生大师为藏王灌顶,藏王礼请大士给佛像开光。在供曼扎撒米时,一切塑像均自动外出。绕殿三匝而复入,而这些佛像身量比门要大。在大士给马头明王像开光时,屋顶射出火焰,藏王怀疑发生了火灾。在给弥勒佛开光时,有诸天供养出现。在给文殊菩萨开光时,空中现五色虹光。其他各寺,在大士开光时,有的空中现出三朵花,有的天空中日月同辉,有的乐器不吹不打自已发出乐声。在给五石塔开光时,天空现五色虹光。所以,大士说西藏的寺院可以同印度的菩提道场媲美了。

待印证的伏藏 早在印度、尼泊尔之间的匠来屑洞中修法的时候,莲花生大士即藏秘密法本、降魔杵、法器、经典于石缝当中,以便将来应用。大士在跟随释迦弟子修行时也曾问过释迦的结集经典藏于何处,释迦弟子告诉他:当经典集结成时,天王、龙王、诸神都来争抢瓜分供养。如般若经则由天宫、龙宫分藏。他认为人间财宝可以用完，但佛教经典藏于地、水、火、风、空五大之中，入水不漂，入火不烧，入地不朽，取之不尽，用之不竭，随时随地，都可以发现。果然，大士在尼泊尔一个三角石头盖着的洞内，发现了一个内藏普尔巴本尊金刚橛、诸经典的箱子，里面有各种降魔之法。

当莲花生大师到藏地传密法时，已预知将来王族中有魔鬼化身，要消灭佛法。便与藏王秘密商议，将经典、佛像、金玉珠宝等物，分藏各地未有到过、不留马足印迹的石土之中，以便后世学佛修行弟子之用。大士还叮咛藏王："我所译经典，所传密宗，虽无错误，唯恐后世众生根基渐浅，有非议密法的，所以，特请藏王迎请印度大密宗喇嘛五百人来藏，以相印证。"藏王请问大士以后佛法衰败时，应该如何发现伏藏？大士预言道：密宗法本藏于地库、水库、火库、心库、天库等各处，他日有人发现，昭示后世。莲花生大师还开示说："我的密宗法本，好似毒蛇之头。用得巧妙，可以得蛇珠，否则反而被蛇咬伤。应自观本心用功，择徒不论贫富贵贱，必选有实心信仰的人传。"莲花生开示已毕，在他的周围渐渐生出一片灿烂的光芒，有赤红色的虹霓升起，成光轮放射状，遍照十方。莲花生冉冉升空离开西藏，往印度西南方向去了。

莲花生大师所传大弟子共 25 人，此外还有 200 多人虹化成就，化光飞空。大士在西藏各地居住久暂时间不等，前后共 111 年的时间；有时又离开西藏前往其他地方，如果剔除这些时间，满打满算，他也在西藏住了 55 年。

第三节 《格萨尔王》中的莲花生

《格萨尔王》是我国藏族的神话、传说、民间故事、民歌和谚语的集大成，是世界上最长的一部英雄史诗。史诗大约形成于吐蕃王朝（公元7至9世纪），公元10世纪以后得到丰富和发展，并开始广为流传，全诗使用了一些藏族口头传说。估计最早为宁玛派喇嘛和噶举派喇嘛所创作；另一种说法认为史诗是宁玛派的一位喇嘛某日酩酊大醉之后一气呵成而唱成的，并为宁玛派喇嘛纂抄和世代传承。史诗中充满了藏传佛教特有的密教色彩，其主人公格萨尔实际上就是一个藏密瑜伽的修持者和成就者。史诗一开头就描述了莲花生大师为格萨尔灌顶授记的传奇，反映了莲花生与格萨尔的师徒关系。格萨尔王实际上就是莲花生大师塑造的一个降魔除妖、法力无边的英雄人物。

史诗一开始就描写大慈大悲的观世音菩萨为救度藏地遭受天灾人祸的黎民百姓，而向阿弥陀佛请求派天神之子下凡降魔伏妖。阿弥陀佛让观世音菩萨到莲花光无量宫的大乐自成殿找莲花生大士完成这一使命。

观世音菩萨变化成童子，在莲花生大师的宫门口留下一株八瓣金莲花，上有六字真言及中心种子字。后来，金莲花化作一道白光，钻进莲花生大师的胸口，莲花生大师立即明白了其中的密意，接受了十方诸佛的托付。

首先，莲花生大师决定让神子在空行勇父、勇母聚会的喜庆日子——初十那天降生人间。他在法界大定中，头顶发出一道绿色的光，这光又分作两道，一道射进法界普贤王如来的胸口，另一道射进了圣母朗卡英秋玛的胸口。从普贤王如来的胸口里闪出一支五股的、中间有“吽”字的蓝色金刚杵，杵又飞进了天神太子德却昂雅的头顶，天神太子顿时变成“马头明王”；从圣母朗卡英秋玛的胸口里，闪出一朵十六瓣的红莲花。花蕊上有一“啊”字，这朵莲花飘进了天女居玛德泽玛的头顶，天女变成了“金刚亥母”。一个是马头明王的化身，一个是金刚亥母的化身，天神太子和天女双双进入三昧耶[①]之中，发出一种悦耳的声音，这声音震动着十方如来的心弦，十方如来将他们的各种事业化作一个交叉的十字金刚杵，飞入天神太子的头顶中，被大乐之火熔化后，注入天女的胎中。神子从天女腹中一诞生，立即朗诵六字真言，然后唱起指示因果的道歌。

莲花生大师听到神子的歌，知道为他灌顶授记（即预计未来）的时候到了。这时需要诸佛的加持。于是，莲花生大师口中念念有辞，身上不断地闪射出光芒，去鼓动诸佛前来加持神子。莲花生大士额头上发出一道白光，鼓动了色究竟天的毗卢遮那佛的心弦。毗卢遮那佛从额上发一道遍照十方的光芒，把十方诸佛如来加持的“嗡”字，聚在一起，变作一个八辐法轮。这个法轮飞至神子所在的天空中，一下子钻进了神子的额际中，使他得到了佛法的灌顶授记。莲花生大师又从胸口发出一道蓝光，鼓动了东方喜现佛土阿闳佛的心弦，阿闳佛从胸口发出一道光，化作一切佛心所加持的五股青色金刚杵，钻入神子的胸口里，神子得到了三昧宝库中的一切，众天神用宝瓶装满甘露，给他洗浴身体，使他得到了金刚的灌顶授记。莲花生大士又从肚脐发出一道黄光，鼓动了吉祥庄严佛土宝生佛的心弦。宝生佛从脐间发出一道光，把一切佛的诸功德和福分聚集在一起，化作一个有火轮环绕的摩尼宝珠，钻入神子的脐间；又把十地菩萨所用的戒指、长短瓔珞、衣物等装饰品给神子穿戴上，使神子得到了宝物的灌顶授记。莲花生大师又从喉咙里发出一道红光，鼓动了西方极乐世界阿弥陀佛的心弦。阿弥陀佛从喉间发出一道光，把一切如来的语言化作一朵红莲花，钻入神子

① 即止息专注于一境的不错沉、不散乱的禅定状态。

的喉间，使他得到了六十种音律的使用权；又把一个象征一切如来佛誓言的五个尖头的金质金刚杵，从空中降到神子的右手，神子已得到莲花生的灌顶授记。莲花生大师又从生法宫①发出一道绿光，鼓动了上业圆满佛土不空成就佛的心弦。不空成就佛从生法宫处发出一道光，把一切如来佛的事业化作一个绿色十字杵，钻入神子的脐下四指处的生法宫，使他得到了事业无边的权力；又把一个象征一切如来佛的四种事业自然成功的白色银铃，从空中降到神子的左手，使神子得到了事业的灌顶授记。

五方圣智（即五方佛）给神子灌顶授记后，尊贵的忿怒明王和诸神也给神子授予宝瓶灌、密灌、智慧灌、胜义灌等四种灌顶。从此，神子具备了举世无双的无量功德，只待降生人间，普度众生。此后，莲花生大师又为神子选择了降生地——岭噶布，选择了神子的父亲是岭地古老王族的后裔，神子的母亲是龙女郭姆。在神子格萨尔王降生前夕，他的母亲郭姆曾唱道："喉咙、心口和肚脐，是不动摇的三脉轮；囟门（即顶轮）和密处（脐下四指生法宫）二脉轮，这是出入往返门；经过囟门天灵盖，从这里来乃是好缘起。上师②已经加持过，五脉轮门无差异。"以后，格萨尔王大闭关修定时，莲花生大师的形象常常在他定中出现。并产生一些神奇的功能。如岭军大将超同被突然刮倒的树压倒，外气已断、内气尚存，格萨尔将右手放在超同的头上，做起延寿法，过了喝一碗茶的功夫，超同如梦初醒一般清醒过来。又如，格萨尔看到敌军攻击凶猛时，与超同合修密咒，顿时天空黑云密布、雷电交加，雹雨齐降，好似天翻地覆，敌军不战自退。如此等等，不胜枚举。

---

① 位于脐下四指处。

② 即指莲花生大师。

第二章　米拉热巴大师传奇

米拉热巴大师从12岁起就在深山洞中习修大手印禅定,他一生不修寺庙,不搞任何宗教组织,终生在深山修行。他以身示范,力倡实行,形成了噶举派重实修、重口传心授的宗风,噶举派因此而又称“修传派”,噶举派成就者的数量也因此在藏密瑜伽各派中居第一位。但米拉热巴为了防止久居一处而生根,所以,他既隐住深山,又行脚云游四方;他又不特意到城镇中去找人弘法传道,而是随机随缘,以各种善巧的方式应机说法,不拘一格。他的诗歌充满着活力而又感人至深,其中并没有深奥的佛学教理,只有其直接经验的真实感。米拉热巴以其切实出离世俗的持久的实践,将佛教的小乘、大乘、密乘理论圆融为一。其证悟的诗歌反映了实践佛学的殊胜之处,是一种较高层次的禅诗,其影响力超过任何佛学家的论著。因此,他的诗歌和他的传奇故事在西藏是最受欢迎的文学作品。“热巴”即藏文布衣之意,米拉热巴即是“着布衣的米拉”之意。藏密瑜伽士不许穿皮衣,在极寒冷的天气也只穿一件单衣,以鞭策拙火速得成就,特为噶举派的一贯宗风。可以说,米拉热巴的朴实、艰苦、实践,反映了藏密瑜伽的真实性。同时也使他无愧于“大禅师”的称号。

第一节 说法传奇

藤杖之歌 米拉热巴没有任何财产,只有一柄藤制手杖相伴他云游。一天,他向一位富人乞食。那富人问道:"瑜伽行者啊!你手中拿着的这根藤杖是小孩玩具吗?还是疯子的游戏之物呢?或者有什么表记意义?"米拉热巴回答说:"此杖坚固有弹性,代表着心性本来清净;杖身涂油放光彩,代表着瑜伽行者的心性自在;杖身似圆柱象征着离戏瑜伽,杖色洁白象征无垢,杖内实管象征着诸法皆空;杖上零散有黑斑,象征着藏密瑜伽士仍有少许妄念!"所以,当他的一位弟子将别人供养的一颗大松耳石看得极其珍贵、惟恐丢失时,米拉热巴即将这颗松耳石投入湖中,并对这位弟子说:"你的松耳石之苦,已断除了。"

米拉热巴以藤杖来寓意深奥的佛学哲理,除了反映藏密瑜伽比较注意事相的特点外,还给弘法对象留下真实、形象的印象。除了藤杖之歌外,他还曾做歌把自已形容成一个小白塔:"我行白法故身白,烦恼微渺故名小,是故我名小白塔。"同时,他常将右手放在耳朵边,代表了口耳传承的宗风和诗歌方面的灵感,并在歌谣中对藤手杖上挂着的物品、装饰做了象征性的解释。

米拉热巴久居深山,以温暖的太阳为衣服,以野麻为食,以岩浆为饮水,无须任何贪求。因而做"无贪歌"一首:"无贪茅蓬,自春徂到冬,载修载死,彻始彻终;乐无人异,苦无人同,以修以证,全始全终……一息或存,志不困穷;智风悲雨,淅沥谷中。"他由此有十年没有出山洞。一天夜里,一个小偷因为迷路而进入他的岩洞,想顺手牵羊,拿点东西走。米拉热巴笑着说:"我白天都找不到一件物品，何况你夜晚能找到什么?”小偷也偷偷笑着溜走了。其后又有一天，一个猎人因追猎物而路过洞口，见一人身体呈绿色、颧骨突出、眼睛凹陷、浑身毛毵毵的，猎人以为见了鬼，只好以枪来壮胆。米拉热巴说:“我就是米拉热巴，因吃了近十年的野麻，所以身体是绿色的。请你进洞来谈一谈。”猎人进洞后要吃的，米拉热巴以罐煮野麻。猎人问:“米在哪里?”米拉热巴回答:“这就是米。”猎人问:“盐在哪里?”米拉热巴将野麻捣碎加入罐中说:“这就是盐。”猎人问:“有面条吗?”米拉热巴以长的野麻加入罐中说:“这就是面条。”猎人笑着说:“你的饮食如同画饼充饥一般，随便乱涂几笔就可以充饥。”米拉热巴就是这样对饮食、衣服、居住等一无所求。

米拉热巴曾以脚放在其弟子刚波巴的头上使刚波巴一瞬间即得全部四种灌顶，成为金刚上师。米拉热巴对刚波巴说:“我有一个最深奥的宝贵口诀，但如果传与别人实在太可惜了。所以，你可以离开我走了。”刚波巴辞别米拉热巴刚渡河走了一小段路，就隐隐约约听见米拉热巴在对岸呼唤他，他立即又回到师父的身边。米拉热巴对他说:“唉！我这个口诀虽然至为宝贵和殊胜，有点舍不得传人，但是这个口诀如果对你都不传，还能传给谁呢？所以我还是要传给你的。”刚波巴听了万分欢喜、雀跃，忙问:“那么我是否要准备一个曼荼罗作为你传法的供养呢?”米拉热巴说:“曼荼罗倒不需要，只要你莫辜负了我这个口诀就行了。好！现在你看!”说着就将衣袍撩起。只见米拉热巴周身上下尽是老茧。米拉热巴继续说道:“我再也没有比这更深奥的口诀了！我是经过这样的辛苦修行，心中才生起功德的，所以你也要以最大的坚忍毅力来修行才好。”刚波巴接受了米拉热巴赠给的、不可磨灭的临别礼物。

米拉热巴的师父玛尔巴曾嘱咐米拉热巴：以终生不离山穴崖洞、终生修持的方式去弘法。米拉热巴果然终生住山修行，众多的弟子曾多次劝请他下山弘法，都遭到他拒绝，并明确声明住山修行即是最好的弘法。这也是藏密瑜伽修行的特点之一。因此，玛尔巴曾评价米拉热巴“如日照山顶”。印度那若巴祖师也曾恭敬地闭上眼睛，向西藏点头三次，以示对米拉热巴的敬意。传说所有印度的山顶和树木也向西藏点头三次，至今仍有一些山顶和树木保持着倾向西藏的姿态。

牧牛童觅心　米拉热巴在绕马的菩提坳安住修行时，一天，有两个牧童前来朝拜，其中一个较年轻的问：“师父啊！您难道没有修行的伴侣么？”米拉热巴说：“我有伴侣呀！”牧童问：“他是谁？是一个什么样的人呀？”米拉热巴回答：“我的伴侣的名字叫做‘菩提心’。”牧童问：“他现在在哪里呢？”米拉热巴说：“他现在在一切种识的房宅里。”牧童问：“什么叫一切种识的房宅呀？”米拉热巴回答道：“那就是我自己的身体。”年轻的牧童说：“原来所谓的‘识’就是指我们的心，而身体好像是这个心的房宅。”米拉热巴说：“不错，正是如此。”牧童又问：“人们住的房屋中，有的只有一个人居住，有的却有许多人住在一起。那么，身体内所含的心是一个呢？还是有许多呢？如果是有许多的话，是怎样生活在一起呢？”米拉热巴说：“心是否只有一个，或是有好几个，你自己去观察一下吧！”牧童说：“好！我回去就开始观察。”

第二天，年轻的牧童又回到米拉热巴身旁，并说道：“师父呀！昨天晚上我仔细观察此心是一也是多，究竟所谓的‘心’怎么回事？我发觉‘心’只有一个。想杀它也杀不死，想赶它也赶不走；想抓住它也抓不着，想压制它也压制不住；想安定它，它也不肯停留；放它跑，它也不走；收集它，它也不集拢；看它又看不见什么；观察它也无什么结果。如果说它是有的,想使它出现,它也不出现;如果说它是'无',它又明朗的现前。这个'心'好像是明明朗朗的、空空荡荡的、细细微微的、奔跑无羁的。究竟心是什么,我实在不知道,这究竟是怎么回事,请师父开示我吧!"米拉热巴以诗歌回答其问,"护畜牧童听我言:糖浆之味甚美好,虽闻其味甚甘甜,若未亲尝不能知,'甘甜'二字仅意境,亲自舌尝乃真知。现、比① 的境界不同故,如是心之自性者,若凭他人来指示,只现片刻非真见,若能依此刹那境,努力观察觅心性,乃能决定真实相,汝应如是住汝心。"牧童说:"那么就请师父传给我指示心地入门的方法,今天晚上,我就去努力寻觅此心性?"米拉热巴说:"好吧!你今天晚上就静心诚意地去观察你的自心是什么颜色,是白的吗,还是红的,还是其他任何颜色的。再观察心的形状是什么样的,是长形的呢,还是圆形的,还是其他任何一种形状的。再内观自身,从头顶到脚底,看看'心'住在何处。"

第二天早晨太阳刚升起,牧童就赶着牛羊来看米拉热巴。米拉热巴问:"昨天晚上,你用功去寻觅自心了吗?"牧童回答:"是的,我寻觅了。我发觉此心是明明朗朗的、变动不停的、不可捉摸的,无任何颜色和形状。当它与眼睛合作时就能看见,当它与耳朵合作时就能听见,当它与鼻子合作时就能闻见;与舌头合作时,则能尝味和说话;与脚合作时,则能走路。现在整个身体的各个器官都像是'心'的奴仆一样,当身体各器官都健康舒乐时,'心'就让它们去作种种的事情而谋取利益;当身体老迈或病衰了,或者遭到

① "现"即现量,为当下不离一念的感觉或知觉,多属前五识(眼、耳、鼻、舌、身)境界;"比"即比量,为第六识意识的思维作用,是间接、抽象的,不是直接的或现量的,证悟则必须是现量得证。

了创伤、伤害，‘心’就会像抛弃揩屁股的石头一样，舍弃此身，径直离去。‘心’像个图小利的滑头，身体为它殷勤服务，侍候得好时，也留它不住；当身体给他痛苦时，它就会自起抵抗，准备离去；而晚上睡着时，它就会与身体分开，到处游逛。这个‘心’真是辛苦忙碌得很啊！我也因为这个‘心’，所以才吃尽一切痛苦呀！”米拉热巴说：“此身实况很难言，介于有识与无识之间。你或有意使‘心’解脱、得安乐，我可以为你做引导。”于是，这位16岁的牧童即皈依了米拉热巴。米拉热巴对他说：“今天晚上你要静坐观察那个求皈依者是你的身体呢？还是你的心？明天早上来告诉我你观察的结果。”

第二天一大早牧童就来了，向米拉热巴报告：“师父呀！昨夜我观察求皈依者，既不是我身，又不是我心。身体不可能是‘求皈依者’，因为身心分离时，这个身体就成了‘尸体’了，尸体会很快溃烂消散，那时就连尸体也不存在了。于是，我又观察‘求皈依者’是不是‘心’呢？如果叫做‘心’，就不能说是‘求皈依者’，因为如果说过去的叫做‘心’，而未来的叫做‘求皈依者’，那么，过去已过、未来还未到。所以，只有把过去、现在、未来三时的‘心’总合起来，心才是常住不变的实体，就可以命名为‘求皈依者’，或只叫它做‘求皈依者’，而不必再叫它做‘心’了。过去之心已经逝去，明天的心还没有出现，现在的心也在刹那次第变迁，毫不停留。因此，我实在搞不太清楚‘求皈依者’是谁，请上师慈悲开示我吧！”米拉热巴以歌开示：“执持无我此心识，深观于彼不见‘我’；若能修持大手印，无见之见必能得。……昨夜寻‘我’不可得，此为观修人无我，若欲续观法无我，效我修行十二年，然后乃得知心性。幼小牧童听我言，汝应如是安汝心[①]。”牧童说：“上师啊！现在我决定把我的头颅和身体全部都供养给你，请您开示我如何通达自心，永断一切疑惑。”米拉热巴想到：“我先要看一看他是否能够修行。”于是，就对牧童说：“你在自己鼻头前面观想一个佛像，你就这样去修行吧！”

在米拉热巴传授牧童习定方法以后，过了七天，牧童的父亲到米拉热巴面前说：“师父啊！我的小儿已经有七天没有回家了，不知是否出了什么意外！我到处去找，牧童们都说他到你这里来学法了，他们还以为他早已回家，并说已经七天没有看见他了。”米拉热巴也不知小牧童到哪里去了。牧童的父亲只好发动许多人四出寻找。结果在一个泥洞里发现了他，牧童正直挺挺坐在里面，两眼凝然前视、目不转睛、悠然而住。大家问他：“你在这里做什么啊？”牧童回答：“我正在修持上师传我的口诀呀！”众人又问：“那么你为什么七天没有回家。”牧童说：“别开玩笑了！我觉得我不过只坐了片刻功夫呀！”但是，当他看到天上的太阳时，不觉也迷惑不解了。原来此时的太阳升起的高度，比他开始习定时还要早几个时辰呢！他自己也摸不着头脑地说：“这究竟是怎么一回事呀？”从此以后，这个牧童常常失去踪迹，一习定就是五六天。以后，米拉热巴收他作弟子，成为心子（即心传弟子）之一，称为惹巴桑结加，即“佛护布衣”之意。

黑鹿与红犬　米拉热巴将他的徒弟各安置于不同的崖洞中修行后，就独自一人来到与西藏比邻的尼泊尔的一个人迹罕至的山上住下来。此山名叫“尼香古打”，其山峰异常峻崎，终年云雾围绕、细雨蒙蒙。米拉热巴所居的崖洞名叫“嘎打雅”，洞前经常都

---

① 此句之意颇似《金刚经》中“应无所住而生其心”一句之意。

能听到潺潺的流水声,山前有一片茂密的森林,水草丰美,处处鸟语花香,真是一个寂静安适的修行场所。但是有一天,一阵犬吠、一声巨响打破了宁静的气氛。米拉热巴便走到洞口一块巨石前面的平地上坐下来入定。不一会儿,只见一只黑色麋鹿惊惊骇骇、颤颤栗栗地跑到米拉热巴面前,米拉见它通身是汗,不觉生起难忍的大悲心,做歌曰:"惊惧急躲窜,依此幻身逃,焉能得解脱?真实逃避处,内观自心性,摄性归菩提。除此无他途,能至解脱处。舍此而求他,是为真颠倒。"米拉热巴歌罢,黑鹿的恐惧和痛苦仿佛都平息了,它快乐地走近米拉热巴,在他的左侧卧下,并用舌头舐他的衣服。米拉热巴暗想:"刚才听到犬吠,必定还有一只追这头黑鹿的狗就在附近。"果然,一条红色猎狗四爪锐利、口吐红舌、极愤怒地飞奔而来。米拉热巴想到:"这条狗看见任何东西时都会把它当做仇敌,它的心中充满了愤怒,我如果能平息它的嗔恨该有多好。"于是,他向红犬唱道:"汝视外物皆敌人,嗔急怒火使心迷,时为饥饿所逼近,烦恼刺痛无暂息,若不捉住自内心,捕捉外物有何用?捕捉自心时至矣!速息嗔心安闲住,松坦无虑坐我旁!"米拉热巴歌罢,红犬发出哀鸣声,它向米拉热巴摇尾巴,并用舌头舐他的衣服,做出各种亲善的表示,在米拉热巴的右侧卧下。黑鹿与红犬,一左一右安详地卧在米拉热巴身旁,如同母与子一样。

米拉热巴知道在鹿和犬的后面一定还有一个人。果然不久,一个满脸凶狠之色的猎人手持弓箭、肩挂捕兽套索而来。他看见自己的猎狗和猎物竟像一对儿女一般静卧在米拉热巴身旁,不禁暗想:"这个瑜伽士一定是在我的狗和这个黑鹿身上施了什么法术。"于是,他就气冲冲地对米拉热巴说道:"我到处都能看到你们这些瑜伽士。你有本事把我的狗和鹿弄在一起,现在我倒要看一看你的布衣能否阻挡得住我的利箭!"说着就将弓弦拉满,瞄准米拉热巴一箭射去,谁知竟射高了一点,没有射中。米拉热巴说:“你随时都可以用弓箭来射我,但不必急于一时。请你先听我唱一首歌,再射也不迟。”米拉热巴唱道:“经云人身贵似宝,汝之人身不值钱。汝形似鬼罪业聚,捕杀众生谋私利。若能于内除贪著,必能获得成就果,捕捉外物有何用?汝应向内调自心,克服捕杀外敌人,越克越多无已时。若能于内伏自心,一切仇敌自灭寂。”猎人听了暗自捉摸:“只凭他唱的歌是不能算数的。但是麋鹿和猎狗二者一向是冤家,是不能相处一起的。狗看见鹿时要发威,鹿看见狗时要颤栗,这是任何人都难以改变的。可是今天,二者却在他左右和平相处,实在令人不解。再者,我每年冬天到雪山狩猎时都是箭无虚发,今天却没射中。这只有两个可能:或者这个行者会使邪法,或者他是一位与众不同的大喇嘛!我不妨亲自审看一番。”于是,他走进米拉热巴的崖洞,仔细一查看,除了一些做为食物的荨麻、野草根以外,没有其他什物和粮食。猎人心中不禁生起悲戚之心,同时也产生了对米拉热巴的敬佩和诚信,发愿把黑鹿、猎狗、弓箭、羊皮绳套全部供养米拉热巴,离家跟随米拉热巴修行。以后他成为米拉热巴的心子之一,称猎士金刚护。据说在那个崖洞中,至今仍保留着金刚护献给米拉热巴的弓和箭。

米拉热巴在尼香古打山的嘎打雅山洞修行,其盛名在尼泊尔不胫而走、家喻户晓。尼泊尔国王派一通藏语的使者前来探视米拉热巴。使者对米拉热巴完全舍弃一切的真实修行,心生惊讶,叹为稀有。使者回去禀告国王,国王命使者前去迎请。米拉热巴则对来使说:“一般来说我是不会住在城镇里去应酬世人的。特别是对国王、显贵更是不屑去逢迎。我要遵守玛尔巴上师的嘱咐,在山间修行,所以不想到贵国去。”来使说:“一个大国王召唤一个瑜伽士的时候,那瑜伽士还不连蹦带跳地去应召求见吗?”米拉热巴说:“我本人就是个大转轮圣王,天下再也没有比我更快乐、更威武的大国王了。”使者说:“转轮圣王具足七种胜宝。你若是转轮圣王就必定富有,现在就请你把七种胜宝拿出来我看一看!”米拉热巴做歌曰:“信心是我之轮宝,昼夜恒行诸善业。智慧是我摩尼宝,能满自他一切愿。持戒是我后妃宝,能作端美之庄严。静虑为我宰相宝,能聚福慧二资粮。知耻为我巨象宝,能荷佛法之重担。精进为我骏马宝,载人能至无我境。闻思为我将军宝,能毁邪见暴敌军。汝若具有此臣属,必获王德与美誉,常胜一切诸逆缘,恒行十善降雨露。”使者由此感叹米拉热巴的歌就是非常稀有的佛法,不再坚请米拉热巴去尼泊尔王城。

事实胜于雄辩 米拉热巴在北马门山崖习定后,就决定到写日地区去修行,行至途中,在耶汝绛镇的一所旅店中休息,正巧有一位名叫约如唐巴的格西[①]带领众多僧人也住在该店中。约如唐巴格西在旅舍中说法,他的徒众们也早晚忙着讲法和念经。米拉热巴到他们那里去乞化一点食物,僧人们对他说:“表面上看起来像是一个瑜伽行者的样子,但既不能修行,又不能学法,更不会打坐习禅,连一个咒子都不会念!却要来分享出家人的食粮,真是个极可怜的人啊!”米拉热巴说:“我能在同一个时间里观想本尊、持诵真言、修道学法、入三摩地定,此心十分安乐。你们稍安勿躁,听我歌来:诸法所依之三宝,本来圆成光明中,无整明体自然住,何需祈祷外三宝?远离念诵及言诠,如是瑜伽甚乐哉!二种成就[②]之宝藏,本尊诸佛全具足,不必作意本尊观,一切光明中圆满。自身

① 藏语“格威西联”的简称,意为“善知识”,即按照格鲁派学制循序修学五大论典后取得的学衔,相当于博士学位,因毕业成绩的优劣,格西又分四个等级。

② 即世间成就(神通等)和出世间的殊胜究竟成就。

佛陀常显现,如是瑜伽甚乐哉!圆成本来自性中,朵马供食我不需,六识松缓坦然住,如是瑜伽甚乐哉!魔障根本是妄念,打鼓驱魔我不需,妄念游戏皆法身,如是瑜伽甚乐哉!言诠词句圣理量①,光明觉受自圆满,学法看经我不需,一切心显皆经教,如是瑜伽甚乐哉。"②约如唐巴听了米拉的诗歌说道:"瑜伽行者!你自己的修行觉受非常稀有难得。但就整个佛法来说,初入门的学人应该对佛法之所依境有所依据,因此看经学法也是必需的,尤其是一个人如果能够出家,身披袈裟,其言行也是容易向上和趋善的。"米拉热巴说:"这是你们教派所教示的。但是我米拉热巴所教示的却很简单:一切只要自己问心无愧就足够了。"约如唐巴对米拉热巴顶礼说:"您说的话都是真实的啊!请您传授法要,与我结一个法缘吧!"米拉热巴答应了他的要求。

在西藏的雅隆有一所研习佛学和因明的寺院,院中有两位主要法师分别叫罗顿和达罗,他们选派了三个精通因明和各种经典的僧人,去找米拉热巴辩论佛法。他们问米拉热巴:"住在地下的鼩鼠,能够一口气在地下冬眠四个月身不动摇,鱼类虽然经常在水中,也不会窒息。这是它们天生就有的'气之功德',可是这些动物的'心之功德'却微细得不及一根马尾毛。所以,你的气功也不过如此。真正的功德要心中具有才行。所以你把你所知道的大手印及其修法对我们说一下好吗?"米拉热巴答道:"我修大手印观时,心住本然离造作,无散乱中松松住,空性境中明朗住,喜乐境中明体住,无妄念中惺惺住,众缘境中平等住,此心如是安住已。无

① 圣教量以佛说或大圣贤所著的经论为依据,而抉择是非,理量则是纯依靠自己的理智而抉择是非。

② 这一段诗歌反映了米拉热巴的大手印禅定觉受,反映了他的一种殊胜究竟的成就。

灭决信种种生,自明任运事业成,任何果报无需求,心离愿求甚乐哉!希、惧二执尽除故,如是觉受甚乐哉!一切迷惑与妄念,尽成智慧甚乐哉!”米拉热巴又解释道:“我的心时时在修持学处,所以外境所显的一切皆自然成为佛说的经典,因此只要与世间的万千显现不相分离,也就是时时伴随佛教的经典了。我又确切地证到了外显诸境就是自心的变化,所以自心也就是光明!”三个僧人都不由自主地对米拉热巴生起了信心,请求米拉热巴给他们灌顶、传口诀。以后他们都成为有成就的比丘瑜伽士了。

达罗法师仍不甘心,继续要同米拉热巴辩论。他对米拉热巴说:“今天我们一定详细讨论一下,看看究竟谁对佛法具有真正认识。因为我对‘论法’的规则比较熟悉,因此我提议你这位瑜伽士把自己最熟悉的某项佛法问题,用一句话把你的意思和主张说出来,然后我就来观察此话的得失和功过。如果你心里认为自己佛学不够博通,那么就请你提出任何问题来质询我,我也可以尽力回答。”米拉热巴说:“法师何必一定要坚持让我提出一个宗义呢?那么,不管我懂得也好,不懂得也好,我只好遵命一试。现在我先提出一问:虚空是有碍法呢?还是无碍法?”达罗说:“从来还没有人问过这种问题。但是我言必有信,你提出的问题我都要回答,我的回答是:虚空当然是无碍法。除此之外我还有别的可能吗?”米拉热巴说:“我却认为虚空是有碍法。”达罗问:“你说此话有何证据?有何理由呢?”于是,米拉热巴就趋入虚空坚固三摩地定,然后对达罗说:“好吧!现在就请你看看虚空到底是有碍法还是无碍法。现在就请你站起来走动一下,把四肢伸缩活动一下吧!”达罗尝试着站起来并活动四肢,但身体丝毫也不能移动,好似僵硬的木头呆坐在那里,连嘴巴也张不开。米拉热巴此时腾身空中,在空中行走、踏步、卧倒、趺坐等,就像在平地上行动一般自由。米拉热巴出定以后问达罗："现在事实证明虚空是有碍法，你如何解释呢？"达罗不服，认为是邪咒使出的迷惑人的把戏。米拉热巴说："那么我现在另立一宗：'眼前这块大崖石是无碍法。'你认为如何？"达罗说："除非你用神通，崖石当然是有碍法了。"米拉热巴说："我还以为你是无所不知的呢！你所说的那个不许可用的神通，也正是成佛之时所显现的缤纷而降的法雨。"此时，另一位法师罗顿说："像刚才把虚空变成有碍法一样，现在就请您瑜伽士再现一次神通，把这块大崖石变成无碍法给我们看一看吧！"于是，米拉热巴即契入虚空遍处三昧禅定，身体随意穿过崖石，上入下出，下入上出，左入右出，右入左出，或半身隐于崖石中、半身露在外面。最后，米拉热巴掷大崖石于空中，崖石落下时他用手托住，并让他的弟子找来一根石柱，把崖石放到石柱上。崖石上留下米拉热巴清晰的手印，直到今天人们还能看到。

达罗法师辩论了半天没有占上风，就指责米拉热巴一句"法语"也没有引用，要米拉热巴免开尊口。米拉热巴说："我本来就是要乖乖地坐在一旁的，是你强要我说话的呀！因为我刚才所说都是实在的真话，所以触到了你的痛处。其实我们的心本来都是光明空寂的，这也叫做如来藏。如果识得自心本来面目，就名为妙智或清净佛陀而契入涅槃。若能证悟此点，即是成佛。这也是我已经证悟了自心的真实话。"罗顿法师对米拉热巴心生佩服和敬仰。他对米拉热巴说："您虽然不愿说修行的感受，但由于实际修持的缘故，您的智慧自然显露。请您开示一下密宗的见行修果吧！"罗顿以五体投地行大拜礼向米拉热巴请法，虽未获准，但对米拉热巴心悦诚服。他回去对达罗说："米拉热巴的各种神通实在是成就的真正凭证。我一直以为这些是魔术或障眼法，现在感到十分懊悔和惭愧，我对他的成就是毫无怀疑了。"

第二节 成道传奇

雪山之歌 米拉热巴在严冬快要来临时,要到拉息雪山去修行。村民们和弟子们都劝道:"现在已经是深冬了,到拉息雪山实在太辛苦、太危险了。"但米拉热巴不听劝告执意早日进山。于是,他的六位弟子携带食粮和饮料护送米拉热巴进山,行至一个山顶时,忽然天色大变,狂风暴雪铺天盖地而来,漫天风雪,连路也看不清楚,他们奋力与风雪争斗多时,好不容易才脱离险境。归来时已经半夜了。之后,大雪不停地下了十八个昼夜,山间交通完全断绝达六个月之久。此时,米拉热巴的弟子都认为师父在如此空前的大雪灾之下,一定不在人间了。于是,他们为追悼师父,在村里为他举行了一个会供①。

第二年阳春三月,米拉热巴的徒弟们带着刀斧工具,准备到拉息雪山去挖掘米拉热巴的遗骸。他们在快到米拉热巴所住的洞穴的一块大磐石上望见有一只伸懒腰、打呵欠的雪豹。大家禁不住互相说道:"看样子,这头雪豹一定把师父的遗体都吃了个精光,我们可能只能找到一点残余物。"大家顿时心情沉重,禁不住哭泣起来。但他们随即注意到在雪豹的脚印中竟夹杂着人的足迹。当他们接近米拉热巴住的崖洞时,听见了师父的歌声。大家惊喜之余还在猜测师父是靠什么为食活下来的。米拉热巴在洞中大声叫道:"傻小子们!你们磨蹭了半天,现在才走到,我给你们准备的食物都快凉了。快点进洞吧!"大家欢呼雀跃,争先恐后跑进洞

① 密宗的祈祷、供养、纪念仪式。一般在每月的固定日子里举行。

中,他们注意到米拉热巴上次带的一包面粉竟还没有吃完,同时还有一大盘煮好的米和肉。他们问师父是否早就知道弟子们要来。米拉热巴说:“我在岩石顶上曾看见你们在对面山上休息,所以知道你们来了。”弟子们说:“我们当时只看见崖石上有一头雪豹,并未看见师父您啊!”米拉热巴微笑着说:“我就是那个雪豹! 瑜伽行者行心气自在,有随意转变四大的能力,可以化现任何形状的物体,变现万端无有障碍,这次我也是特别对你们显示这点神通,你们对此保密,不要对外人宣扬。”弟子们问:“师父您现在容光焕发,身体健壮,比去年还要精神百倍。但是大雪封山这么久,食物无处接济,您究竟靠什么过活呢?”米拉热巴说:“多半时间我皆浸润于三昧禅定中,所以无需饮食。拉息雪山的瑜伽自在主,不畏饥苦以禅定为食,一袭布衫和拙火暖乐为衣,不分昼夜浸注在光明大手印中。”

在喜马拉雅山麓的冰雪之乡,米拉热巴在被称为吉祥长寿神女峰的世界最高峰珠穆朗玛雪峰上修行了九年。他曾唱道:“常住雪山瑜伽士,身体康健乐融融”;“米拉热巴之布衣,热舒柔暖如火炽”;“单衣一袭降风雪,开显拙火成就量”;“冷热二气成精华,自在驱使如仆从,身内气脉自在故,降伏风雪如反掌。”弟子们听了师父的雪山之歌,都欢喜雀跃,米拉热巴也忍不住同大家在大石坪上跳起舞来。米拉热巴舞步所至,石坪就如泥土一样,深深印下他的足迹和杖印。

轻过碎银河 一年夏天,米拉热巴在写日的北方修行。等到秋收的季节,他就下山去化缘乞食,来到一条如点点碎银撒入的溪水河畔。米拉热巴就在河畔休息小睡了片刻。一会儿,一位年轻人骑一匹青灰色的骏马也向河畔走来。米拉热巴问他到哪里去?年轻人说过河到亭日去。米拉热巴说:“我这个瑜伽行人已经老迈不堪了，自己很难涉水渡河，你能否行个方便，把我载在你的身后，一起渡河呢?”年轻人说：“我急着赶赴朋友的约会，如果你也骑在我的马上，我的马会受伤的。”说完就以不愿理睬米拉热巴的样子，径自渡河去了。米拉热巴当即以殷诚之心作“上师相应法观”，持了一口瓶气，在碎银河水面上轻轻走过，竟不下沉；不到片刻功夫，已经抵达对岸。回头看时，只见那年轻人才骑马走到河中间，马蹄举步，河水四溅，好像很吃力。年轻人已看见米拉热巴从河面上轻轻掠过，并先到达河对岸，简直不相信自己的眼睛。于是，过河之后，他仔细查看米拉热巴的脚，却连脚底也没有什么水迹。他禁不住生起极大的信心，对米拉热巴说：“我不知道师父您是大成就者，适才没有让您同乘坐骑渡河，十分悔歉！请您大量宽恕!”年轻人顶礼米拉热巴，询问所修何法、欲去何方。并以青灰马、绣花靴子、紫色皮袍、羊毛短褂、上好玉石、腰带便刀，甚至于裤子供养给米拉热巴，米拉热巴都不接受。最后，年轻人看到无论如何求法，米拉热巴都不肯赐予，便以锋利的匕首直指心口，准备自杀。米拉热巴为他的诚心所感动，传给他许多法，包括六成就法和大手印，并为他更名为寂光惹巴。在米拉热巴圆寂之前，寂光惹巴一直作他的徒仆，米拉热巴把一切密法口诀都传给了他，并将修行道路上对各种觉受证解的怀疑和歧途，也向他作了解释，使寂光惹巴彻底断除迷惑。

米拉热巴在尼香古打山的嘎打雅山洞禁语修行时，心入流水三昧禅定。一天，一群猎人来到山洞附近，看见米拉热巴不言不语地打坐，不禁害怕起来。他们向米拉热巴射出许多毒箭，但都未射中。他们随即又想把米拉热巴丢下悬崖，但费尽力气，也不能丝毫搬动米拉热巴身体。于是，他们又用大量树枝木柴堆放在米拉热巴周围，放火烧他，也不能损伤他一根毫毛。最后，他们挖开米拉热巴所坐的土地,把米拉热巴连座下的土石一起抛下山崖。山崖下面是一条汹涌的河流,米拉热巴趺坐的身体在下落将及水面之时,忽然停止下落,未沾水面。旋即缓缓由河中心上升,直飞峭崖之上,又返回到原来所坐的地方。并且一直是一言不发、默然入定而坐。猎人们惊奇畏惧万分,赶紧逃走。并在路上大声谈论山洞中的那个怪人。米拉热巴的弟子猎士金刚护听到他们的谈论,就告诉他们说:“这是驰名西藏的瑜伽士米拉热巴。你们所说的这些神奇的事情,都证明了他是一个大成就者。”

弹指飞雪峰 米拉热巴带领众多弟子前往玛旁雍湖畔的笛色雪山①,因为这座雪山为佛陀亲口授记、玛尔巴上师悬记的修行圣地。住在当地的苯教师傅那若奔琼要同米拉热巴较量一下神通和法力,以决定谁是这里的主人。那若奔琼立即以神力使身体突然增大千百倍,左右二足跨立在玛旁雍湖的对岸两边。米拉热巴则以身腾空,其身未见增大,玛旁雍湖也未见缩小,但米拉热巴的身体却将全湖盖住。

那若奔琼见米拉热巴的神通胜过于他,就要和米拉比谁力量大。那若奔琼以苯教的传统,逆时针绕行笛色雪山。而米拉热巴则以佛教的传统顺时针绕行笛色雪山。双方在笛色雪山东北的山谷中的一座巨石上相遇,那若奔琼硬要拖着米拉热巴按苯教的规矩绕行。米拉热巴则抓住那若奔琼的手,让他跟着佛教的规矩绕行。二人在巨石上拉来扯去,在巨石上留下许多凹入的足迹。不久,米拉热巴的神力制服了对方,那若奔琼被拖着顺时针绕雪山而行。为了让弟子们亲眼目睹师父的神通,米拉热巴坐在笛色西面的山谷里的莲花洞中,一伸足就把脚伸到笛色雪山东麓的那若奔

---

① 此雪山就是指本书第一章“香格里拉之谜”中所说的冈底斯雪山。

琼的茅棚前。那若奔琼也如法炮制，但拚命向西伸足，也伸不到自己的茅棚前的小溪边。两人又比赛建石屋，米拉热巴以手劈开大石筑好了房基。那若奔琼负责搭屋顶，但他劈开的石头不是断为两截，就是使全力也搬不动。原来是因为米拉热巴作了一个降伏手势和一个下压的手印。米拉热巴将那若奔琼搬不动的石头单手举起，又将其放于地上，双足踏上；还将石头举起放在头顶上。所以，在这块石头上留下米拉热巴印下的手印、脚印、头形印。修石屋的所在地（笛色的南面）被人们称为“神通窟”。

那若奔琼仍不服气，约米拉热巴在本月十五号，攀登笛色雪峰，谁先上了山顶，谁才是笛色的主人。以后几天，那若奔琼专心一意的祈祷苯教的神灵。可是米拉热巴却一如平时，无事安然而住。到了十五号的清晨，那若奔琼口吹乐器，足跨一面大鼓，由空中向笛色雪峰飞去。米拉热巴的弟子们赶忙去报告师父：那若奔琼现在已到笛色山腰了。米拉热巴坐在床上不紧不慢地问了一下情况，弟子们都非常着急，请求师父立即采取行动。米拉热巴就作了一个手势说：“好！你们看吧！”只见那若奔琼虽然拚命想向上飞，却无论如何再也飞不上去了，只在山腰间兜圈子。此时旭日初升，米拉热巴举手咔嚓作了一个弹指动作，立刻飞向雪峰，刹那之间就飞到山顶，并与照在山顶的阳光融为一体。

那若奔琼仰脸见米拉热巴已安详地坐在山峰顶上，顿时觉得身心全部崩溃一般，从山腰上跌下去。此时他的傲慢和自信才全部瓦解，不得不承认米拉热巴的神通和威力确实超胜自己，是笛色的主人。米拉热巴告诉他为什么具有如此殊胜的神力：“心已超越有无边，此殊胜见生神力，本净佛性起大用。心无散乱离缘想，殊胜修观生神力，广大光明起神通。遇境皆松常保任，如是行持生神力，自然宽坦起大用。法性本面得相识，如是果位生神力，方显解脱起神通。”

马尾草上的断证 与米拉热巴同时代，在古印度和西藏地区共有五位大成就的瑜伽士，他们是印度的达马菩提和当巴桑结（Padamba Sange）①，尼泊尔的洗那巴若，西藏的古汝彩清和米拉热巴。米拉热巴在雅隆的腹崖窟修行时，一天将要天明时梦见印度的当巴桑结已经到雅隆的通那山来了。米拉热巴醒后暗想：“我心中毫无疑惑需要除遣，并没有非要去看他不可的理由。但是当巴桑结是一位得了成就的人，去看看他也没有什么害处。”于是，米拉热巴在修完一座瓶气后，向通那山行来。在山间米拉热巴遇到几个商人，便向他们打听有没有见到印度的当巴桑结。商人们说：“我们不认识什么当巴桑结。但是昨天晚上在旅店中，我们看见一个留长胡子的印度佬，脸色黑绿黑绿的。”米拉热巴想：这大概就是当巴桑结。此时，当巴桑结也正在向通那山走来。米拉热巴看见当巴桑结渐渐行近。不免暗地捉摸：“人们都说他具有无漏神通，我倒要考验他一下。”于是，米拉热巴摇身一变，变成一丛长在路旁的鲜花。

当巴桑结越走越近了，但竟走过了那个鲜花丛，显得毫无知觉的样子。米拉热巴想：“人们说他有无碍神通，看起来好像不可靠。”正在这样想的时候，当巴桑结忽然转过头来想用脚去踢那一丛花，继而脚并没有落在花上，因为当巴桑结也在想：“这是米拉热巴身体所变化的，我不可以如此。”于是，他就对花丛说道：“你把密法的心命精要都用山歌随便唱出来了，为了处罚你，许多食肉空行②已经把你的魂魄精气和鲜红的心肉都取走了。昨夜恰巧被

---

① 即达摩祖师（？－1117年），此时他的大约住世年岁为六七百岁。被尊为藏密男派“施身法”的祖师。

② 即凶恶的天神。

我遇上,我们一起作了会供,把你的精气魂魄都吃得精光,所以你不会活过今天晚上。你现在面临死亡有什么把握吗?"米拉热巴突然又从鲜花变成原形,唱了"面临死亡六种把握歌",以雄狮、雄鹿、巨鱼、自心虎、大鹏等动物来比喻自己"面临死亡心雀跃,死后解脱道上去"的把握,来回答当巴桑结的提问。

当巴桑结却说:"你讲的这一套全无道理!用外物作比喻来说明内证境界是不够的!如果你是一个真正的瑜伽士,就应该能够在当下的明体上有决定性的悟解才行。"米拉热巴又唱了一首"心乐六种决定歌",歌中唱道:"心契无生境中成无死,生死之相法尔自解脱";"无所修时心却不散乱,定散差别之相自解脱";"任运而行忽趋无灭境,形式造作之相自解脱";"无戒可持之时得无坏,一切戒相形式自解脱";"不求果证境中得无惧,一切希惧之相自解脱"。当巴桑结听了这首"我心乐融融"的证道歌,很高兴地说:"这些境界我以前已经经历过了。在西藏的修行者之中,达成无求、无作、无修的人就数你了。现在在印度,像你这样的人也只有一两个而已。因此,你不需要我,我也不需要你。"说着就转身准备离去。但米拉热巴立即拉住了当巴桑结的衣服说道:"听说你有一个叫'息苦法门'的口诀,以返观内视而能顿悟诸佛密意。请你为我唱一个歌解说一下好吗?"当巴桑结却说:"过去从来没有人听说过我会唱歌,今后也不会有人听见我唱歌。"但经不住米拉热巴的极力恳求,当巴桑结终于以唱歌来解释这一法门。歌中唱道:"身患疾病苦痛发生时,将彼融合法性成一味。"①"微细妄念生起时,烦恼才起即斩之!独居隐处而卧时,坦露明体放置之!身处众人聚中时,随显境上直观之!昏沉来时高呼呸!散乱来时

① 此地即指大手印一味瑜伽的持病为道。

斩其根！掉举妄念频生时，放彼至于心性中。心识随逐外境时，惺惺观造如如义。恶相现时观为福，随念起时心乐然。病苦来时以助道，遇任何境皆乐然。此即‘息苦法门’道。”米拉热巴听了非常高兴地说：“今天我们两瑜伽行者相遇，应该举行一个会供才好！”当巴桑结说：“很好，就让我们举行一次会供吧，因为你是西藏本地人，所以你应该作主人来招待我这个印度人。现在请你先准备会供的供品吧！”

米拉热巴把自己的头颅连同其中的脑髓等物一并取下来，又把两臂齐肘折断，连带颈骨做成一个灶架，把头颅放在其上。然后米拉热巴由脐间放出拙火来煮烧头颅，烧沸了其中的脑髓，突然从中放射出五色光明来。当巴桑结则变化了七个化身，每一化身皆站立在一根马尾草的尖端上。米拉热巴也变现出胜乐金刚的庄严坛城，然后自己也变化了七个化身，每一化身也都站立在一根马尾草的尖端上。接着便举行了会供仪式。当巴桑结说：“我俩在断、证上的各种功德是无有差别的。你我的见、行都完全相同，所以未来我俩的传承弟子们在见和行上也是一致的。”说完，二人以神通各自返回自己的住地。

成就的征兆 米拉热巴在雅隆的腹崖窟居住时为他的心传弟子们授以耳传之“宝瓶灌顶”，传授灌顶时，米拉热巴说“我已经老了，宝瓶啊！你自己去传给我的徒儿们吧！”说完，宝瓶就忽然腾空飞起，依次在每个弟子头上倾下甘露水，予以灌顶。此时，天空中天乐齐鸣，各种天花如雨纷纷而下，洞中散发出一股从未闻过的异香。种种瑞相使弟子们都叹为稀有，使他们现前当下即得智慧萨埵（即智慧身）的灌顶。又一次，惹琼巴画好一幅金刚瑜伽母的画像请师父为画像开光。米拉热巴说：“我这个老朽，对于那些繁广的开光仪轨已经不会了。但我现在要迎请智慧萨埵来融入此三昧耶萨埵(即画像)中。"说着就将花投向画像,画像立刻以各种姿态舞动起来。同时空中显虹光本尊放射出许多光明融入画像中。此时,天花纷纷落在米拉热巴的头上,米拉热巴欣然受入,就像以颅器接受甘露灌顶一样。天花遍布米拉热巴身体的各个部分,然后消融于他的身体中。看见此景者无不叹为稀有,惹琼巴等众弟子皆亲眼看见米拉热巴显现与金刚瑜伽母无二无别之相。

米拉热巴在红崖顶的虚空堡居住时,有一次,一阵狂风吹来,把他吹落在一个大悬崖的下面,掉落在一棵大树上,身体竟插在树枝上。徒弟们见了大惊失色,赶去抢救。可是米拉热巴的身体一点也没有受伤,竟好好地坐在那里。又有一次,米拉热巴坐在一个悬崖的边缘上,一个女孩子刚好从崖上经过看见了,不禁大声叫起来:"不要坐在那里!太危险了!"米拉热巴不理她,仍然默坐如故。不一会儿,崖边的土石开始簌簌的碎散下坠。米拉热巴高举降魔手印,崖石突然大崩溃,石沙四散飞扬。徒弟们见状都禁不住喊:"糟了!这下师父要受伤!"急忙跑去一看,米拉热巴安然如故。于是,弟子们启问米拉热巴:"岩石崩裂、身坠深谷、插在树枝上,可是您却一点也没有受伤。这是什么缘故呢?"米拉热巴回答说:"因为我已经证烦恼即佛智,通达本来不生而确证无死,转五蕴肉身为虹光身;八法①尽弃如灰尘,四魔②胆寒皆雌伏。我已经达成这样的境界,所以才能如此。"

米拉热巴融定、散、心境成一味,其成就的凭证就是显现种种无量神通。如米拉热巴到巴波堡拜访达马菩提时,就以神通力将身体变成一尊宝塔,像流星一样从空中毫无滞碍地飞掠而过,降落到已先行到巴波堡的弟子们之中,印度的大成就者达马菩提见了,

---

① 指外修八法,详见"莲花生大师传奇"的"海生金刚"。

② 指各种烦恼、疑惑、迷恋等妨碍修行的心理和生理活动。

也禁不住心生惊叹，称赞真是稀有难得。米拉热巴也曾腾身空中，身体由一变多，又由多摄为一，或隐没不现。其弟子赛文惹巴见了，也持一口气，向空中奋力飞去，但仅能是不沾地的行走而已。又有一天，米拉热巴变现多个化身为徒弟们和施主们说法，同时又出现在沙堆上同孩童们一起玩耍沙子。弟子们问师父这是什么缘故？米拉热巴答道："我是一个洞察到自己的自相的瑜伽自在者，所以能够于外显诸境中得调御变化的大自在，于自心也能有放、有收，随意自在。"

米拉热巴在去巴居住的某段时间里，有的人忽然好几天看不见他的身体，有的人虽看见他的身体，但是却看不见他作任何事情，连饮食、睡卧都没有看见。有一天，无论谁到米拉热巴面前来，都看不见他的身体。有的人看见米拉热巴的床上有一片光明，有的看见一盏灯，有的看见彩虹，有的看见水、金条、风吹等。其弟子寂光惹巴问米拉热巴为什么会有这些现象。米拉热巴做歌答曰："我于地大自在故，地即成为我自性；我于水大自在故，水即成为我自性；我于火大自在故，火即成为我自性，我于风大自在故，风即成为我自性；我于空性究竟故，外界与我成一体。风、心显境自在故，任何变现皆随心，融合一味无分别。"

米拉热巴以广大神通显现其证得的无上究竟道。传说，米拉热巴圆寂后，其遗体自动发火化光飞射，空中出现虹光，天雨彩花纷纷落下。天空中的乌云出现了奇妙的情景，好似天仙降临人间，天仙流下的眼泪变成草原点点美丽的花朵。也许，当时的真实情景并非完全如此。但这种传说表达了人们对米拉热巴一生真善美的崇敬、想象和理解。

第三章 藏密瑜伽奇人奇事

第一节 修证传奇

修拙火奇观 噶举派刚波巴大师是一个受了比丘戒的出家人,同时又是一位拉杰(即医生)。他历尽艰辛终于找到藏密瑜伽的大自在者米拉热巴尊者,并向尊者请求传授拙火的口诀,想修持拙火道。米拉热巴说:“你对修行很精进,应该可以只穿布衣就够了。”于是,就向刚波巴解释修拙火的方法,传授他如火炽燃的忿怒母修法。第一天晚上,刚波巴只穿一件布衣,坐在山谷之低地中修拙火。暖乐的觉受自然炽盛。天明时分,他不知不觉地睡着,全身觉得尤如在火堆边烘烤一般,而且全身如石头一样挺直不动。刚波巴又修了7天,第7天早晨看见五方五佛,就禀告尊者,尊者说:“这就像挤着眼睛能看见两个月亮,这不过是能持五大气的征兆而已。既不是过失,亦说不上功德。”刚波巴虽听尊者说这不是功德,但他仍然生努力之心,努力修持了三个月,一日清晨,刚波巴忽见三千大千世界像轮盘一样转了起来,所住房屋也转动,以至头昏眼花呕吐不止,昏倒在地很长时间。醒后他禀告尊者,尊者说:“这是左右二脉趋入中脉的证象,既非功德,亦非过失,只管继续修下去。”

许多天以后的一天清晨,刚波巴看见许多大悲观音像层层相叠住于自己头顶上的境象,每一尊观音顶上皆有一个月轮。刚波巴又禀告尊者，尊者说："这是顶间大乐轮（即顶轮）的纯净明点增盛的象征，即非功德，又非过失，继续修下去。"一天傍晚初更时分（约七点到九点之间），刚波巴看见黑森森的地狱，顿觉胸口压迫不适，以至心中紧张，产生猛厉心风（即呼吸急促）。以此禀告尊者，尊者说："这是因为你的修带①太紧，以致把身脉束缚得太紧了，上气行持得太紧了，应将修带放松一点，既非过失，又非功德。继续修下去。"又一天，尊者又向刚波巴解释修法觉受的原因："你看见诸天降注甘露使下界得满足，是表示喉间的受用轮（即喉轮）中的左右二脉的明点增盛的原故；又见自己母亲口中干渴难忍，是表示中脉下端之口尚未打开的原故。现在你应该作些运动和拳法。"于是，就传授刚波巴猛烈跳跃、打、跌的拳法。刚波巴依法修持了一个月，忽觉身体跳动、颤抖不已，时时都想大笑和颤抖，还不自主地叫喊呻吟。刚波巴暗自想道："难道我中了邪魔了？"赶快禀告尊者，尊者解释说："这是心间法轮处（即心轮）明点增盛的缘故，应不断努力作散布拳法，既非功德又非过失。"自此以后，刚波巴自觉身体充满气力和安乐，出现辟谷迹象，不需要吃太多的食物就能度日，也不觉饥饿。

一天，刚波巴看见日蚀、月蚀，仅余两条细如马尾的光线。尊者说："这是左右二脉的气趋入中脉的原故，既非过失亦非功德。"刚波巴又猛修一个月，见到喜金刚的红色坛城。尊者指出："这是心间法轮处由母亲所得的红明点坚固的象征，既非过失又非功德，应再接再厉"。刚波巴继续精进修观，一日看见上乐金刚的白骨坛城。尊者说："这是脐间变化轮（即脐轮）处白明点充满的征象。

① 藏密瑜伽行者在修定时以宽三四寸的布带缠在额头、肩部和二膝上，使身体维持一定的不动姿势，以增加定力的稳定性。

既非过失,亦非功德,应继续修下去。”刚波巴又修了 14 天,夜间突然觉着自己身体遍满虚空,有情众生正在吸吮他的乳汁,又听见叮当之声不断作响,却不知响声从何处来,只觉得响声像灰尘一样散及四方。天明后,刚波巴将修带拿掉,这些境象就消失了。尊者知道了他的这些觉受后说:“这是你全身里千万种脉络内的气将要转变成智慧气的缘故,这是明点入全身脉之相,你的大手印和拙火定双运成就了!”于是,米拉热巴传刚波巴最胜的忿怒母口诀。刚波巴依口诀而修。一天,忽然觉得自己修行所在的谷地全部被浓烟所笼罩,一片漆黑,连路都看不见了,只好摸索着爬行到师父身边。尊者说:“没有关系,你就坐在这里稍修片刻,气往下压,烟雾就会散了。”说着,就传给他除遣上半身障碍的口诀。一会儿,刚波巴就觉得眼前像天明了一样清亮。刚波巴修到日落时分,见全身皆白骨无有皮肉,白骨上缠绕着许多脉管。尊者知道了这种情况,说:“这是因为修气太用力、太粗猛的原故,要松缓一些才好。”于是,刚波巴当夜继续修拙火,不曾入睡。

一个月以后,米拉热巴对刚波巴说:“当你证悟之时,你就会对我这个老头子产生与佛陀无二无别的毫不动摇的坚定信心,你会见到离开修整的心性,生起善妙证悟,这时你就可以聚众宏法了。不过,你应该试一试,看你能否将气自在地运入指尖。如果你能够,你就可能除遣气的障碍了。”于是,当天晚上,刚波巴就在一个石板上面,用许多灰沙砌成一个大土堆,以手指指向土推,运气摧毁土堆,土堆成碎末状四处飞散。第二天早上刚波巴把这个经过禀告上师,问道:“这是不是气脉已得自在的象征?”尊者回答:“这只是气脉能得调柔的征象,说不上是气脉已得自在。你现在已经不必和我在一起了,可以到别处去宏法了,你以后必定能得到转变化身和神通的自在,并获得殊胜的成就。”

刚波巴大师遵照米拉热巴的指点到东方的刚波打兜山聚众宏法,在他的倡导下,瑜伽专修实践与律仪讲学理论合二为一,善巧地宏扬了显密二派的教法,使噶举巴由以前的居士教开始成为以比丘为主的教派了。一次,其弟子刚波勒问大师:“从前小乘声闻人(即罗汉)习遍处定时,可以成就许多三昧自在,现在为什么修不成了呢?”大师答道:“这是因为心没有纯炼的原故,如果好好修行,哪有不成就的道理呢!”于是,刚波巴即显示了地、水、风、空、火五大遍处三昧的奇观。第二天早上,刚波勒拿了一碗加糖的乳汁进来供奉大师,只见大师床上有一团熊熊燃烧的大火。刚波勒十分惊骇,不禁叫喊起来,等走近床前一看,火焰不见了。原来是大师向他示现火遍处三昧的神通。又一天,刚波勒拿了一盏供佛的灯到大师佛堂中,只见佛堂中充满了水,而水中又有火焰燃烧着。他暗想:“这是怎么回事呢?”就作了一个弹指动作,只听大师说道:“你到我前面来吧!”说完,水的境象忽然不见了。又一天,午餐后大师在楼上休息,施主道达加来访,请刚波勒将一盏茶供养给大师,刚波勒端茶到大师房中,只看见大师床上有一座金光闪闪的宝塔,他赶忙叫施主来看,但等他们再进来时,则只见大师坐在床上。又有一次,刚波勒有问题请教大师,但进大师房中一看空无一人,忽听大师说道:“你要什么呀?到我面前来吧!”大师竟好好地坐在床上呢。

修拙火而成就火光三昧的藏密瑜伽行者过去是很多的。米拉热巴的另一个弟子惹琼巴能随时生起生法宫(相当于下丹田)拙火的暖热,只需要一件布衫就可以抵御严寒,因此才得了“惹琼巴”这一绰号,“惹琼巴”意即为小布衣行者。噶玛噶举第一代大宝法王杜松钦巴曾以拙火让雪山溶化,又以气功使雪水不降下,以免水灾。“火光三昧”修成后,可以在任何地方,随自己的意愿发出火来。如康定有一个喇嘛能够从脐眼发出火来，点燃佛前供灯。还有一个叫伊喜阳魄的喇嘛，将达赖喇嘛让人送来的金线织的名贵袈裟放在左手上，笑道："我那里配穿如此名贵的袈裟，我把它拿来供天吧！"说完，右手在左手心一拍，立刻手心发出火来，将袈裟顿时烧掉。在德格有一个叫郎阶的喇嘛住在一个山洞里，有几个人来拜访他，他让他们到洞外打水来烧茶水。众人问在哪里烧水？他就指一指一堆灰烬；众人又问火在哪里？他就指一指那堆冷灰，众人不信有火，郎阶喇嘛就走到锅边低下头朝底看，并对着锅底吹气。他刚吹了几口气，锅底就冒出烟来，他不停吹气，锅底越烧越红，不一会儿，水就开了。修拙火真是不乏奇人奇事，只可惜，这都是历史旧闻，现在已经不再听说有如此成就的人了。

证悟奇闻　藏密瑜伽上师依据自性光明本具、自然显现之理，抓住意念顿息、光明刹那呈露之时机，给弟子予以指示、体认。虽然，与六祖慧能所传南禅顿悟法门的教授、作风有所不同。但二者言下即见性的传心之法实出一理。藏密上师有时也根据弟子的根器随机而用，产生了与禅师的拳打、棒喝等手段异曲同工的作用，将深奥难解之哲理化为当下即明白、浅显易晓的事物。《椎击三要胜法解》云："离境安闲顿住时，陡然斥心呼一呸"。这就是上师利用弟子受惊时的心理状态，大声呼"呸"，斥断妄念之流，弟子于震惊之余，赫然显现自性明体光明。藏密瑜伽以此种方法证悟的例子非常之多。有的上师在灌顶坛场中唱赞奏铃鼓，戛然顿止乐声，突然诘问弟子：心是什么？或采取拳打、脚踢、杵击等毒辣手段，使弟子于惊悸之中，或痛极晕绝之际，顿然剥落意识思维，见证光明。大手印传法时，上师也利用这些特殊方法，使弟子立刻看到自己的心性，这就是所谓的"指示心性"，颇似禅宗的各种开悟方法。

噶举派印度祖师那若巴对佛学虽有精深的研究,但静坐时心常不安稳。他听说谛洛巴祖师之名,天天寻访。一天,在僧伽道场忽见一个疯狂状的僧人在烤火,那若巴很觉奇怪,判定此僧必为谛洛巴。不出所料,谛洛巴示现神通,以火烤鱼而食,一弹指间又吐鱼复活,再弹指间鱼腾空而去。那若巴非常敬仰。虽然别的僧人把谛洛巴看成疯狂之人,但唯有那若巴对之诚信敬顺,拜其为师。谛洛巴对那若巴进行了无数次考验。其中有一次,师徒二人同坐于高房之顶上,谛洛巴忽然自语:"如有弟子,真正信顺上师,当跃下此屋。"那若巴听了,就毫不犹豫地一跃而下,顿时四肢关节俱散,几乎死去。而谛洛巴慢慢下来问那若巴:痛吗?那若巴说很痛。谛洛巴用手抚摸他,那若巴身体还原如故。后又受苦役二十四次,差点死去达十次,但那若巴从无怨言。最后谛洛巴以鞋底拍其面门,他昏沉了一会儿,醒时已证悟了。谛洛巴观察那若巴机缘成熟,就传其《恒河大手印》。《恒河大手印》以无制妄,弹指间刹那顿悟,与禅宗近似,是顿悟的法门。但必须的根基才能修成。那若巴以痛疼而顿悟,终究掌握了此快捷法门。

噶举派藏地始祖玛尔巴传法奇特。他收了弟子后,不先传密法,而是先命令弟子搬运土石,建造房屋,屡造屡拆。弟子受尽种种苦难,玛尔巴才认为其已清除学法障碍,始传密法。米拉热巴求拜玛尔巴为师学法,玛尔巴说:"先为我在南面建方形房。"房建成后,玛尔巴说:"再为我在东边建圆形屋。"圆屋建到半截,玛尔巴说:"以前所说不算数,可为我建莲花形屋于西边。"此屋盖到一半,玛尔巴又喝骂道:"谁让盖的,赶快拆掉石墙,将石块放还原处,不可乱放。另建一三角形的房屋于北边。"说完瞪目咧嘴、满嘴喷沫,一副怒不可遏的模样。当时,米拉热巴已积劳成疾,背部红肿溃烂。但米拉热巴再三忍受。师母及家属暗地帮助他运石砌墙,被玛尔巴发现,就让米拉热巴全部拆除放还原处。玛尔巴以此别有用心来考验米拉热巴。一次,有一个人来向玛尔巴求法,米拉热巴想同他一起学,玛尔巴问米拉热巴:"你供养我什么呀?"米拉热巴张口结舌,只好退出。又有一次,一个人来向玛尔巴求法,师母以自己父亲所陪嫁妆松耳宝石(玛尔巴不知此物)给米拉热巴,以便跟随来人供养上师学法。但玛尔巴有神通,知此宝石的来历,不但不传法,还把米拉热巴鞭挞了一通。米拉热巴从窗跃出,想去自杀,被师母阻止。师母乃偷出玛尔巴在印度所得那若巴祖师的璎珞(即项链),并伪造玛尔巴书信,命令其大弟子多巴为米拉热巴传法,但米拉热巴得法后久修不应。不久,玛尔巴召多巴回来,并嘱咐带米拉热巴回来。米拉热巴以为师父可以传法给他了。没想到师父斥责师母偷璎珞。米拉热巴知道罪责将及自己,赶忙逃走,在背静处拔刀自刎。多巴飞快跑来夺下刀,二人相抱痛哭。玛尔巴此时才叫米拉热巴进去,传"胜乐金刚"法。给米拉热巴灌顶后,玛尔巴道出为何如此做的原因:"我在那若巴祖师处受大苦二十四次,小苦无数。"如此做法就是上师让弟子知道:法是不可轻易得的。米拉热巴经受了这些身体上和精神上的痛苦折磨,弹指即得现量证悟。

米吉巴随印度大成就者夏哇缕巴修法,相处六个月,未曾见过师父的身形。米吉巴殷勤地启请,师父突然出现在座位上,但浑身是虱子。师父的两个妹妹一前一后正在为师父抓虱子,一边抓一边把虱子吃了。米吉巴心中暗自嘀咕,怀疑其无有慈悲之心。米吉巴有一仆人也在其旁,见吃虱子,合掌自叹:"食之而能顿然超度,我不如虱子。"感泣不禁。夏哇缕巴祖师知其心念已弹指之间顿悟了。而米吉巴因慈悲作障,不知密法的妙用功德,反而迟迟不得具足证悟的先决条件。这说明只有时机相投的弟子才能够从师父的言行中,疾速得到圆证。

噶举第二代祖师那若巴的妹妹为香巴噶举第一代祖师,她就是著名的《宁古玛六法》①的创始人宁古玛。香巴噶举第二代祖师抽米朗足到印度朝圣,听说其名,仍挑担千两黄金前去求法。宁古玛吓唬他说:“我不是宁古玛,我是食人妖,当吸吮你的脊髓,寝盖你的皮,你不怕我吗?”抽米朗足叩头如捣蒜说:“愿以全身供养。”说罢,将千两黄金献贡。宁古玛目光炯炯地傲看四方,则遍地皆为黄金。抽米朗足心里捉摸这些是真金呢?还是幻术呢?宁古玛说:“真金也是这样!幻化也是这样!一切法皆梦幻!如果确实了知一切皆真金,就不会吝啬了。”抽米朗足得宁古玛指示其本来面目,顿入法尔本性。

西藏的抽米朗足与玛尔巴、米拉热巴为同一时期的大成就者,遍游印度,参圣谒迹,曾遇宁古玛、苏卡洗底等150位师父。一天,一印度人向他求治病,抽米朗足为他验脉说:“应当放血。”病人说:“不敢。”言罢,飞升空中,手中自放血,后再下来求治。抽米朗足说:“血下过多宜敷酥油用灸功。”病人不从,再飞到空中,油火俱显。抽米朗足乃顶礼向他求法。原来这是印度大成就者、大护法雅火拉祖师示现病痛,求抽米朗足医治。这是持病为道,以病者何在?痛者何在?指示安住于明体光明与病痛契合的空性中,以无病而现起假病因缘,为大手印一味瑜伽的妙用。而运用者往往是修一味瑜伽成熟者,病痛之上自有不病者,以此使弟子了达此不病者即自性光明。

藏密瑜伽士宁马孙叩观想文殊菩萨本尊13年,略有成就,其后修气功,遇到射箭人的击打,心中乃忿忿不平,因而气功受害,不

---

① 又称《勒古六法》。

能自救。他历经四个月的跋涉,路中又遇大雪,靴也脱落,脚也冻裂,终见到了著名的香巴噶举祖师妈几劳准。想求她救治。妈几劳准已先知其在途中的艰难,问其途中经历。宁马孙叩礼拜不止,感动得两眼流泪,不能自已。由此,他心觉欢喜、身觉轻安,心之妄想,顿然止息,自心显露,心住于空性,心气无二安住于大定,从而消除了受怒气伤害的心理状态,恢复了以前的良好状态。妈几劳准祖师还为宁马孙叩讲解"施身法"观想的证量,即以"惊"、"变"、"息"、"断"四个字包括,如果完全具足惊、变、息、断,就是证悟到量、现量得证了。从中也可看出"施身法"也是一种特殊的证悟方法。

在藏密瑜伽传法当中,上师经常利用徒弟的心理现象,故意挑起徒弟的盛怒,徒弟在师父的激怒之下,意识已置身于本人之外,其思想意识便由此暂时消失。在此短暂的无自我意识阶段,头脑中便留下一块空白,为其直接开悟留下位置。这就是所谓的"由嗔显明体"。刚波巴大师就曾命他的弟子雅未达波拼命奔跑,当他到达师父处时,已目瞪口呆、若无所知,刚波巴即就其所见,直指为心,弟子则顿然而悟了。又如索穹瓦强以各种方式侮辱他的弟子登巴高孟。在他的脖子上压一大袋石头,然后再一起抛出去。另一次,师父还当着外人的面怀疑弟子行窃,登巴一股怒气涌上心头,抽出刀剑径直向其师扑去,其师赶忙躲在一扇门背后,对弟子言道:"你的心已在盛怒中成就,请观一下你的心。"登巴顿时产生了一种非常清晰的心理状态,真正看到了自心的真性和固有状态。这种感觉使他喜不自禁,竟然扯住他师父的衣角歌舞起来。

红衣女侠传奇 前文曾讲过贡噶呼图克图的弟子贡噶老人最早将藏密传到台湾。其实这位贡噶老人不但是个女性,而且早年有一个外号叫"红衣女侠"。贡噶老人大约出生于1903年,俗名叫申书文。她从小就不像个一般的女孩,好打抱不平,十几岁就开始学少林武功,据说她能从一楼飞到二楼,并经常将她父亲的军粮偷藏在袖子里救济乞丐。她青年时代曾经在北平(今北京)创办平民小学。抗战爆发后,曾带领学生投笔从戎,在河南组织抗日游击队。后皈依太虚大师,从太虚大师处听到有关藏密的介绍,心生向往。太虚大师告诉她,如果愿意学密,必须先到我创办的汉藏教理院学藏文,然后到西藏去学法。

贡噶老人在汉藏教理院就读近二年,于1940年冬步行至西康省(今四川省)的康定任职省府教育厅藏文秘书。1942年秋,为了向贡噶呼图克图皈依求法,她雇了三头牦牛,满载供养上师的物品,爬上海拔8000米的木雅贡噶山。贡噶山海拔高,山上终年积雪不化,山腰的康松扎山贡噶寺为历代转世贡噶呼图克图修行的圣地。贡噶呼图克图传授四级灌顶的一切大法给贡噶老人。“贡噶老人”并不是在她老了以后弟子们给她的尊称。而是当时在她40岁时,蒙呼图克图赐以的嘉号,意为在贡噶雪山修行,得到贡噶呼图克图嫡传法衣。后贡噶呼图克图特许她独自一人在贡噶山闭关修行。起初,她遇到障碍,于是便将法本搁置,发心先修定,因定发慧,然后再修红观音大法。经过一个多月的努力,终于入定,定中绕过贡噶山,在一坛城(即佛国净土)听法,听法完毕,突听空中有人叫她,随即出定。此时关门自开,护关的僧尼看见门开了,便端进鲜奶,并向贡噶老人说:“觉巴(藏语,意为修行人),你入定已经64天了。”贡噶老人问:“你怎么知道已有64天了?”僧尼回答说:“我每天来关房外查看动静,每来一次,就放一小块石子,今天数一下,一共64块。历年在此闭关的人虽然不少,但从未见过有这么长时间不吃东西的。近百年来,在此绝食闭关的人,你算是头一个呀!”贡噶老人闭关至第三年,勇猛精进,排除分别想(杂念),

上座下座，专一住定，终于实证红观音本尊现身。随后就下贡噶山，到康松扎山拜见贡噶呼图克图，呼图克图传授不共(即密中密)大手印法和不共颇瓦法，并赐予铃杵和五佛宝冠等珍贵法物。

从20世纪50年代末开始，贡噶老人秉承贡噶呼图克图的传承，在台湾的台北和台南分别建立了贡噶精舍、重庆寺、贡噶寺。当时台湾的藏密道场法本十分缺乏，全靠贡噶老人带来的中文书籍。贡噶老人对藏密颇瓦开顶法，独得真传，仅一天，受法灌顶者即可开顶，而不像常规那样需要7天或21天，才能开顶。所以早期台湾想学藏密大法佛教信徒多曾受教于贡噶老人，贡噶老人成为台湾藏密的创始人，有着特殊和崇高的地位。贡噶老人的教法十分严格，她不要求弟子读经，也不鼓励人出家，她比较重视日常生活中的修行。1961年9月台北县中和市贡噶精舍落成，贡噶老人即闭关108天。出关后说偈语云："证菩提，证菩提，大家证菩提，能依者舍，所依者定，空有两不依，不实也不虚，赤裸裸，活泼泼，修的是这个。"贡噶老人自从在贡噶山闭关到1975年，总计长短闭关的时间约有十多年。1980年噶玛噶举第十六世大宝法王亲为贡噶老人剃度，灌顶加持，赐法名为噶玛顿臻朗嘉。贡噶老人以78岁高龄圆满了身披红袈裟的心愿。

第二节 成就传奇

神通奇闻 藏密瑜伽印度祖师萨拉哈常饮酒，人们都厌恶他。萨拉哈说："我实际未饮酒，"又指着厌酒而本不饮酒的人说："你实际上饮酒了。"厌酒者不服，萨拉哈使他呕吐出酒来，那人才相信萨拉哈不是一般的饮酒者。另一个也讨厌萨拉哈饮酒，萨拉哈对他说："我实际未喝酒。"那人不信，萨拉哈问他："石沉于水吗?"那人回答说："沉。"萨拉哈说："我若真不饮酒，石头必不沉于水。"于是，就投石于水，石头果然飘浮于水面。自此，人们不厌恶萨拉哈祖师喝酒，反而向他奉上美酒佳酿。萨拉哈有歌咏五千颂留世，藏名称《多哈歌声》，皆为类似禅诗的证悟歌。

中国南北朝时期的僧人鸠摩罗什(原籍古龟兹国，祖籍印度)是中国著名的四大译经师之一。他有妻子，而不许弟子有妻室。因此，众弟子很不服气。鸠摩罗什就让弟子找来一包绣花针和一碗米醋。于是，鸠摩罗什连醋带针一口一口吞进肚里，然后再去洗澡，将针由毛孔洗出来，一针不多，一针不少。众弟子甚为惊讶。鸠摩罗什对大家说："你们能将绣花针喝下去，又能洗得出来，便可以娶妻生子。不然，就不许有家眷。"众弟子听了面面相觑。这种神通就是藏密瑜伽气功的道理。

据许多藏密瑜伽史料记载，莲花生大师的二十五位弟子都具有神通。其中，生遮移喜在幼小的时候就已从莲花生大师得八种金刚部灌顶。灭佛的藏王朗达玛曾问生遮：有何能力？生遮回答：只有念咒能力。乃以忿怒咒印直指天空，天空出现大如牦牛的黑色铁蝎，层层叠累。朗达玛惧怕了，宣布准许密宗行者修行，不加干预。生遮问朗达玛："还想看密咒的能力吗?"又用忿怒咒印上指天空。只听霹雳一声，崖石粉碎了。朗达玛震骇万分，忙说："你和眷属，我当全部释放，不再伤害。"这其中也包括了后来刺杀朗达玛的白衣行者。起初，生遮因愤慨朗达玛所作所为，而准备以忿怒咒印消灭之。后朗达玛为白衣行者拉隆贝吉多杰所杀，生遮恐怕此忿怒咒传出，为人滥用，遗害非浅。于是，就将之库藏起来，成为伏藏。莲花生大师的另一弟子南卡迎波曾得莲师修不共传承

(即独特殊胜的传承),得到了清净成就,能站在阳光之上,骑日光而行。其他成就的弟子也具有各种神通,如**桑吉益西**以橛插山崖,**多吉登炯**风行无阻,**纳朗益西**翔空如飞鸟,**沃瞻旺修**入水似游鱼,**玛唐仁钦**以磐石为餐,**华吉多杰**穿山无阻碍,**朗卓贡确**抛雷如射箭,**甲瓦香切**空中跏趺坐,等等。

萨迦派印度第二代祖师毕哇巴传说为莲花生化身。他过河时,船夫向他索要渡河钱,毕哇巴两手空空,乃以手指水,水流截回,毕哇巴于河床底过河。毕哇巴好饮酒,酒量更大得惊人,酒家向他索要酒钱,毕哇巴身无分文,就用手指在桌上杯影上画一道痕迹,说:“太阳过此线即付钱。”太阳竟然过了许久时间也没有过此线,国王感到惊异,代毕哇巴付了酒钱。此时太阳才落下,至此太阳在天上三昼夜未动。毕哇巴曾以自身转变成石像,坐落于露天大草坪上,右手作胜施印,掌中流自来水,水涂在何物上,何物即可变黄金。国王由此得二万两黄金,再想以水涂变金,毕哇巴石像右手由掌忽然变拳。有个乞丐求变金水,石像右手拳又伸开变为手掌,一连取水三天,变出许多黄金。国王听说了,派兵来夺乞丐的黄金,乞丐又把黄金还回石像处,石像右手又由掌变拳。国王士兵敲击石像手,石像的手无恙,士兵的手反而自己断了。但毕哇巴恐怕石像流变金水而生事端,遂又转变回肉身。毕哇巴印度缘尽后,曾在中国出现,但最后不知其所终,因为他是虹身成就,来去无踪无影。其西藏弟子汤东杰布(1385 - 1464 年)也为无死虹身成就者,平生好往无佛法的地方去,其所去的地方多为偏僻地带,遇大江河必在上造铁桥,在桥旁种树木、建佛塔。他以演藏戏为募捐手段,修建了百余座铁索桥。唱藏戏的剧团常把他当祖师爷供奉。汤东杰布曾在西康(今四川省北部)木雅的贡噶雪山闭关修行,在山石上留下行拳时落臀顿足的印迹,深陷石内。他有所得必全部布施给别人,所以,常常在生活上出现困乏。他就将空口袋放于茅棚四角,第二天早晨则青稞充满四个口袋。他路过一个叫加妈打的地方时,当地的土司将他投入火中烧不死,投进水里淹不死,土司就皈依了汤东杰布。汤东杰布成就虹身,享年120岁,示寂化虹光后,曾转变成一肘高的泥像留在人间。后来格德的甘清等寺还曾争论过谁寺里保存的泥像是真的。西藏有些寺院里也有他的画像或塑像,形象是一白须白眉的老人,手持几节铁索。

米拉热巴大师在洞中静坐时,曾有几个强盗来光顾。他们看到洞中一无所有,并无任何供养物品, 不觉对米拉热巴修法苦行的情形,生起了极大的敬仰之情。强盗的首领对米拉热巴说:“我很快就会再来朝拜您。”不久,他就回来参拜米拉热巴,随身携带了一个很大的玉石,但他心中犹豫不决,不知是否要把这块大玉石供养给米拉热巴,所以他同时携带了一些其他的小礼物备用。来到米拉热巴面前,他就把小礼物供养出来。米拉热巴笑着说:“你不用迟疑,把你的那块大玉石先给我好了。其实我根本无需什么玉石,只是为了圆满你修行的资粮,所以要你给我。”这个强盗首领立即明白米拉热巴具有无碍他心通的神通,什么事是瞒不住他的。米拉热巴接受了玉石后,又交还给他,说:“就用这块玉石作你的道粮吧!”米拉热巴的另一个弟子寂光若巴在洞穴中修持,也得到了究竟证悟,常以神通随意出入石壁,无有滞碍。

刚波巴大师是继米拉热巴之后的噶举巴祖师,其定功惊人,一坐能持续13天之久,除了修大手印的内证功德外,还外显许多无碍神通。其中之一就是能随意现身、隐身,以一变多,以多变一等。例如,一个从达波拉萨法会赶到大师住处的人向人们述说刚波巴大师在法会上的说法和开示,使大师住处的众僧人非常惊奇,因为刚波巴大师三个月以来一直都在此地闭很严格的关,并未说任何法,哪也没有去过,任何食物也没有吃,一直都坐在座垫上入定。又一次,刚波巴大师应邀参加一个法会,他对来请的人说:“你拿着我的僧衣先行一步吧,这里一个人没有,让我先把门关好,免得豺狗进来弄得乱七八糟。”来人先行,他在一个山道口上等了好一会儿,仍不见大师到来,于是就朝山下草地上看了一下,只见刚波巴大师已经先到了,正坐在座上呢,这使他很纳闷,因为只有这一条路可能到那里。大师不但先到,而且修了1000遍供咒了。诸施主都埋怨前去请大师的人:“叫你去迎请大师,你怎么一个人在山崖上闲荡呢?”有时刚波巴大师一边在这里说法开示,一边又同小沙弥详细解说法诀。既在此处,又到彼处,显现了身变神通。又一次刚巴罗田带了一包白纸前来供奉大师,进房后却不见大师,只看见一尊观音像,就出来问大师的弟子:“那个千手千眼大悲观音塑像是哪个匠人制作的啊?上师现在在哪里呀?”二人走进房中一看,刚波巴正端正地坐在床上。又一天,法师刚巴向大师说:“初地菩萨能将整个三千大千世界置于一颗微尘中,而大千世界并不缩小,这真是稀奇啊!”刚波巴大师说:“这一点也不稀奇,诸法法性本来如此!世间的任何现象、境象都是可以显现的。例如,在如芥子般大小的瞳孔之中,拳头大的影像也能装进去。四指宽的明镜中,马和大象也能照进去。杯水之中也能装得下月影。现在,你仔细看看我吧!”说着,刚波巴大师身如山一样大小,而那个大师所在的那个房间很小,连五个人都容不下,但大师变现的如山一般硕大的身体却容下了。这就是前面所说:“一颗微尘见大千世界”的道理。又一次,刚巴法师向大师请教:“行者证入一味瑜伽时,身、心、境三者融成一体,这是怎样的情况呢?”刚波巴大师用手向前面的一根柱子横扫过去,就像挥过无任何东西的空间一般,竟毫无障碍,大师接着说道:“身、心、境三者融成一体时就像这样一般无有丝毫的障碍。"刚波巴大师只要持两口气,就可以过一天。对于修法的觉受,或是除遣障碍的法诀,众弟子则一概不需开口请问,刚波巴大师就会以各种不同的身体姿式对弟子坐着,弟子们各个自然会得到各人所需的开示。这是刚波巴大师他心通的表现。大师在雅鲁藏布江畔,曾于水上趺坐,左手持念珠,右手作施水手印,安住而不沉。一次,刚楚法师向人显示运气至手指的神通,其气由指外出,能使香灰四处飞散,刚楚法师因此而略现得意和傲慢之色。刚波巴大师看见了,第二天早晨将法衣架在日光的射线上,衣不堕地。然后,大师对刚楚法师说道:"我虽然有这样的本领,也不生傲慢之心。有了傲慢之心就不可能成为一个学佛之人了。这一些神通都是暂时、不究竟的功德。究竟的功德是要证入一切法无生才得到的。因此,对这些不究竟的功德,不可生一丝一毫的傲慢心!"

噶玛噶举为噶举派的一个分支,其第一世大宝法王杜松钦巴为刚波巴大师的嫡传弟子,他经刚波巴指示,闭关专修九个月。在这段时间内,他从未将双手分开过长时间,以至手心上的汗从未干过。有一次,他在一个仅能容身的小山穴内禅修数月。他在55岁修梦瑜伽时,了悟了日夜、醒梦和日常生活的根本同一性,证悟了大手印四瑜伽的第四阶段——无修瑜伽。此时,诸天护法和空行母用她们的头发织成一顶黑色金刚宝冠献给他,以示祝贺。从此,这顶宝冠便一直戴在历代大宝法王头上,象征着他们对真如实性的证悟。但据说此宝冠肉眼凡胎的人是见不到的。第二世大宝法王噶玛拔希是西藏第一位被确定为转世活佛的人,他并不是被别人寻找到的灵童,而是自己回到原大宝法王的住寺。在藏传佛教的传说中,他是一个仅次于莲花生大师的有神通的人,被称为"祝钦"(即大成就者),他所示现的水遁(即入水不见)、空中飞行、足踏坚石留印等很多神通,连元世祖忽必烈亦不得不佩服。他在晚年曾督造了一尊高55尺的巨大铜佛像,内藏释迦牟尼及其弟子们的舍利。但佛像完工后向一边倾斜。于是噶玛拔希就进入禅定状态,将自己的身体也如佛像一样倾斜。当他挺直身体时,大铜佛像也端正不斜了。第五世大宝法王德新舍巴被明朝永乐皇帝(明成祖)请进皇宫,明成祖供养他一条围巾和右旋海螺,并心里希望德新舍巴回赠同样的礼物。果然,大宝法王将同样礼物回赠皇帝,显示了他具有了知他人心念的能力。在德新舍巴向皇帝和皇后灌顶传法的14天内,出现了许多神变的现象,如空中出现彩虹、佛像、罗汉像、天灯等,大气中盈溢着芬芳,一阵花雨落在皇宫上。明成祖还请了丹青高手,将这些神变事迹绘于大幅绸缎上,并亲自撰文记述,以藏、汉、蒙等多种文字写在缎画上。在某日法会上,明成祖观看到了一般看不到的大宝法王的黑色金刚宝冠。于是,他依样复制了一顶饰以珠宝的宝冠,赠予第五世大宝法王。第七世大宝法王噶玛巴秋卓吉措著作很丰富,他可以凭记忆来保持辩论的次序和作为经典注释的参考。如果他的口述被某件事打断(如他的助手要求他解释某一深奥难解的问题),他的思想之流也不曾间断过,他往往会忽略助手的问题,然而这个问题的答案很快地自然而然地在后面的口述中出现。第八世大宝法王米却多杰为杰出的艺术家,他精通噶举派传统的绘画、雕刻、铸造。传说,他雕刻了一尊自己的石像,然后随口问面前这尊石像:"你像我吗?"石像居然回答说:"是的,我像。"然后,米却多杰由剩余的石料上挤下一块来,如同捏奶油一般,并将自己的手掌印留在上面。此石像和印有手掌印的石块至今犹在。

宗喀巴大师三岁那年曾被噶举派第四世噶玛巴大宝法王瑞贝多杰授记为"圣童",并说他将到藏中"主持如来正法,饶益无边众生。他是第二尊佛”。后来的事实证明,他确实是“第二能仁”。如果说莲花生大师是在西藏宏扬佛教密宗的第一人的话,那么宗喀巴大师对藏密瑜伽理论上的贡献是无人能比的了。他在西藏也留下许多传说故事。例如,宗喀巴大师在前往仰波结夏安居讲经的途中,他的帽子被风吹落在河里,顺着河水随波流去。当时,大师指着河里的帽子授记说:“我的教法将像河水一样,永不间断,永不枯竭。帽子停留的地方,将建立宏扬中观学的道场。”大师的帽子最后停留在仰波的桑星岗。后来,大师的高徒法上在此兴建了“大乘法轮洲”道场,宏扬中观思想。这恰巧符合大师的授记。又一次,大师在宣讲四部密法要旨——《金刚持之道次第》时,口中突然大放光明,遍照四方。在场的听众都看得真真切切,甚至还有人见大师口中所放出的光明为五彩霞光。随此光明大师脱落一颗牙齿给他的弟子第一世班禅喇嘛克珠杰。克珠杰将此牙供养起来,刹那间,牙齿又放出光芒四射的五彩霞光。7 天后,大师又命克珠杰将牙齿端出来,先陈设香花妙供,礼赞一番。然后才慢慢打开盒盖。只见盒中五色彩光直冲云霄,并有阵阵妙香氤氲满院。原来这颗牙早已变成文殊菩萨庄严妙好之像。像的全身遍布各色各样的舍利。目睹这一情景的僧众无不惊喜万分,叹为稀有。大师将像上多达千颗的舍利分送弟子和在场听法的僧众。大师住札喜垛喀寺时,有一位手工极为精巧的塑像师傅在一天内塑造了 21 尊大师的像。这些塑像栩栩如生,十分酷似大师,连大师本人都赞叹不已。为了替这 21 尊大师的塑像装藏,大师也示现了令人无法思议的瑞相。他在同一天中,理头发 21 次,每一尊塑像装一份头发。这些塑像一直保存在札喜垛喀寺。1928 年第十三世达赖喇嘛以纯金重新建造宗喀巴大师肉身舍利塔。新塔落成后,十三世达赖喇嘛请好几位守戒最好的转世呼图克图,从旧塔中迎出宗喀巴大师肉身。据其中一位呼图克图回忆:当他扶住大师手臂时,觉得大师肉身并非干枯僵硬,而是略带柔软,跟刚刚圆寂不久一样。孰不知当时距大师圆寂的时间已有509年了。又因大师的头发比圆寂时长长了许多,就略加整理。这位呼图克图得到了一份大师的头发,这份头发后来又长长了许多。原来的宗喀巴大师肉身舍利塔500多年来也是屡现祥瑞的景象。

不丹国也是莲花生大师曾去过的地方。不丹的噶举派祖师举巴佳缕示显大手印一味瑜伽的疯狂行,栖息无固定场所,每日与儿童游戏玩角瓦子,以人生游戏而游戏人生;衣衫褴褛,酒肉不忌,或几天不吃东西,或一饮数十斗酒。有人问酒都到哪里去了,他就垂下五个手指,酒如雨水般从五指滴下。有个叫香庚的法师要与他比神通,以衣挂日光而不落者为胜。举巴佳缕乃赤身,将身上所穿破絮烂衣全部扔向阳光中,与光线融为一体,而香庚所悬挂的衣服则下垂。香庚问这是为何?佳缕回答:“你受人承事供养丰厚,而法施、回向众人方面可能有小缺点、细微的错误,不如我赤身无一物。”又一天,举巴佳缕正在所住岩洞口抓虱子,正逢萨迦班智达(萨迦派法王)骑马经过,数百侍从前呼后拥。佳缕见了,乃引吭高歌:“我处岩,而扪(摸)虱;君骑马,人之贼。”故意让班智达听到。班智达听后,合掌默然,心内敬仰他。佳缕朝拜大宝法王,看门人见其衣衫褴褛,不让他进去。佳缕反身取七颗石头,再到门旁,看门人见他依旧衣衫褴褛,但手掌中金灿灿发光,原来是满手金锭,看门人惊喜万分,赶忙将他请入,连他的破衣服也被看门人拉出片片破絮。拜见法王后供一金锭,其余六个金锭另放一处,并向之礼拜说:“要不是你们,我不能见法王,也当礼拜。”法王笑着说:“我的侍者肉眼凡胎不识大德。”拜见完法王,在返回途中见有一人送十六尊者的布画像请法王开光。佳缕说:“让我看一看。”

就把画像铺于地上，蹲在上面大放其屁，然后赶忙将画裹上还给送画人说："路远还不如回去的好！我已为你的画像开光了。"送画人见佳缕相貌又丑、衣服又破烂，心生讨厌，以为他是个疯子，也不敢与他计较，只能心里恨他，还是裹上画去见法王。法王有神通，已知此事，说："此画已开光成金身了。"送画人打开一看，果然金光遍满画上十六尊者身。一次，某大活佛骑马过佳缕所住岩洞，佳缕问："活佛也修菩提心吗？"回答说："怎么不修呢。"佳缕又问："为何骑你的母亲。"活佛勒住马缰绳，住蹄不走，入定观想，一会便哭着下马，从此终身不骑马。某官员好杀，奉上峰命令每天宰杀羊十头，鲜血染红大路。佳缕也善射，射必中，即到该区射猎，不管是野鹿，还是王室的羊全射，并生吃其肉不留肋骨。官员把他抓起来说："你不是著名的大德佳缕吗？为什么好杀？"佳缕回答："你好杀，而我未曾杀过。"官员将鹿、羊、牛等猎物的皮毛堆成如山丘的一大堆，佳缕一弹指，那些动物皆复活，披毛皮而走，或鹿头羊身，或羊头牛身，或鹿身羊头，据说现在在该地还能散见到这种首身各异的动物。官员从此悔悟、戒杀，皈依佳缕。某村久旱无雨，延请许多法师祈雨，道场排场大，鼓乐喧天，闹了半天也不见雨。只好求佳缕，佳缕说："可收集全村的糌粑来。"村民有些舍不得。佳缕说："明天即得新青稞，此老糌粑还有什么用？"村民从命，集糌粑堆成小山，问佳缕还需何物。佳缕说："无所需了。"言罢即将身体倒立，其裙子垂下，露出肛门，佳缕大呼村民把所有糌粑由其肛门灌入腹中。众人虽怀疑其发疯了，但又不敢不如此做，因为其他正规的求雨方法都已试过了。佳缕肚像无底的大海，成山的糌粑入腹，也不见他大腹便便。只听佳缕又大喊："有偷存糌粑的，赶快取来，否则后悔就晚了！"但偷存者没有取留下的糌粑。于是佳缕大放其屁，把如山堆的糌粑直冲于九霄之外，化为乌云而雨下。只过一晚，第二天地里的青稞全熟了。而偷存糌粑者的地就没有得雨浇灌。这就是大手印一味瑜伽成就者游戏人间的常态。不丹一老奶奶在临终之前对她孙女说："我 15 岁时怀疑他是狂人，30 岁时则为他的神变感到惊讶，40 岁时则不被其行为所迷惑，50 岁时就知他果然是圣人，直到今天 70 岁了，我的心愿未尝不应验。"从此，佳偻的名声远扬。五世班禅大师曾向他求"长寿灌顶"，佳偻约好第二天去，班禅侍从问准备什么东西。佳偻说："一物也不用。"第二天到班禅大师处，即以随身携带的糌粑扑在班禅头上，使班禅的脸白如雪人，又将酥油纳入其嘴里，以死人胫骨吹班禅的耳朵，说："灌完了。"后来，五世班禅果然长寿。

近代宁玛巴第三十二代祖师诺那呼图克图的师父贝雅达赖祖师也曾饮酒数石而不醉，旁观者都大醉如泥。另外，锡金有一个称札卡的喇嘛上师长期以四臂观音为本尊修习，据说竟确实成就具备四臂，其侍从都曾亲眼目睹他运用四支胳臂。有一次，当地县长来访，札卡喇嘛即以上二臂穿僧袍，下二臂穿僧裙。其四臂多次为众人所见。1911 年辛亥革命之时，有两位德国商人奉蒙古库伦呼图克图秘令，从库伦跋涉四千里去西藏。他们到达西藏日喀则札什伦布寺后，马上去晋见九世班禅大师。然而，班禅大师似乎对他们有关蒙古军同清军局部战斗的战况并不太重视。按常理班禅大师要想知道这场远在几千里地以外张家口地区发生的战事如何，起码需要两天以上的时间，但班禅大师却说他可以立即知道战况。这个秘密就在一间黑暗的密室里，室内有二十几位喇嘛围成半圆形闭目打坐，他们可以随时向班禅详细报告他想知道的任何情况。这就是班禅大师在那个动荡年代的消息来源。

黑药丸的传说 "黑药丸"是任何修习藏密噶玛噶举传承的人迟早要遇上的特殊法宝。它们通常是用于特殊的加持场合：或者修行者出现严重的生理疾病,出现严重的心理障碍时使用。上师将这些非常细小的药丸放在加持食子中;有时也放在正在开光的佛像内;有时放在“噶乌”中(噶乌为挂在身上作护身用的小舍利盒)。

黑药丸的主成分是糌粑(青稞磨的面),在其中加上迦叶佛、释迦牟尼佛、第一世大宝法王杜松钦巴、第七世大宝法王秋卓吉措,以及其他一些印度和西藏的大成就者的舍利。另一种成分就是黑色液体,是将一种名为“阿鲁”的药草与米拉热巴为玛尔巴建造房子时用过的斧头一起在水中熬煮而得。

大宝法王挑选几位优秀的僧人,将糌粑和舍利用黑水混合制成面团,再将面团制成一粒粒的小小黑药丸。制药的僧人首先要清洗全身,然后在佛坛上许多供品的中央供奉第八世大宝法王米却多杰的雕像。这尊雕像是米却多杰自已用大理石和七种宝石制作的(详见前文),现保存于噶玛噶举的主寺隆德寺中。米却多杰的托钵则放在雕像前一块干净的布上。众僧人坐在石像前念诵噶举传承的启请文,以求使自己的身口意与上师的身口意相应合一。然后僧人们一面不断念诵祈求大宝法王加持的启请文,一面将面团制成小药丸。药丸制成后,放在一个大钵中,药丸只有半钵,上面覆盖上第八世大宝法王的法衣。第二天早上,奇迹发生了,原本只有半钵药丸,现在不但充满了整个大钵,而且还会溢出,落到钵下的干净布上。

还有一种比小药丸大一些的叫“母药丸”,成分与小药丸一样,是由大宝法王亲自制作的。之所以叫母药丸,就是因为它会生出小药丸。黑药丸一般常用来放在舍利盒或小布袋中随身携带,作为护身之用;如果服用药丸,有直接医治疾病的能力;如果放入江河湖海,将间接有利于水中的生物。噶玛噶举认为黑药丸的效力不会改变,但使用者的心理状态将决定其得到部分的加持力,还是全部的加持力。这种加持力特殊之处就在于,它是一种带有具体物质实体的加持力。许多噶玛噶举的修习者在使用黑药丸过程当中,逐步观察和体验到了黑药丸的加持力量。

虹化奇观 莲花生大师为藏密瑜伽最大的成就者,其肉身已化变为本尊光明身,常处高深定中,使其色身或隐或现,如虹如空,长久住世,度生无量。莲花生大师的光明虹身一般人不能见到,只见肉身,但以手摸则摸不到肉身。藏王曾摸莲花生大师,但莲花生大士身体前后通达,藏王没有摸到他的身体,只是触摸到大士所坐宝座。这就是不舍弃肉身的成就,称为"清净圆满涅槃"(即无余涅槃),这就是藏密瑜伽的最高成就——虹身。据说,虹身者圆寂时身不现死相,肉身化虹光。虹身成就者多在吉尊钦波祖师(莲花佛以后的祖师)以前,如智慧空行母益喜措嘉、印度祖师萨拉哈、宁古玛祖师、萨迦派第二代祖师毕哇巴、智慧空行母苏卡洗底、汤东杰布祖师等都是无死虹身成就①。

比虹身次一等的成就为舍弃肉身成就,又称:"显现圆满涅槃"(即有余涅槃),这就是虹化,成就者涅槃时肉体解散、身化光明,必出现五种征象:有光、有声、有坚固子(即舍利)、有形象、地动等。如宁玛派嘉瓦龙钦法王(无垢光尊者)(1308-1363年)圆寂于桑耶的一个大丛林中,显现青光、发出巨声响,并显现忿怒武相,产生地、水、火、风不能坏灭的舍利子,遗体放置了25天,每天均虹光遍满。时值隆冬,大地回暖花开。荼毗时,大地发出了7次6种震动。有些取得光明成就者在生前就有许多奇事发生。如刚波巴大师,其弟子曾议论师父有没有影子,其中之一的刚波勒则试

① 米拉热巴的虹身成就详见前一章。

着在晚上灯光下看，果然见刚波巴大师没有影子，白天在阳光下看也没有身影。刚波巴大师自己也说："我在任何时候、任何地方都是没有身影的。"并示现在虚空中行走和趺坐（盘腿打坐），他的身体还可以出入山崖自在无碍，并可以乘虹光由空而至其所要去的地方。宁玛派修习大圆满成就者亲遮旺布在出定的清净状态中见门前大火炽然，随即将肉身投入火中，即将身体转为光蕴虹身。

据西藏社会科学院宗教研究所的索朗顿珠呼图克图介绍：从唐宋到本世纪以来，修大圆满极光静天心髓密诀以及南北大圆满启库①之道而得虹化成就者不计其数，有许多临终虹化的历史记载为证：1883 年大成就者仁增白玛堆兑虹化，此后其弟子壤日克在敏珠林寺逝世虹化时肉身缩成一小指大小，至今仍保存于多康。与此同时，大启库者堆炯林巴的 13 位弟子虹化。宁玛巴第 32 代祖师诺那呼图克图的师父贝雅达赖祖师涅槃时肉身缩小为一尺多大小。1935 年多康杯仓、扎巴 · 扎西维色虹化。1937 年洛珠柯虹化。1952 年，曾参加和平解放西藏的解放军司令员张国华和土登尼玛上师亲眼目睹德格益龙人索朗南杰虹化。1957 年 2 月噶举派第四十代上师贡噶呼图克图虹化，肉身缩小成尺余大小。索朗顿珠呼图克图的导师、大启库者斯勒能南开多吉和恰卜达玖梅额顿旺波圆寂时都发出声和光，顿时震天动地，一派异常景象，虹化之后大都只剩下一尺长的身躯或仅留下舍利子。这些虹化事迹索朗顿珠呼图克图都记忆犹新。

据索达吉堪布《密宗虹身成就略记》记载：阿育王的外孙噶绕多吉（即极喜金刚或积喜金刚）是将大圆满最初弘扬人间的祖师，在深山修禅定 32 年，受教于金刚萨埵，精通六百四十万大圆满颂

① 启库之意即为发现、发掘、得到藏密密法的伏藏。

将所有诀窍传授予弟子妙吉祥友。最后成就无漏光蕴虹身。祥友当时悲伤哀痛不已，于是噶绕多吉现身于空中光蕴中，将宝箧“大圆满三大要语”交付妙吉祥友。此法一直在有缘弟中修传至今。唐朝初期的宋惠寿，又名写尔孙哈，他依照观音菩的授记，前往印度从师于妙吉祥友（又名文殊友或蒋华西宁）25年，后妙吉祥友化成虹光示寂时，写尔孙哈失声痛哭，于是妙吉祥友又从光蕴中现出身形，将装有大圆满“六种修要”的宝箧赐予写尔孙哈，此法修传至今。写尔孙哈还取出了妙吉祥友埋在菩提伽耶的有关大圆满耳传部法及其注解的伏藏，随后返回汉地，到清凉山（即五台山）静修，成就虹身圆寂。其已经返回印度的弟子加纳思扎遥相感知后，痛哭流涕，写尔孙哈遂现身空中，将“七钉教言”赐予，此法也是修传至今，加纳思扎在五台山从师于写尔孙哈31年，得到所有大圆满的教言，又依上师的遗嘱，从唐朝国都长安城的吉祥门柱下取出无上极密类心滴密法，回到印度静修，圆寂时亦成就虹身。其弟子布玛目扎（又称白玛那密渣）扑地痛哭，加纳思扎遂重现空中，将“四安住法”交付布玛目扎，此法现今尚在流传。布玛目扎先于加纳思扎前往汉地五台山从师于写尔孙哈20年，后返回印度，又从师于加纳思扎10年。当时在藏地的郎当珍桑波派人迎请布玛目扎入藏弘法，把密法教言译成藏文，并建立伏藏。后到五台山现证清净光明虹身。

据《青史》记载，大译师仁青桑波（898－995年）13岁出家，翻译了许多显密经典，他前后从师75位，曾诵《文殊真实名经》十万遍。圆寂时，肉身全部化为光蕴，只剩下三颗红色坚固舍利，又在发出如同雷鸣般的巨响声中，三颗红色舍利也化光无余。据索甲仁波切的《西藏生死书》记载，西藏东部有个叫索朗南杰的人，以在石头上刻经咒为生，79岁临终时留下“死后一周内不动他身体”

的遗嘱。圆寂后,屋里充满彩虹般的光芒,8 天后只剩下指甲和头发。据《西藏佛教》刊载,西藏贡觉县的当珍拉姆(1923 – 1980)圆寂后数日,身体缩小到 26 厘米;扎雅县汪达区的意拉(1901 – 1981)圆寂后身体缩小成一肘高,火化时天空遍满了彩光。

由于篇幅所限,本书不可能将所有“虹身”、“虹化”的奇观一一尽收于内。仅举几个有代表性的例子而已。实际上,有关显现瑞相的成就者代代不乏其人,不胜枚举。而且由于藏地许多地方交通不便、信息闭塞等原因,许多有关事迹只为当地人所知道。但我们从以上举例当中已经能够了解到虹化现象是确实存在的。从佛教的角度来讲,它是人类追求正等正觉的智慧的结晶,显示着人类生存的奥秘和思维的邃密;从现代科学的角度来讲,现代人试图用有关科学研究的结果来解释其存在的原因,但仍不能窥视到其中的内涵。这恰好就是本书开始时所引述的爱因斯坦的一句名言的意味。不过这回须要将它倒过来说,那就是——这个世界上最可以理解的事情就是:世界仍是一个不解之谜。将来如何?爱因斯坦说得好:“等着瞧吧!”

主要参考书目

宗喀巴大师:《密宗道次第论》
诺那呼图克图:《莲花生大师应化因缘史略》
张澄基译:《米拉热巴尊者传》
敦珠仁波切:《西藏宁玛法源历史赞颂》
将贡康慈仁波切:《了义炬》
《贡噶仁呼图克图讲词记略》
《贡噶仁呼图克图心经讲演录》
法尔:《刚波巴大师全集选译》
时轮译经院:《香巴噶举法宝集》
噶玛听列仁波切:《西藏十六位噶玛巴的历史》
张妙定译:《涅磐道大手印瑜伽法要》
《堪布噶塔仁波切开示录》
贡噶老人:《正法眼》
贡噶精舍:《密宗辑要》
修慧法师:《宗喀巴大师应化因缘集》
土观·洛桑却吉尼玛:《章嘉国师若必多吉传》
持明丹珠:《正信密宗》、《宁玛派及大圆满简介》
索达吉堪布:《密宗虹身成就略记》
赤烈曲扎:《西藏风土志》
顾笃庆等:《西藏风物志》

佟锦华:《藏族传统文化概述》
王森:《西藏佛教发展史略》
李安宅:《藏族宗教史之实地研究》
方于、桂明:《藏密气功精要》。
陈兵:《佛教气功百问》
降边嘉措、吴伟:《格萨尔王全传》(上册)
晓浩:《转世灵童——当代西藏活佛生活纪实》
常少如主编:《藏传佛教古寺雍和宫》
尹育政:《雍和宫》
洛桑·伦巴:《第五度时空》
约翰·布洛菲尔德原著,耿昇译:《西藏佛教密宗》
魏国祚:《五台山导游》
任继愈主编:《宗教词典》
万玛:《近代汉地法师雪域求法纪略·加国佛教》(第30期夏刊)